아직, 소망이
있다

IVP(InterVarsity Press)는
캠퍼스와 세상 속의 하나님 나라 운동을 지향하는
IVF(InterVarsity Christian Fellowship)의 출판부로
생각하는 그리스도인을 위한 문서 운동을 실천합니다.

Originally published by InterVarsity Press
as *Never Beyond Hope* by James Packer and Carolyn Nystrom
ⓒ 2000 by James Packer and Carolyn Nystrom
Translated by permission of InterVarsity Press
P. O. Box 1400, Downers Grove, IL 60515, U. S. A.
www.ivpress.com
All rights reserved.

This Korean Edition ⓒ 2003, 2024 by Korea InterVarsity Press
156-10 Donggyo-ro, Mapo-gu, Seoul 04031, Republic of Korea.

이 책은 2003년 출간된 『소망』의 개정증보판입니다.

제임스 패커
캐롤린 나이스트롬

아직, 소망이 있다

Never Beyond Hope

약점투성이 인생들을
보듬으시는 하나님을 만나다

김기호 옮김 **IVP**

차례

독자들에게 6
서론: 소망은 하나님의 선물입니다 8

1. **약할 때 강함 주시는 소망** 37
   삼손 | 사사기 14-16장

2. **불행한 가정에서 자란 이의 소망** 61
   야곱 | 창세기 25, 27-49장

3. **관심과 신뢰를 받지 못할 때의 소망** 97
   마노아의 아내 | 사사기 13장

4. **사람들과 하나님에 대해 분노하고 있을 때의 소망** 125
   요나 | 요나서

5. 잘못된 우선순위에 속아 살았을 때의 소망 159
   마르다 | 누가복음 10:38-42; 요한복음 11:1-44; 12:1-8

6. 믿음이 흔들릴 때의 소망 193
   도마 | 요한복음 20:19-31

7. 끔찍한 일을 저질렀을 때의 소망 235
   시몬 베드로 | 요한복음 21장; 베드로전후서

8. 모든 수고가 허사가 되었을 때의 소망 271
   느헤미야 | 느헤미야기

옮긴이 후기 306

독자들에게

이 책을 두 사람이 쓰게 된 경위와 이유를 말씀드리고자 합니다. 캐롤린 나이스트롬(Carolyn Nystrom)은 제임스 패커(J. I. Packer) 박사가 삼손에 대해 설교하는 것을 듣고 나서, 그 내용을 글로 써도 되겠는지 물었습니다. 패커 박사는 삼손 이야기와 같은 주제의 설교들, 즉 하나님은 자신의 계획을 펼쳐 나가기 위해서 결점 많은 인간들을 복 주시고 사용하신다는 것에 관한 자료가 있다고 말했습니다. 한 설교는 다른 설교로 이어졌고, 우리는 이 자료를 가지고 함께 작업하기로 결정했습니다. 캐롤린 나이스트롬이 글로 옮겨 쓰고, 편집하고, 성경 공부 교재와 묵상 가이드를 담당하면서 이 책을 전반적으로 다듬기로 했습니다. 지금 여러분 손에 있는 이 책은 그런 협력 작업의 결과입니다.

서론을 제외한 패커의 자료들은 회중 설교와 강연을 발전시킨 것입니다. 그의 설교 스타일과 설교학적 수사법을 약화시킬 만한 작업은 하지 않았습니다. 이 책에 '나'라는 표현이 나오면, 그것은 패커가 말하고 있음을 뜻합니다. 캐롤린 나이스트롬의 전문성은 '연구를 위한 질문', '기도', '기록과 적용'에 드러납니다. 개인적으로든 그룹으로든 간에, 이 적용 과정을 거쳐야 이 책에서 충분한 유익을 얻을 것이라는 점을 강조하고 싶습니다.

'기록과 적용'을 위해서는, 여러분이 꾸준히 일기를 쓰든 그렇지 않든 별도의 공책을 사용하기를 권합니다. 책의 여백이나 빈 면은 기록하기에 충분하지 않을 것이기 때문입니다.

우리는 모두 이런저런 면에서 다 문제가 있는 사람들입니다. 그렇기에 이 책에서 찬양받으시는 하나님의 은총은 우리에게와 마찬가지로 여러분에게도 더 깊은 차원에서 꼭 필요한 것입니다. 우리 마음을 담은 이 책이 여러분의 마음을 움직이고, 이 책을 통해서 하나님이 여러분의 삶을 어루만지시기를 기도합니다.

제임스 패커
캐롤린 나이스트롬

서론

소망은 하나님의 선물입니다

"소망의 하나님이 모든 기쁨과 평강을 믿음 안에서 너희에게 충만하게 하사 성령의 능력으로 소망이 넘치게 하시기를 원하노라"(롬 15:13). 사도 바울은 로마에 사는 그리스도인들에게 쓴 그의 가장 위대한 서신서를 이러한 권면으로 마무리하고 있습니다. 저는 반세기 이상 신앙생활을 해 왔지만, 최근에서야 비로소 바울의 기도가 예나 지금이나 얼마나 깊이 있는 목회자의 기도인지를 깨닫게 되었습니다.

이 책을 쓰는 동안, 북아일랜드 지역에 평화가 정착되기를 바랐던 제 올해의 소망은 완전히 무너지고 말았습니다. 코소보 농민들에 대한 대량 보복 학살은, 그 고통의 땅에 안정적인 평화가 속히 회복되기를 바라는 소망이 현재로서는 유보되었음이 확실하다는 것을 보여 줍니다. 두 나라에서 사태를 목격한 사람들은 이러한 흐름에 대해 고통스러워하고 있습니다. 어떤 이들은 무감각하게, 또 어떤 이들은 악몽을 꾸는 듯한 느낌으로 반응합니다. 이러한 반응은 전혀 이상할 게 없습니다. 왜냐하면 소망을 상실하는 것은 인간의 정신과 마음마저 죽이는 결과를 가져오기 때문입니다.

우리는 "살아 있는 한 소망은 있다"고 말합니다. 그러나 좀 더 심오한 진리는 "소망이 있을 때만 살아갈 수 있다"는 것입니다. 소망을 잃으면, 우리를 매혹하는 다양한 기회와 경험에도 불구하고 인생은 단순한 생존의 차원으로 격하되고 맙니다. 다시 말해 소망 없는 인생은 흥미 없고, 충족감도 없으며, 냉혹하며, 생기를 잃고, 반항적이며, 괴롭고 고통스러운 생존에 지나지 않습니다. 소망 없는 사람들은 종종 죽어 버렸으면 좋겠다는 말로 현실 감각과 자신에 대한 감정을 표현하며, 때로는 자살까지 기도합니다.

예전에 제가 학생이었을 때 알고 지내던 사람의 아내가 『해고』(*Made Redundant*)라는 제목의 신앙 고백서를 출판했습니다. 그 책은 이렇게 시작됩니다. "나는 그날 저녁 우리 집 현관을 걸어 들어오던 프란시스의 얼굴을 결코 잊을 수 없을 것입니다.…그의 표정은 매우 어둡고 완전히 좌절감에 젖어 있었습니다." (그녀의 기록에 의하면) 프란시스는 아무런 예고 없이 해고당했으며, 그 후로도 가는 직장마다 쫓겨났습니다. "그는 어쨌든 아무 일이든지 하려고 했지만…아무도 그를 필요로 하지 않았습니다. 평소에는 그렇게 활력이 넘치고 아이디어가 많던 사람이 그저 묵묵히 집안일을 거들거나 멍하니 앉아서 허공을 응시하고만 있었습니다. 그런 모습을 보니 마음이 무척 아팠습니다." 서구 사회에서 지난 사반세기 동안에 이러한 힘겨운 경험을 한 부부들이 얼마나 많습니까! 그런데 얼마 후, 한 기도 모임에서 자신의 가족이 당면한 문제를 나누는 동안 그의 마음속에 작은 사업을 시작해야겠다는 계획이 떠올랐습니다. 그녀가 돌아와 보니 남편은 빙그레 웃고 있었습니다. "우리가 기도하는 동안에, 그는 자신을 휘감아 오는 어떤 변화를 느꼈습니다. 그의 마음속에 소망이 싹터 왔고, 그와 더불어 결단과 아이디어와 행동까지 이어지게 되었습니다." 바로 그겁니다! 소망이 당신에게 하는 역할이 바로 그겁니다. 그 계획은 타당성이 있었고 그는 위기를 극복했습니다. 그녀의 고백은 이렇게 끝을 맺습니다.

나는 프란시스가 왜 직장을 잃었는지 모릅니다. 그리고 지금은 왜 잘나가는지도 모릅니다. 그러나 내가 하나님을 신뢰할 수 있다는 것은 압니다. 나는 그분이 의식주를 공급해 주실 것을 알고 있습니다. 그리고 그분은 가장 암울한 순간에도 소망을 주실 수 있는 분입니다. 믿음과 사랑처럼, 소망도 하나님이 인류에게 주신 가장 귀한 선물 중 하나입니다.

어느 누구도 이보다 더 진실한 말을 한 적은 없습니다.

사실 우리 인간은 상상의 미래 속에서 많은 시간을 보내며 살도록 만들어졌습니다. 이것은 그렇게 마음먹으려고 작정해서 그렇게 된 게 아니라 원래 우리가 그런 존재이기 때문입니다. 미래를 기대하고, 행복한 일들을 꿈꾸며, 좋은 일들이 계속해서 생기고 나쁜 일은 끝나기를 바라며, 과거보다 더 좋은 미래를 동경하는 것은 숨 쉬는 것만큼 자연스러운 일입니다. 시인 알렉산더 포프(Alexander Pope)는 장려한 문체로 이렇게 말했습니다. "소망은 인간의 가슴속에서 영원히 솟아나나니, 인간의 **현재는** 결코 복되지 않으나 **미래는** 늘 복되기를 원하도다." 물론, 세상에는 염세적인 사고방식을 가진 개인, 가족, 집단이 있습니다. 어떤 면에서는 문화 전체가 염세적이라고 할 수 있습니다. 그들은 좋은 것은 무엇이든 바라지 않는 것이 지혜라고 생각합니다. 하지만 그런 태도는 유쾌한 것이 아니거니와 자연스러운 것도 아닙니다. 무신론처럼 말입니다. 이 두 가지 입장은 모두 환멸의 결과입니다. 유신론자들의 유신론 혹은 그 옹호자들에 의해서 어떤 식으로든 상처받고 실망할 때 무신론이 생겨나는 것과 마찬가지로, 염세주의는 타고난 낙관주의가 무너질 때 생겨납니다. 소망은 활기와 열정과 흥분을 낳습니다. 그러나 소망의 결여는 무관심과 타성을 낳을 뿐입니다. 조금도 손상되지 않은 온전히 성숙한 인간다움을 위해서는, 마음속에 소망이 꼭 필요합니다.

만약 소망을 품을 만한 아무런 이유가 없으며, 미래에는 좋지 않은 일들만 일어날 것이라고 생각하거나 느낀다면(우리는 종종 이런 감정을 그리 이성적으로 대하지 못합니다), 우리는 어쩔 수 없이 우울해지고 어느 정도는 자포자기하게 될 것입니다. 우리는 그런 상태를 숨기려 하겠지만, 우리가 느끼는 초점 없는 분노와 격노 그리고 인생에 대한 증오는 염산과 같아서 다른 모든 감정을 녹여 결국은 엄청난 쓰라림을 낳을 것입니다. 이렇듯이 절망은 현대의 수많은 심리적 장애의 근원이 됩니다. 우발적인 살인과 자살이 증가하는 것만 보아도 알 수 있습니다. 절망이 가끔 일시적으로 느끼는 변덕스러운 감정일 때조차도, 우리는 여전히 외로움과 두려움 그리고 아무런 행동도 할 수 없는 무력한 상태에 빠지곤 합니다. 우리는 스스로 결정할 수도 없고 아무 일도 할 수 없는 자신을 발견하게 됩니다. 자기 가치감은 자기 회의, 자기 불신, 자기 환멸로 귀착됩니다. 절망감이 자신감을 삼켜 버린 것입니다. 우리는 가도 가도 빛이 없는 터널, 오히려 암흑만 더 깊어지다가 결국 막다른 벽에 닿고 마는 터널 속에 있는 자신을 발견하게 됩니다.

철학자 이마누엘 칸트(Immanuel Kant)는, 인생의 기본적인 세 가지 질문 중 하나가 "우리는 무엇을 바랄 것인가?"라고 말했는데, 옳은 말입니다. 그러면 우리는 그 질문에 대한 답을 어디에서 찾아야 할까요? 정치와 그에 따르는 사회·경제적 정책에서? 글쎄요. 정치인들은 우리 모두가 소망을 필요로 하며, 정말로 소망을 간절하게 바라고 있다는 것을 알고 있습니다. 그래서 그들의 수사법은 항상 낙관적입니다. 그러나 구(舊) 서구 사회(영국을 포함한 유럽, 캐나다를 포함한 북아메리카, 뉴질랜드를 포함한 오스트랄라시아를 말합니다)에 사는 우리에게, 정치인들의 약속과 예측은 공허한 소리로 들릴 수밖에 없습니다. 정치인들에게 걸었던 소망을 그들이 결코 이루지 못했다는 것을 분명히 알기 때문입니다. 애석하지만 앞으로도 분명 그럴 것입니다. 지난 세기 국내 정치 및 국제 정치는 세계적인 경제 발전과 교육 부문의 발전, 부의 창출과 과학 기술의 승리, 경이로운 의료 기술 개발, 집집마다 보급된 라디오와 텔레비전, 컴퓨터 시대의 도래와 함께, 소망을 충족시켜 주기보다는 오히려 소망을 좀먹어 왔습니다. 이러한 변화들이 새로운 고통과 재난에 대한 가능성을 가져왔기 때문이지요. 정치적, 과학 기술적, 경제적 활동은 서로 결합되어, 지구의 세 번째 천년대의 전망을 불길하게 만들고 있습니다.

20세기는 낙관주의로 시작되었습니다. 구 서구 사회의 지배적인 가설은 우리가 모두 근본적으로 선하며 지혜롭다는 것과, 기독교 문명이 확산됨에 따라 우주적인 이웃 사랑으로 대변되는 하나님 나라를 곧 전 세계에 구현할 수 있다는 것이었습니다. 「크리스천 센추리」(Christian Century)라는 정기 간행물은 이러한 희망을 전하고, 이 희망이 성취되는 것을 연대순으로 기록하기 위해서 창간되었습니다. 이 잡지는 지금도 나오고 있지만, 서글프게도 그 잡지명은 이젠 부적절해 보입니다. 우리는 두 차례의 세계대전, 권력과 돈에 미친 인종주의자들 그리고 종족 학살을 자행한 독재자들로 인해서 세계적인 야만주의가 부활하는 것을 경험했습니다. 우리는 세계 거대 기업들이 환경을 오염시키고 황폐시키며, 오존층을 파괴하고 기후를 불안정하게 하면서 부당 이득을 취하는 것을 보며 위축됩니다. 우리는 서구 사회가 기독교와 도덕적인 원칙들에서 벗어나 상대주의, 다원주의, 세속주의 및 쾌락주의로 표류하는 것을 보며 애통해합니다. 우리는 군사 무기 교역이 계속 늘어나고, 핵무기로 세계를 멸망시킬 수 있는 힘이 증대하는 세상 한가운데 살고 있습니다. 이러한 사건들과 기타 모든 사건은 20세기가 특별히 기독교적인 시대는 아니었다는 것을 말해 줍니다. 더욱이 의식 있는 많은 사람들은 20세기의 이러한 발전들로 인해 우리가 희망보다는 두려움 속에서 21세기에 진입했다는 것을 확실히 알고 있습니다. 그들은 교육과 물질적 풍요와 과학 기술로 치장된 서구 사회의 타락이 얼마나 더 진행될 것인지, 그리고 어떤 종류의 세계가 우리 후손들을 기다리고 있는지 우려하고 있습니다. 집단주의 체제를 지닌 마르크스적 이상주의는 실패로 끝났으며, 세계 어느 곳에서도 다시 시도될 것 같지 않습니다. 세 번째 천년이 시작된 이즈음에, 파워 게임에서의 정치인과 군부 지도자의 역할, 그리고 이윤 경쟁에서 기업 지도자들의 역할을 통해 전 세계에 평화와 번영이 이루어질 것이라고 기대하는 사람은 모래 속에 머리를 처박고 있는 사람처럼 철저히 현실을 외면한 것입니다. 미래에는 더 좋은 일들이 생길 거라는 실제적인 소망은 현대 세계의 사고방식에서는 나올 수 없습니다.

그렇다면 결론은 무엇입니까? 우리가 소망할 수 있는 좋은 것은 전혀 없단 말입니까? 물론 있습니다. 그러나 우리는 사회·정치·경제적인 진행 과정 밖에서 이런 선한 소망을 찾아야 합니다. 그리고 이 일은 하나님의 은총으로 가능합니다. 우리를 지으시고 섭리하시며 우리 마음을 알고 계신 창조주 하나님은 결코 인간이 소망 없이 살아가도록 의도하시지 않았습니다. 그와는 반대로, 하나님은 복음 안에서 (이미 살펴본 것처럼, 사도 바울의 표현에 따르면) 자신을 "소망의 하나님"으로 나타내셨습니다. 바울은 세상 모든 사람에게 "우리의 소망이신 그리스도 예수"(딤전 1:1)를 영접하고, "너희 안에 계신 그리스도…곧 영광의 소망"(골 1:27)으로 힘을 얻으라고 초청하고 있습니다. 하나님 아버지는 소망의 하나님이시기 때문에, 그분의 독생자, 성육신하셨고, 십자가에 죽으셨으며, 부활하셨고, 다스리시고 다시 오실 나사렛 예수 역시 소망의 사자(使者)요, 수단이며, 중보자입니다. 그리고 잉글랜드 성공회의 표준 교리인 39개 신조에 나오듯이, "기록된 하나님의 말씀"인 성경은 창세기부터 요한계시록까지 소망에 대한 책입니다. 최초로 기록된 하나님의 약속 즉, 여자의 후손이 뱀의 머리를 상하게 할 것이라는 약속은 에덴동산에서 주신 소망의 말씀이었고(창 3:15), 마지막으로 기록된 예수님의 약속인 "내가 진실로 속히 오리라"(계 22:20)는 약속은 핍박에 직면한 교회들을 위한 소망의 말씀이었습니다. 히브리서 11:1은 믿음을 소망의 관점에서 정의하고 있습니다("믿음은 바라는 것들의 실상이요"). 소망은 성도들이 기쁨으로 미래를 바랄 수 있게 해 주는 보증된 기대입니다. 소망은 진실로 기독교의 위대한 주제이며, 하나님이 주신 최고의 선물입니다.

성경이 우리에게 소망에 대하여 말하는 것을 간략히 서술하면 다음과 같습니다. 인간은 원래 하나님과 교제함으로써 하나님을 영원히 누리고 찬양하도록 창조되었습니다. 우선은 이 세상에 사는 시련의 기간에, 그리고 그다음에는 이 우주의 시공간 밖에 있는 "영원한 즐거움"(시 16:11)의 장소에서 말입니다. 그러나 죄가 우리 인류를 감염시켜서 이러한 교제를 중단시켰습니다. 죄는 우리에게서 하늘의 모든 소망을 앗아 갔으며, 우리를 지옥의 위협

아래로 내몰았습니다. 그러자 우리의 창조주는 행동을 개시하셔서 인종을 초월해서 용서받고 거듭난 인류, 즉 교회를 이룩하셨습니다. 이 교회는 주권적인 하나님의 은총과 우리 주 예수 그리스도 안에 있는 인격적인 믿음을 통해서 인간 본래의 운명 그 이상을 누리는 공동체입니다. 그래서 모든 시대의 성도들은 반드시 자신이 하나님의 양자이며, 하나님의 영광으로 말씀하신 하나님의 도성과 하나님 나라의 상속자라는 지식 가운데 살아가야만 합니다. 예수 그리스도가 사랑 때문에 교회 전체에(엡 5:25) 그리고 장래의 모든 신자 개개인에게(갈 2:20) 자신의 생명을 주셨다는 것을 성도들은 알아야 합니다. 또한 성도들은 예수 그리스도가 양의 목자로서 그들을 매일 보살피시며(요 10:2-4, 11-25), 그들의 필요에 따라 항상 그들을 강하게 하시려고(빌 4:13; 딤후 4:17) 지금도 성령으로 성도 개개인과 함께하신다는 사실을 알아야 합니다(마 28:20). 또한 성도들은 자신이 마침내 하늘의 신령한 복을 보고 참여하도록 예수 그리스도가 자신을 이 땅에서 데려가실 것임을 확실히 알아야 합니다(요 14:1-3; 17:24; 롬 8:17). 그러므로 바울과 마찬가지로 성도들은 "성령으로 믿음을 따라 의의 소망을 기다리[고]"(갈 5:5) 있어야만 합니다. 그것은 하나님께 완전히 받아들여진 데서 맺는 온갖 열매입니다. 또는 NLT(New Living Translation)의 번역을 따르면, 그것은 "믿음으로 말미암아 하나님

마음에 합한 자가 된 우리에게 약속된 모든 것을 받기를 열망하며 기다리는"것입니다. 그리스도인의 정체성은 믿는 자(believer)일 뿐만 아니라 소망하는 자(hoper)이기도 합니다.

우리는 이제, **소망**이라는 말은 서로 관련되면서도 확연히 구분된 두 가지 실체를 의미한다는 것을 분명히 알 수 있습니다. 객관적으로, 소망이란 하나님이 우리 앞에 보장하신 미래의 전망입니다. 주관적으로는, 소망은 약속된 바가 우리 것이 되어 그것을 실제로 누리게 될 그날을 고대하는 행동 혹은 습관을 의미합니다. 따라서 소망은 낙관주의와는 분명히 구분됩니다. 낙관주의는 최선의 것이 이루어지리라는 것을 아무런 보장도 없이 그저 바라기만 하며, 때로는 어둠 속에서 무섭지 않은 척 휘파람을 부는 것에 지나지 않습니다. 반대로 그리스도인의 소망은 하나님의 약속이 실현될 것을 미리 내다보는 믿음입니다. 마치 잉글랜드 성공회의 장례 예배에서 "우리 주 예수 그리스도를 통하여 얻는 영생의 부활이라는 확실하고도 분명한 소망 안에서" 시신을 땅에 묻는 것과 같습니다. 낙관주의가 보장 없는 바람이라면, 그리스도인의 소망은 하나님이 보장하신 확실한 것입니다. 낙관주의는 좋은 것들이 정말로 이루어질지 여부도 알지 못하는 무지를 반영하고 있습니다. 그렇지만 그리스도인의 소망은, 매일의 삶과 소망이 없는 모든 순간에도 하나님이 친히 주신 확실한 약속을 근거로 가장 좋은 것이 올 것이라는 앎을 표현한 것입니다. 신자들은 이것을 진리로 말할 수 있어야 합니다.

오늘날 기독교적 소망을 품은 그리스도인들의 사고방식은 많은 비난을 받고 있습니다. 기독교의 소망은 이 세상의 현학적이고 물질주의적인 문화의 교만함과 충돌합니다. 그리고 그 충돌은 자연스럽게 분노를 일으킵니다. 마르크스주의자들은 소망에 반대합니다. 왜냐하면, 그들이 생각하기에 "죽은 뒤의 천국에 대한 소망"(그들의 견해에 의하면 그것은 환상에 불과합니다)은 사람들의 수동성을 초래해서, 일반 대중으로 하여금 사회 변혁을 지향하는 혁명적 행위에 참여하지 못하게 하기 때문입니다. 어떤 상담 심리학자들도 소망에 반대합니다. 그들은 소망을 사람들로 하여금 삶의 현실에 직면하지 못하게 하는 현실도피주의의 한 형태로 간주하기 때문입니다. 그렇지만 진실을 말하자면, 그리스도인이 소망을 가지게 되면 그 대상(보장되어 있고 끝이 없는 하나님의 관대하심)에 의해서 사랑, 기쁨, 열정, 창의적이고 헌신된 행동이 일어납니다. 그래서 C. S. 루이스(Lewis)가 지적한 것처럼, 현세에서 최선을 다하는 사람들은 바로 내세에 대해서 가장 많이 생각하는 사람들입니다.

바울도 로마서에서 이에 대한 실례를 보여 줍니다. 그는 아브라함을 의롭다 칭하심을 받는 믿음(justifying faith)의 모델로 제시합니다. 왜냐하면 아브라함은 당시로서는 너무나 꿈만 같은, 미래에 대한 하나님의 약속을 믿었기 때문입니다. "아브라함이 바랄 수 없는 중에 바라고 믿었으니…약속하신 그것을 또한 능히 이루실 줄을 확신하였으니"(롬 4:1-3, 16-22). 믿음으로 의롭다 함을 얻은 사람들의 생애에 대해서 설명하면서, 바울은 이렇게 쓰고 있습니다. "우리가…하나님의 영광을 바라고 즐거워하느니라"(5:2 그리고 12:12의 "소망 중에 즐거워하며"를 보십시오). 그는 우리 몸에 대한 약속된 구속을 오랫동안 기다려 왔다고 하면서, 계속해서 이렇게 말합니다. "우리가 소망으로 구원을 얻었으매 보이는 소망이 소망이 아니니 보는 것을 누가 바라리오? 만일 우리가 보지 못하는 것을 바라면 참음으로 기다릴지니라"(8:24-25). 바울은 여기서 로마서의 독자들에게 분별력과 의지와 총명함과 끈기를 가지고, 관계와 신분의 측면에서는 이미 얻었지만 또한 장차 완성될 그 구원을 소망하라고 말하고 있습니다. 우리가 바울에게서 배우는 것은 우리가 어떤 의미에서는 이미 구원을 받았으며, 또 다른 의미에서는 구원받게 될 것이라는 사실입니다. 구원은 이미 받은 것인 동시에 아직 완성된 것은 아닙니다. 우리는 전자의 의미로서의 구원에 대해 하나님께 감사드려야 합니다. 이때 구원은 우리의 믿음에 달려 있는 것입니다(1:16; 6:17-18, 22-23; 11:11, 14). 반면에 후자의 의미에서, 우리는 구원이 매일 더 가까워지고 있다는 확신 속에서 구원이 이루어질 것을 기다리고 있습니다 (13:11). 그래서 바울은 로마서 15:4에서 강력한 어조로 다음과 같이 말합니다. "무엇이든지 전에 기록된 바는"—이것은 우리가 구약성경이라고 부르는 부분입니다—"우리의 교훈을 위하여 기록된 것이니"—우리라는 말은 그리스도인을 의미합니다—"우리로 하여금 인내로 또는 성경의 위로로 소망을 가지게 함이니라." 그리고 로마서 15:13에서 그는 독자들이 이러한 것들을 마음에 새길 때에, "소망의 하나님"이 그들에게 "소망이 넘치게 하시기를 원하노라"고 말하며 기도하고 있습니다.

사도 바울은 소망을 매우 강조했는데, 그 소망은 바울 자신의 마음속에 있는 움직임을 아주 분명하게 표현해 줍니다(인용된 성구에 나오는 "우리는" 및 "우리로 하여금"이라는 표현을 보면 알 수 있습니다). 그렇게 소망을 강조하면, 사도로서 감당하는 그 힘들고 극심한 수고가 조금이라도 줄어듭니까? 아닙니다. 조금도 그렇지 않습니다. 오히려 그 반대입니다. 그는 예루살렘으로부터 아드리아해 연안에 이르는 지중해 지역에서 복음을 전한 사람입니다. 그는 스페인으로 가는 선교 여행 도중에 로마를 방문할 계획임을 로마에 있는 그리스도인들에게 편지로 쓰고 있습니다(롬 15:15-28을 보십시오). 그는 아마도 세상이 목격한 선교사들 중에서 가장 진취적인 선교사였을 것이며, 사실상 다음과 같은 말을 할 만한 자격이 있었습니다. "내가 모든 사도보다 더 많이 수고하였으나 내가 한 것이 아니요, 오직 나와 함께하신 하나님의 은혜로라"(고전 15:10). 그의 소망은 자기 개인의 부활과 그리스도와 함께하는 영생의 즐거움(빌 1:20-23; 3:8-14)뿐만이 아니라, 그가 사역했던 모든 지역에 있는 이방인 성도들의 공동체를 일으켜 세우는 것까지 포함합니다.

바울은 이 소망을 실현하기 위해 선교 여행과 복음 전도를 했던 지칠 줄 모르는 개척자였습니다. 하나님의 계획이 실현되는 것을 보려는 소망 때문에 그는 임무를 수행하는 데 결코 게으르지 않았습니다. 오히려 그러한 소망은 계속해서 바울에게 힘을 공급해 주었습니다. 그를 육체적인 부활의 영역으로 이끄시기 위한 하나님의 계획이 그를 더욱 채찍질하여, "오직 내가 그리스도 예수께 잡힌 바 된 그것을 잡으려고 달려가노라.…오직 한 일 즉 뒤에 있는 것은 잊어버리고 앞에 있는 것을 잡으려고 푯대를 향하여 그리스도 예수 안에서 하나님이 위에서 부르신 부름의 상을 위하여 달려"(빌 3:12-14)가게 한 것처럼 말입니다. 영적인 생활과 사역에서 바울의 소망은 그 자신에게 도움이 되었습니다. 마치 운동선수들이 역기를 들고 훈련하면서 육체적으로 유익이 되기를 바라는 것처럼 말입니다. 소망은 힘을 주고 능력을 향상시켜 줍니다. 그래서 우리 모두는 반드시 소망을 품어야만 합니다.

소망은 우리로 하여금 우리가 성취해야 할 다음 단계로 정진할 수 있도록 이끌어 줍니다.

건강하게 성장하고 있는 그리스도인들이 더욱 깊이 깨달아야 하는 진리가 있습니다. 그것은 바로 하나님은 초월적으로 위대하시다는 것과, 이와 비교해 볼 때 인간은 극히 하찮은 존재라는 것입니다. 하나님은 우리가 아니어도 모든 일을 잘해 나가실 수 있다는 것을 인정해야만 합니다. 그러나 하나님은 우리를 지으시고 사랑하시고 구원하셨을 뿐만 아니라, 그분의 계획을 진행하는 일에 우리를 동역자로 삼으십니다. 소망은 이러한 압도적인 특권 의식을 줍니다. 그래서 바울은 동료들과 자신을 "그리스도를 대신하[는]…사신"과 "하나님과 함께 일하는 자"로 부르며(고후 5:20; 6:1), 우리 모두가 각자의 삶의 현장에서 스스로를 하나님의 종이요, 사역자요, 동역자로 여길 것을 말하고 있습니다. 수십 년 전 영국인들이 윈스턴 처칠의 됨됨이 때문에 그를 위해 일하는 것이 자신들에게 커다란 긍지를 준다고 느꼈던 것처럼, 우리도 하나님을 위해 일하도록 부르심을 받은 존재라는 깨달음을 통해 커다란 자긍심을 느껴야만 합니다. 여기에는 아무도 제외되지 않습니다. 왜냐하면 성경은 하나님이 보잘것없는 자, 다듬어지지 않은 자, 편협하고 결점투성이인 그분의 자녀들에게 그분의 일을 하게 하셨으며, 동시에 그들이 좀 더 나은 도덕적·영적 모습을 갖추도록 성화 전략을 실행하셨음을 보여 주기 때문입니다. 이 사실은 자신이 하나님을 섬기기에 적합하지 않다고 느끼는 사람들에게 엄청나게 큰 격려가 됩니다. 우리는 이 책에서 여색에 빠진 삼손, 사기꾼 야곱, 화를 잘 내는 느헤미야, 소심한 마노아의 아내, 주인 행세를 하며 분주한 마르다, 말수가 적고 수동적인 마리아, 쓸데없는 고집을 부리는 애국자 요나, 늘 똑똑한 척하면서도 어리숙한 염세주의자 도마, 충동적이고 마음이 따뜻하며 불안정한 시몬 베드로 등을 보듬으시는 하나님을 보게 될 것입니다. 우리는 하나님이 어떻게 이런 사람들을 복 주시고 사용하시는지에 주목할 것입니다. 심지어 하나님은 그들을 자신의 결점에 사로잡힌 노예 상태로부터 해방시키셔서 이전보다도 더 진실한 경건의 사람들로 만드십니다. 이것이 약점을 가진 자신의 동역자들을 다루시는 하나님의 방법입니다. 이 사실을 알게 되면, 현재 자기가 너무 흠이 많아서 이러한 거룩한 부름에 적합하지 않다고 생각하는 사람들의 마음속에도 자신이 하나님께 유익한 존재가 될 수 있다는 거룩한 소망이 일어날 것입니다.

소망은 쉽게 부러지고 죽는 어린 묘목과도 같습니다. 그래서 모든 성도는 소망을 위한 싸움에 동참할 계획을 세워야만 합니다. 우리가 만사에 희망이 없고, 모든 희망이 사라졌다고 말하는 낙심과 좌절의 순간은 많이 있습니다. 낙심했을 때, 그저 이끌려 간다면 우리는 쓸쓸함과 비탄을 거쳐 우울함과 절망으로 빠지는 미끄러운 비탈길로 떨어집니다. 욥은 잿더미 가운데 앉아서 병들어 어찌할 바를 모르며, 심신에 큰 고통을 겪고 있었습니다. 큰 정신적 충격을 받은 욥의 이야기는 고전적인 문체로 소망의 죽음을 표현하고 있습니다. "나의 날은…희망 없이 보내는구나"(욥 7:6). "물은 돌을 닳게 하고 넘치는 물은 땅의 티끌을 씻어 버리나이다. 이와 같이 주께서는 사람의 희망을 끊으셨나이다"(욥 14:18-19). "내가 스올이 내 집이 되기를 희망하여 내 침상을 흑암에 펴 놓으매 무덤에게 너는 내 아버지라, 구더기에게 너는 내 어머니, 내 자매라 할지라도 나의 희망이 어디 있으며 나의 희망을 누가 보겠느냐?"(욥 17:13-15) "[주님이] 내 희망을 나무 뽑듯 뽑으시고"(19:10). 욥은 경건한 사람은 언제든 물질적으로 풍요로워질 수 있다고 믿었고, 그 당시에는 이 세계를 넘어서 그리스도와 함께하는 영광의 소망의 계시가 아직 주어지지 않았기 때문에 — 결국 욥은 물질적인 면에서 모든 것을 회복했지만(욥 42:10) — 욥은 하나님으로부터 오는 소망의 근거를 달리 찾을 수 없었습니다. "내가 지금 하고 있는 일을 알려면 나를 믿으라." 이것이 우주의 영광들과 하나님이 지으신 경이로운 생명체들을 바라보시는 하나님이 욥에게 주신 메시지입니다(욥 38-41장을 보십시오). 그러나 그리스도인들은 욥보다 더 많은 것을 알고 있습니다. 베드로는 우리가 위협에 처할 때 언제든지 우리 마음에 소망을 다시 회복할 근거를 제시합니다. 다음의 성경 구절은 정금 같은 가치를 지닌 말씀입니다.

우리 주 예수 그리스도의 아버지 하나님을 찬송하리로다. 그의 많으신 긍휼대로 예수 그리스도를 죽은 자 가운데서 부활하게 하심으로 말미암아 우리를 거듭나게 하사 산 소망이 있게 하시며 썩지 않고 더럽지 않고 쇠하지 아니하는 유업을 잇게 하시나니 곧 너희를 위하여 하늘에 간직하신 것이라. 너희는 말세에 나타내기로 예비하신 구원을 얻기 위하여 믿음으로 말미암아 하나님의 능력으로 보호하심을 받았느니라. 그러므로 너희가 이제 여러 가지 시험으로 말미암아 잠깐 근심하게 되지 않을 수 없으나 오히려 크게 기뻐하는도다. 너희 믿음의 확실함은 불로 연단하여도 없어질 금보다 더 귀하여 예수 그리스도께서 나타나실 때에 칭찬과 영광과 존귀를 얻게 할 것이니라. 예수를 너희가 보지 못하였으나 사랑하는도다. 이제도 보지 못하나 믿고 말할 수 없는 영광스러운 즐거움으로 기뻐하니 믿음의 결국 곧 영혼의 구원을 받음이라.
(벧전 1:3-9)

우리에게는 소망이 필요합니까? 물론입니다. 그리스도인들에게도 소망이 있어야 합니까? 그렇습니다. 우리가 소망이 미치지 않는 곳에 있었던 적이 있습니까? 결코 없습니다. 우리의 큰 소망은 하나님의 자비의 표시입니까? 그렇습니다. 우리 구원의 소망은 기쁨과 활력과 신실함과 하나님께 사용되기를 원하는 바람을 가져옵니까? 그렇습니다. 정말로 그렇습니다. 우리가 완전하게 성화되지 않았을지라도, 하나님이 우리를 매일 그분의 영광을 위하여 사용하시기를 바랍니까? 그렇습니다. 이것은 영광스러운 좋은 소식입니까? 그렇습니다.

좋은 소망을 품으시길 바랍니다! 어떤 사람들이 말하듯이, 소망은 있습니다! 이 소망은 생명의 길이며, 힘의 근원입니다! 이 소망은 마음속에 있는 기쁨의 샘과 같아서 찬양과 기도가 계속해서 흘러나오게 합니다.

이것이 제가 할 마지막 말일까요? 전혀 그렇지 않습니다.

악이 하나님의 세상에 널리 퍼져 있다는 것을 여러분도 알고 있으리라 생각합니다. 이 세상에는 성경이 사탄이라고 부르는 타락한 천사(히브리 원어의 의미는 '대적하는 자' 또는 '악의를 품은 적대자')에 의해서 발원하는 속임수와 악의와 모략과 무자비함이 가득합니다. 여러분이 예수 그리스도께 헌신함으로써 사탄의 반대 진영에 선 이후, 사탄은 지금 여기에서 여러분을 개별적으로 공격하고 있습니다. 저는 여러분이 이 사실을 알고 있으리라 생각합니다. 여러분은 주님 편에 군사로 등재된 이후, 창조주와 타락한 영 사이에 지속되어 온 싸움에 끼어들게 되었습니다. 싫든 좋든 여러분은 남은 인생을 영적 전쟁 상태에서 살아가게 될 것입니다. 저는 여러분이 다음과 같은 사실도 알고 있으리라 생각합니다. 여러분을 믿음에서 이탈시키려는 사탄의 시도가 성공하지는 못하였을지라도, 사탄은 여러분이 그리스도 안에서 건강하게 자라지 못하고, 증인의 삶과 사역에서 주님께 유익이 되지 못하도록 하기 위해 최선을 다할 것입니다(하나님은 그러한 사탄의 행동을 죄로 판정하실 것입니다). 이 말은, 사탄이 당신을 거룩함과 소망의 길에서 벗어나게 하려고 노력한다는 의미입니다. 그리고 저는 이 책을 읽고 있는 사람들 중의 일부는 소망의 문제에서 이미 사탄에게 내심 넘어가 있을지도 모른다고 생각합니다. 그래서 여러분은, 바울과 베드로가 말한 소망의 능력 즉 기쁨을 주고 생명력을 더하며 힘을 창출하는 소망의 능력에 대해 잘 알지 못할 수도 있습니다. 여러분이 어떻게 하면 변화할 수 있을지에 대해 지금 잠시 함께 생각해 봅시다.

  사탄은 정신과 마음의 기질인 소망을 질식시키기 위해서, 우리 성품에 내재한 약점과 후천적으로 습득된 행동과 태도에서 비롯된 결점을 이용합니다. 그것들은 나쁘다는 것이 입증되었고, 과거에 우리 관계를 망치기도 했습니다. 우리 중 어떤 사람들은 천성적으로 어둡고 우울한 기질을 가지고 있습니다. 그래서 자아 몰입과 자기 연민 즉 세상에 외롭게 버려진 것 같은 느낌, 나쁜 일들이 일어날 것 같은 생각들이 생깁니다. 마치 〈곰돌이 푸〉(Winnie-the-Pooh)의 모험담에 나오는 이요르(Eeyore)처럼 말입니다. 우리 중 또 어떤 이들은 (재주도 없고, 굼뜨고, 외모도 뛰어나지 않고, 머리도 좋지 않고, 근육도 없고, 영특하지도 않아서) 소심하고 무능력한 존재라는 압박감 때문에 괴로워합니다. 그래서 우리는 자신이 없고 열등감에 시달리며, 어리석음이 들통나서 사람들이 무시할까 두려워 잔뜩 겁먹고 있을지도 모릅니다. 어떤 이들은 (나쁜 부모, 집단 따돌림, 관계의 파괴, 성적 학대, 약물 남용 등에서 비롯된) 잊을 수 없는 고통스러운 상처들과 치유하기 힘든 아픔을 안고 살아가고 있을지도 모릅니다. 죄책감은 어떤 이들의 마음속에 끊임없는 수치심과 자기 경멸을 낳습니다. 병들고 쇠약해진 몸, 사랑 없는 가정 또는 영혼을 파괴하는 단조로운 일상에 갇힌 듯한 느낌은 정말 비참하게 살아가고 있다는 울분을 일으킵니다. 예전에 어떤 사람이 제게 말했던 것처럼, 오랜 기간 정서적으로 탈진하게 되면, 우리의 믿음은 찢어지기 쉬운 휴지처럼 연약해지고, 어떤 일을 긍정적인 마음으로 바라는 것마저도 우리의 힘이 닿지 않는 일이라고 생각하게 됩니다. 사탄은 우리가 소망을 실천하지 못하도록 이런 일들 및 유사한 조건들을 사용하는 데 놀랄 만한 경지에 이르러 있습니다.

우리는 우리 자신이 누구인지 또 어떤 사람이 되어야 할지와 관련해서 우리 자신, 즉 우리의 감정과 욕구와 태도들을 언제나 세밀히 알지는 못합니다. 지금까지 장황하게 하나님 안에 있는 그리스도인의 소망에 대해서 이야기했습니다. 그러나 여러분은 제 말을 거부하고 싶을지도 모릅니다. 그건 아마도 제가, 당신이 진실을 부정하려고 애쓰는 약점과 취약함을 언급했기 때문일 것입니다. 그것이 사실이라면, 저는 여러분이 마땅히 알아야 할, 좀 더 솔직히 말해 여러분이 알아야 한다고 생각하는 소망의 즐거움을 잘 모르고 있다고 확신합니다. 간곡하게 부탁합니다. 지금 이 순간 자신을 점검해 보십시오. 어떻게? 여러분이 살아온 과거를 정직하게 반성해 보십시오. 그리고 과거로부터 오는 음성을 듣기를 간절히 바랍니다. 존 버니언(John Bunyan)의 『천로역정』(Pilgrim's Progress)을 정독해 보십시오. 그 책은 300년 이상 꾸준히 출간되어 온, 목양에 대한 고전적인 우화입니다. 그 책은 영적인 삶에 관한 청교도적 지혜들로 가득 차 있습니다. 제2부 후반부에는 '절망 거인'(Giant Despair)으로부터 구출되는 '낙심 씨'(Mr. Despondency)와 그의 딸 '질겁'(Much-afraid), 다른 사람들보다도 더 그들의 순례 길을 힘들게 만든 '심약 씨'(Mr. Feeble-mind)와 그의 삼촌 '두려움 씨'(Mr. Fearing), 지팡이 없이는 조금도 앞으로 가려고 하지 않는 '주저 씨'(Mr. Ready-to-halt) 등에 대한 이야기들이 많이 있습니다. 책을 읽어 보십시오. 이러한 등장인물들이 무엇을 말하는 것인지, 그리고 그들이 어떻게 행동하는지에 초점을 맞추어서 읽으십시오. 그러면 여러분 자신이 소망을 갖는 데 유익하리라 봅니다. 한편 저에게도, 성경적인 믿음을 의심하지는 않았지만, 천국에 대한 찬양과, 사람들이 열정적으로 그 찬양을 부르는 것을 몹시도 싫어했으며, 무슨 일에든 냉소적이었던 시절이 있었습니다. 그때 체득한 몇 가지 교훈을 말씀드리려고 합니다.

첫째, 현세와 내세에서 그리스도인의 소망의 핵심은 구원받은 죄인이 성부, 성자, 성령 하나님과 사랑의 교제를 나누는 데 있습니다. 예배하고, 순종하고, 당신의 섬김으로 삼위일체 하나님을 기쁘시게 하려고 적극적으로 노력하는 것을 통해 말입니다. 그것이 영적인 삶의 본질적이며 영원한 실재입니다. 그것이 천국의 근본적인 의미입니다. 만일 내가 진정한 그리스도인이라면, 천국은 내 현재 삶에서 이미 시작된 것이어야 합니다. 영적인 삶은 다른 근원에서는 올 수 없는 화평함과 만족감과 기쁨을 지금 여기에 가져옵니다. 그리고 그것이 영원히 지속될 것이라고 전망합니다. 즉, 성도들이 진실로 로버트 브라우닝(Robert Browning)처럼 이 땅에 사는 모든 순간마다 "최상의 것은 아직 오지 않았다"고 말하는 것과 같이, 천국에서도 모든 순간 진실로 그렇게 말할 것입니다. 그렇게도 아름다운 천국에 대한 기대를 멸시하거나, 그런 기대를 불쾌하게 여긴다면 참으로 어리석은 죄를 범하는 셈이 될 것입니다.

둘째, 우리는 어리석고, 물질주의적이며, 탈기독교적인(post-Christian) 세상에 살고 있습니다. 이 세상이 천국에 대한 소망을 조롱하는 것은 이 세상의 죄악 된 어리석음을 보여 주는 것입니다. 이 점에서 그리스도인이 세상을 따르는 것은 어리석은 죄일 것입니다. C. S. 루이스가 50여 년 전에 쓴 책의 일부를 여기에 인용할 만한 가치가 있습니다.

소망은 신학적 덕목 가운데 하나입니다. 이 말이 뜻하는 바는, 영원한 세계를 계속 바라보는 일은 도피주의나 몽상의 한 형태(어떤 현대인들의 생각처럼)가 아니라 그리스도인이라면 마땅히 가져야 할 자세 중 하나라는 것입니다.

"나는 영원토록 하프나 타면서 살고 싶지는 않다"면서 그리스도인이 가진 '천국'의 소망을 우습게 만들려는 경박한 이들이 있는데, 그런 사람들은 전혀 개의할 필요가 없습니다. 그런 사람들에게는 어른들의 책을 읽는 법도 모르거든 잠자코 있기나 하라고 말해 주면 됩니다. 성경에 나오는 천국의 이미지들(하프, 면류관, 금

등)은 표현할 수 없는 것을 표현하기 위해 상징적으로 동원된 것일 뿐입니다. 여기에 악기가 나오는 것은 현재의 삶에서 황홀감과 무한함을 많은 사람들에게(모든 사람에게는 아니지만) 무엇보다 강렬하게 암시할 수 있는 것이 바로 음악이기 때문입니다. 면류관은 하나님과 영원히 연합된 사람들이 그의 광채와 능력과 기쁨을 함께 누린다는 사실을 암시하기 위해 사용되고 있습니다. 또 금은 시간에 매이지 않는 천국의 영원함과(금은 녹슬지 않으므로) 귀중함을 암시하기 위해 사용되고 있습니다. 이러한 상징들을 문자 그대로 해석하는 사람은, 비둘기처럼 되라는 그리스도의 말씀을 알을 낳으라는 뜻으로 이해하는 사람과 하나도 다를 바가 없습니다.

[『순전한 기독교』(*Mere Christianity*, 홍성사), pp. 211, 215-216]

셋째, 우리의 은혜로운 하나님은 그리스도와 사도와 성경 전체를 통해 장차 얻을 영생에 대해서, 그리고 하나님이 모든 신자에게 주셨던 미래에 대한 약속을 그분의 이름으로 분명히 말씀하셨습니다. 그것은 존 버니언의 우화에서 주저 씨가 걸을 때 꼭 필요한 지팡이와 같습니다. 이 약속에는 늘 천국의 소망이 들어 있습니다. 그리스도와 사도들과 성경이 가르치는 것들은 거룩한 진리로 받아들이면서, 천국에 대한 가르침과 약속을 믿지 않는 것은 하나님께 참으로 어리석은 죄를 짓는 것이며 무례한 일일 것입니다. 만사에 대해 하나님이 하신 말씀을 믿지 않는 것이 정당화될 수 있습니까? 미래에 대해 하나님이 하신 약속을 믿지 않고 보류하는 것은 정당화될 수 있을까요? 아닙니다. 당연히 정당화될 수 없습니다. 하나님이 분명히 선언하신 것을 믿지 않는 교만은 에덴동산의 죄입니다. 그러한 불신앙은 과거에도 정당하지 않았으며, 지금도 마찬가지로 정당한 근거가 없습니다.

우울증에 관해 잘 알려진 사실은, 뭔가 좋은 일이 기다리고 있다고 믿을 힘이 없다는 것입니다. 그리고 우울증을 유발하는 원인 중 하나는 자신이 부적응자이며, 외톨이고, 낙오자라는 느낌입니다. 영적 침체는, 그런 느낌이 광대하고 측량할 수 없으며 다함이 없고 대가 없이 거저 주시는 하나님의 사랑에 대한 확신을 좀먹을 때 생깁니다. 저는 여러분이 이러한 감정들을 어느 정도 알고 있으리라 생각합니다. 서구의 많은 그리스도인들, 어쩌면 대부분의 사람들이 영적 침체에 빠진 줄도 모르는 상태에서 인생을 살아가고 있습니다. 왜냐하면 그런 감정들은 규칙적으로 그들을 사로잡기 때문입니다. 그러나 이 모든 열등감을 치료하기 위한 최종적인 해결 방안이 있습니다. 그것은 다음과 같은 사실을 늘 기억하는 것입니다. 당신의 하나님은, 당신이 인생에서 우연히 만나게 되거나, 당신도 그런 사람들이 되었으면 좋겠다고 생각할 만큼 훌륭한 부류의 사람들 못지않게, 부적응자와 외톨이와 낙오자를 사랑하시고, 구속하시며, 용서하시고, 회복시키시며, 보호하시고, 지켜 주시며, 사용하신다는 사실입니다. 이제 이 책에서 캐롤린과 제가 하나님과 당신에게 드리는 성경 연구를 통해서 이 사실을 알게 될 것입니다. 모든 그리스도인은 '소망을 품은 행복한 사람'이 되라는 부름을 받았습니다. 하나님이 이 책을 사용하셔서 많은 사람들을 행복한 소망인으로 변화시키시기를 기도합니다.

1. 약할 때 강함 주시는 소망

삼손
사사기 14-16장

삼손 이야기를 읽으면서, '이것은 비극이야'라고 생각하지 않는 사람은 한 사람도 없을 것입니다. 비극이란 선한 것을 허비하는 것, 잠재력을 탕진하는 것입니다. 사사기 14-16장에는 어리석은 행동 때문에 훌륭한 인물이 허비되는, 삼손의 비극적인 이야기가 기록되어 있습니다.

그럼에도 불구하고 삼손은 믿음의 영웅입니다. 우리가 알고 있는 것처럼 그의 이름이 히브리서 11장에서 구체적으로 거명되고 있기 때문입니다. "내가 무슨 말을 더 하리오? 기드온, 바락, 삼손, 입다, 다윗 및 사무엘과 선지자들의 일을 말하려면 내게 시간이 부족하리로다"(히 11:32). 히브리서 저자는 계속해서 이 사람들은 "믿음으로 나라들을 이기기도 하며 의를 행하기도 하며 약속을 받기도 하며 사자들의 입을 막기도 하며 불의 세력을 멸하기도 하며 칼날을 피하기도 하며 연약한 가운데서 강하게 되기도 하며, 전쟁에 용감하게 되어 이방 사람들의 진을 물리치기도 [한]"(히 11:33-34) 사람들이었다고 말합니다. "연약한 가운데서 강하게 되기도 하며"에서 **강함**이란 다른 방법으로는 결코 이룰 수 없었을 사역을 위해서 부여받은 힘을 의미합니다. 그것은 바로 삼손 이야기의 일부입니다. 또한 그것은 바로 하나님의 불완전한 사람들의 이야기의 일부이기도 합니다.

삼손은 믿음의 영웅이었습니다. 실제로, 삼손 이야기의 중심 주제는 하나님이 그를 구원자로서 섬기도록 세우셨다는 것입니다. 여호와의 천사가 장차 일어날 삼손의 출생을 그의 어머니에게 알릴 때, 천사는 "이 아이는 태에서 나옴으로부터 하나님께 바쳐진 [자]"이며 "그가 블레셋 사람의 손에서 이스라엘을 구원하기 시작하리라"(삿 13:5)고 말했습니다. 삼손은 정말로 그렇게 했습니다. 그가 20년 동안 사사로서 이스라엘을 지도하고 다스렸다는 것을 우리는 읽을 수 있습니다. 그리고 그의 활동이 하나님의 백성을 압제하는 블레셋을 약하게 했다는 것도 분명합니다.

그렇지만 사사기 저자가 서술하는 삼손의 생애는 여러분이 짜릿한 스릴이 넘치는 소설에서 읽었던 이야기와 아주 유사할 것입니다. 그에게는 여자들과 싸움들이 끊이지 않았습니다. 삼손은 확실히 람보 스타일의 사람이지만, 그런 특징 때문에 비난을 받는 것은 아닙니다. 사사기는 자유 방임 사회와 모든 것이 허용되는 문화 속에서 닥치는 대로 살며 무책임한 행동을 자연스럽게 일삼던 사람들에 대해 말해 주고 있습니다. 오늘날 우리는 그런 사회를 직접 겪어 알고 있습니다. 자유 방임 사회는 현대 북미 사회에 직접 적용할 수 있는 묘사입니다. 우리 서구인들은 탈기독교 시대에 살고 있으며, 삼손의 시대와 마찬가지로, 예로부터 내려오는 원칙들을 존중하지 않고 있습니다. 모든 사람은 자기 소견에 옳은 대로 행하고 있습니다(참고. 삿 17:6; 21:25). 오늘날 일어나는 온갖 무모한 일들은 필연적으로 모든 선한 것을 허비하게 합니다. 우리 역시 비극적인 삼손의 인생에서 본 것과 아주 흡사한 시대와 장소에서 살아가고 있다는 사실을 깨닫고, 경고로 받아들여야 합니다.

앞에서 말한 것처럼, 비극의 핵심은 선한 것을 허비하는 것이요, 잠재력을 무가치하게 만드는 것입니다. 이 책에서 우리가 살펴보는 것처럼, "낭비"는 삼손의 생애를 설명해 주는 말입니다. 삼손은 비행 청소년처럼 제멋대로 행동하고 교정이 불가능한 특이한 종류의 영웅입니다. 그는 블레셋 사람들과 싸울 수 있도록 엄청난 육체적 용맹함을 부여받았으며, 그들과 잘 싸웠습니다. 성경은 여호와의 영이 반복해서 그에게 임하셨다고 말합니다(삿 13:25; 14:6, 19; 15:14). 삼손은 생애 마지막에 이르러서야 정신을 차리고, 다곤 신전을 무너뜨릴 힘을 달라고 기도하여 힘을 얻었습니다. 그는 스스로 간구한 대로 블레셋 사람들과 함께 죽었습니다. 사사기의 저자는 이 부분에서, 삼손이 살아 있을 때보다 죽으면서 죽인 자가 더 많다는 것을 언급하고 있습니다(삿 16:30). 블레셋을 압도한 삼손의 능력은 그의 인생의 어두운 요소들을 관통하는 중요한 실마리입니다. 우리가 알고 있듯이, 삼손은 이런 탈선과 더불어 20년 동안 이스라엘을 다스린 지도자로 인정되고 있습니다. 만일 그의 약함이 그런 형태가 아니었더라면 그가 어떤 것을 성취해 내었을지 우리는 다만 추측해 볼 수 있을 뿐입니다.

성적인 약점

우리 모두에게 경종을 울리기 위해서 저는 삼손의 성품에서 파악한 결점들을 구체적으로 말하고자 합니다.

무엇보다도 먼저, 삼손은 여자의 유혹을 이겨 내지 못했습니다. 삼손은 청년 시절에, 부모님께 블레셋 여자를 맞이하여 아내로 삼게 해 달라고 하여 큰 근심을 안겨 드렸습니다. 그의 이력의 첫 출발은 이방 여자를 향한 구애로 시작되었습니다. 그리고 그의 인생은 들릴라라는 또 다른 이방 여자로 인해 종말을 맞게 됩니다. 성경은 삼손이 이 두 여자 말고도 그 중간에 가사의 매춘부를 찾아갔다고 말합니다. 이교도와 결혼하는 것과, 매춘부와 동침하는 것은 하나님을 기쁘시게 하는 일이 아닙니다. 그렇지만 삼손의 성적 충동이 일어나면, 아무것도 그를 제지하지 못했습니다. 이것은 우리도 잘 아는 바입니다. 특히 권력이 있거나 성공한 남자들은 자신의 업적으로 인해서 성적 쾌락을 즐길 권리가 있다고 생각합니다. 그리고 그들은 다른 사람들에게 적용되는 제약과 제한 조건들이 자신에게는 적용되지 않는 것처럼 행동합니다. 떠오르는 실례들은 많이 있지만, 여기에서 굳이 제시할 필요도 없습니다. 우리 모두는 경험을 통해서 이것이 사실이라는 것을 잘 알고 있습니다.

유머라는 약점

그다음으로 삼손은 농담 또한 이겨 내지 못했습니다. 그중에서도, 그는 자신이 기발한 생각과 재치로 다른 사람들을 웃겨서 재미있는 사람이라는 칭찬을 받는 것에 자부심을 느끼는 어릿광대였습니다. 저는 그런 사람들을 알고 있습니다. 여러분이 아는 사람들 중에도 있을 겁니다. 삼손이 낸 수수께끼가 바로 그런 경우이지요. 그는 (결혼식 하객들인) 블레셋 청년들에게 어려운 수수께끼를 내어 자신의 결혼 잔치를 망쳐 버리고 말았습니다.

> 먹는 자에게서 먹는 것이 나오고
> 강한 자에게서 단 것이 나왔느니라. (삿 14:14)

"내가 말하는 게 무엇이겠는가?" 삼손은 물었습니다. 우리가 알고 있듯이, 삼손은 자신이 죽인 사자의 주검에서 벌통을 발견하고 꿀을 얻은 때를 기억하고 말한 것입니다. 당연히 그는 다른 사람들이 이 일을 알고 있으리라고는 예상하지 못했습니다. 블레셋 청년들은 삼손의 신부를 위협해서 정답이 무엇인지 알아내라고 했습니다(그들은 삼손이 그들에게 무슨 수수께끼를 내든지 간에 겉옷과 베옷 한 벌씩을 내기로 걸었으므로, 블레셋 청년들은 다른 족속인 삼손 때문에 곤경에 빠지기를 원치 않았습니다). 신부는 그 청년들이 요구한 대로 했습니다. 그러고는 블레셋 청년들에게 답을 말해 주었고, 그들은 즉시 삼손에게 정답을 말했습니다. 삼손은 그들이 한 일을 깨닫고는, 화가 나서 결혼 피로연을 엉망으로 만들어 버리고 심히 노하여 집으로 돌아왔습니다.

삼손은 왜 격분했을까요? 누구도 자기가 말한 농담을 알아차리지 못할 것이라고 생각했기 때문입니다. 삼손이 낸 수수께끼가 풀렸기 때문에 그는 블레셋 사람들에게 무시당했고, 결국은 불쾌해졌습니다. 어릿광대 같은 그의 허영심이 상처 입자, 그의 이상 행복감(euphoria: 근거가 없는 병적인 행복감 — 옮긴이)은 분노로 표출되었습니다. 한 농담이 실패하자, 삼손은 곧바로 짐승들, 불 그리고 아직 베지 않은 들의 곡식을 가지고 더욱 파괴적인 유머를 썼습니다. 그는 여우 300마리를 잡아서(어떻게 잡았는지는 모르지만),

두 마리씩 꼬리를 묶고 그 사이에 횃불을 달았습니다. 겁에 질린 여우들이 블레셋 사람들이 수확할 곡식들을 전부 불살라 버리도록 말입니다. 여우들이 날뛸 때, 아마도 삼손은 밭 가장자리에 서서 웃어 댔을 것입니다. 누구나 예견할 수 있듯이, 그 못된 장난은 불필요한 (그리고 비극적인) 생명의 손실로 확대되었습니다(삿 15:3-17).

또 다른 경우를 생각해 봅시다. 삼손은 가사의 매춘부와 함께 시간을 보낸 후, 사람들이 자기를 떠나지 못하게 하려 한다는 것을 알게 되자, 한밤중에 일어나 성 문짝을 부수고, 기둥 두 개를 빼어, 그것들을 등에 지고 50킬로미터를 걸어가서 아무도 살지 않는 헤브론 앞산 꼭대기에 그 모든 구조물을 갖다 놓았습니다. 이 이야기 또한 삼손이 균형 잃은 유머 감각으로 인해 괴상한 행동을 했다는 것을 말해 줍니다.

마지막 부분에서 우리는 삼손이 들릴라라는 방탕한 여자에게, 무엇이 자기를 강하게 만드는지에 대해 말하며 노닥거리는 모습을 보게 됩니다. 그녀는 삼손이 자기를 놀리는 사이에 그를 무너뜨릴 음모를 꾸미고 있었습니다. 삼손은 마침내 자기의 비밀(나실인 삼손은 머리카락에 삭도를 대서는 안 되었습니다)을 그녀에게 말해 주었고, 그의 농담은 삼손 자신에게 치명적인 결과를 가져왔습니다(삿 16:4-30).

삼손은 통제 불능의 유머 때문에, 생각도 없고 책임감도 없는 유치한 어릿광대처럼 행동했습니다. 이것은 그의 성품의 치명적인 약점이었습니다. 유머 자체는 하나님이 주신 인생의 양념과 같으며 정신 건강의 안전장치이지만, 우리는 유머 감각을 다스려야지 유머 감각에 지배당해서는 안 됩니다.

분노라는 약점

또한 우리가 알고 있듯이, 삼손은 자신의 성질을 다스리는 데 문제가 있었습니다. 분노는 실패와 고통과 파멸로 이끄는 충동입니다. 삼손의 이야기를 보면, 그는 늘 성내는 사람이었다는 것을 알 수 있습니다. 그는 비난을 참지 못했습니다. 삼손이 가진 고정관념 중의 하나는 받은 것을 반드시 되갚아 주어야 한다는 것이었던 듯합니다. '맞받아치기'는 삼손에게 삶의 원칙이었습니다. 그는 다른 사람들이 자기를 대하는 방식대로 다른 사람들을 대했습니다. 그는 승리를 얻기 위해 복수했고 결국에는 승자가 되었습니다. "하나님이여, 구하옵나니 이번만 나를 강하게 하사 나의 두 눈을 뺀 블레셋 사람에게 원수를 단번에 갚게 하옵소서"(삿 16:28). 삼손은 자기가 당한 해악을 그대로 앙갚음하려는 마음 때문에, 자기에게 고통을 준 사람들보다 훨씬 더 많은 사람들이 거기에 있다는 것을 알지 못했습니다. 삼손의 성격에서 더 큰 약점은 자신의 성질을 다스릴 수 없다는 것보다도, 분노와 자만심 때문에 계속해서 다른 사람들에게 상처를 준다는 것이었습니다(예수님과 사도들이 가르친 이웃 사랑은 이와 정반대입니다. 마 5:38-48; 눅 10:25-37; 롬 12:17-21; 요일 3:11-24; 4:7-21을 보십시오).

그런 관점에서, 삼손의 짓궂은 농담을 다시 생각해 봅시다. 어떤 사람들은 다른 사람을 재미있게 해 줌으로써 자기가 그 사회의 구성원임을 입증한다고 생각합니다. 그래서 그런 이들은 자신의 농담이 악의와 분노를 표현하는 것일지라도, 다른 사람을 재미있게 해 주기 때문에 용서되고 잊히리라고 생각합니다. 삼손은 전적으로 이런 부류의 인간이었습니다. 우리가 알고 있듯이, 그의 우스운 행동들은 실제로는 사람들을 오히려 불쾌하게 만드는 측면이 있었습니다. 그런 행동들은 잔혹하고 무자비한 농담입니다. 자기가 최고가 되기를 원하는 욕구와, 그 농담을 함으로써 다른 사람들을 경멸하고자 하는 욕구를 드러내는 농담일 뿐입니다. 그런 농담들은 호의를 드러내지 않습니다. 재미있지만, 그것은 추악한 재미에 지나지 않습니다. 그런 농담들은 교묘하게 위장된 분노입니다. 삼손은 이것 때문에 양심의 가책을 느끼지는 않았던 것 같습니다. 이것이 바로 삼손의 결점이었습니다.

저는 설교를 처음 시작했던 시기에, 약간 주저하면서 삼손의 농담을 비판했습니다. 저는 지나치게 심각한 사람이었습니다. 어느 날 동역하던 선배 목사님이 제게 이렇게 말했습니다. "자네는 너무나 진지해서 설교를 할 때에 다른 사람들이 심각하게 듣기만 한다네. 하나님은 자네에게 유머 감각을 주셨어. 유머를 사용하게!" 그 후로 저는 설교를 할 때 농담을 사용하기 시작했으며, 이것은 좋은 착상이었다고 생각합니다. 하지만 악의적이거나 저속한 농담을 하지 않으려 노력합니다. 저는 삼손이 유머 감각에 속박된 사람이었다고 생각합니다. 다시 말해서 그는 바보 같은 짓을 습관처럼 하고, 자신의 좋지 않은 행위를 뭔가 우스운 일을 통해서 정당화할 수 있다고 생각했던 사람이었습니다.

하나님의 사람

그렇지만 하나님은 삼손을 자신의 특별한 종으로 세우셨습니다. 삼손 이야기를 하노라면, 그가 하나님의 사람이었으며 하나님의 사역을 위해 거룩하게 구별되었다는 사실을 상기하게 됩니다. 삼손의 행동과 경험 속에서 그를 지배하신 분은 바로 하나님이십니다. 삼손 이야기 중에서 우리에게 소망을 주는 것은 바로 이 부분입니다. 우리 역시 희비극으로 얼룩진 흠 많은 인생, 실수와 결점으로 가득한 인생, 우리의 장점이라고 생각했던 것이 분노로 인해서 진짜 약점으로 변해 버리는 인생을 살아가고 있습니다. 그러나 과거에 삼손의 하나님이셨던 그분이 지금 우리의 하나님이십니다.

이상하게도 삼손 이야기에는 주 예수님을 생각나게 하는 것들이 있습니다. 예수님은 하나님 나라라는 목적을 위해서 초자연적으로 태어나신 또 다른 분입니다. 예수님에게도 유머 감각이 있었습니다. 사실 다소 준엄하고 날카로운 유머 감각이었지요. 그러나 바늘귀를 통과하는 낙타 이야기나 자기 눈의 들보는 못 보면서 남의 눈의 티를 빼내려고 애쓰는 사람 이야기를 생각하면 우리는 분명 빙그레 웃게 됩니다. 그러나 예수님은 유머 감각에 사로잡히지 않으셨습니다. 그분은 삼손과 달리, 정중함과 지혜와 선의, 자제력을 가진 분이었습니다.

예수님은 화를 내지 않고 자제하실 수 있었기 때문에, 비난을 받아도 되받아 비난하지 않으셨습니다. 그분은 공의로 심판하시는 분께 자신을 부탁하셨습니다. 그것은 인간의 참된 성숙함으로서, 부르심을 받은 그리스도의 사람들인 우리 모두가 지향해야 할 성숙함입니다(벧전 2:19-23을 보십시오). 이 점에서 예수님과 삼손은 정반대입니다.

그리스도인을 위한 경고

삼손의 이야기는 훈계를 담고 있는데, 우리 그리스도인들은 삼손의 전기를 통해서 경고를 받아야 옳습니다. 삼손이 육체적으로 강했던 것은 사실입니다. 여호와의 영이 그에게 임한 순간부터, 하나님은 삼손에게 믿을 수 없을 정도로 강한 힘을 주셨습니다. 그러나 그토록 강력했던 힘은 다음과 같은 구체적인 약점, 즉 자기중심적이고, 자기만 믿으며, 제멋대로이고, 자기만족을 추구하는 약점들을 동반했습니다. 이 네 가지는 삼손의 인생 여정에 분명히 존재하고 있습니다. 만약 삼손이 그처럼 놀라운 힘을 조금만 적게 가지고 있었더라면, 그는 이러한 약점들에 덜 취약했을지도 모릅니다. 우리가 보듯이 그는 블레셋 사람들과는 잘 싸웠지만, 죄와의 싸움에서는 전혀 진보가 없었던 것 같습니다. 이 말은 삼손의 평생 동안 그 내면은 약했음을 의미합니다.

우리 복음주의 그리스도인들은 적어도 한 가지 면에서, 즉 숫자에 아주 강합니다. 통계학자들의 통계를 보면, 미국에만도 약 4천만 명의 그리스도인들이 있다고 합니다. 수많은 신학교들, 목회에 활용되는 첨단 기술, 초대형 교회들이 등장하는 추세입니다. 북미의 영예로운 목사이며 남침례회의 지도자인 빌리 그레이엄(Billy Graham)의 사역과 영향력은 막대한데, 그 역시 "우리 중

한 사람"입니다. 우리의 문서 사역은 확장 일로에 있습니다. 하나님은 그리스도인들에게 놀라운 힘을 주셨지만, 바로 그 힘이 우리를 약하게 만듭니다. 우리도 삼손에게서 보았던 것과 동일한, 일부 자기 파멸적인 약점들 때문에 희생자로 전락할 위험에 처해 있지는 않습니까? 이것은 매우 심각하게 생각해야 할 질문이라고 생각합니다.

복음주의적인 그리스도인들은 이종 문화권(enclave: 타국 영토에 둘러싸여 고립된 지역 또는 타민족 속에 고립된 소수 민족—옮긴이)에서 살아가고 있습니다. 그것은 아주 커다란 이종 문화권이지만, 동시에 하나의 이종 문화권입니다. 우리는 상호 간의 가족 관계에서 벗어날 수 없습니다. 우리가 누구이며 어떤 사람인지는 우리 모두에게 개별적으로 영향을 미칩니다. 또한 우리의 이종 문화권에 있는 것들이 항상 바람직한 모습을 하고 있는 것은 아닙니다. 우리는 마음의 정결함이 필요합니다. 특별히 성적인 문제에서 그렇습니다. 오늘날 우리 기독교 공동체 안에도 삼손과 너무나 유사한 성생활을 하는 사람들이 있다고 생각합니다. 성적인 정결함 그 너머에는 삼손이 결코 도달하지 못했던 특별히 고귀한 성품이 있습니다. 복음주의권 내에 사는 우리라고 해서 늘 그 성품에 도달하는 것도 아닙니다. 우리 기독교 사역을 들여다보면, 우리가 그러듯이 어떤 사람들은 책임지지 않으려 하고, 다른 사람을 지도하려 하며, 스스로가 자신의 주인이 되려고 하는 모습을 볼 수 있습니다. 우리는 삼손이 보여 준 것과 동일한 미성숙함과 불경건함을 유발하는 정서적 태도들—분노, 심술궂음, 복수심, 무례한 언행, 무정함—을 목격합니다. 그리스도인들은 다툼을 좋아합니다. 또한 자만에 빠져 있습니다. 그리스도인들은 권력에 굶주린 이기주의자들이기도 합니다. 우리는 우리만의 제국을 건설하려고 합니다. 이런 모습이 계속 재현되고 있습니다.

(삼손과 우리의) 이런 성격적 결함들은 실제적인 약점입니다. 다시 말하면, 오늘날 북미에서 이룬 복음주의의 영향력은 물론 우리 자신의 개인적인 삶 모두에 비극적인 결과를 가져올 수 있는 약점이라는 겁니다. 성격상의 약점들은 이내 신용을 무너뜨립니다. 저는 설교 여행 중에 여러 차례 삼손의 성품에 대해서 가르쳤습니다. 그에 관해서 설교할 때마다, 저는 그 속에서 제 모습들을 비추는 껄끄러운 거울을 발견합니다. 그래서 지금 저는 이 흠 많은 성격의 소유자 삼손을 통해서 몇 가지 교훈을 말하고자 합니다. 바로 하나님의 소명과, 확고하지는 않아도 진정한 믿음에 관해서 말입니다.

약할 때 곧 강함이라

자신이 강하다고 느낄 때, 우리는 아주 쉽게 약해질 수 있습니다. 성경은 이렇게 말합니다. "그런즉 선 줄로 생각하는 자는 넘어질까 조심하라"(고전 10:12). 그리스도 안에서 독립적이기를 좋아하는 사람들은 그리스도와 상관없이 될 수도 있다는 위험을 깨달아야 합니다. 삼손은 고독한 사람이었습니다. 그는 자기 생각대로만 행동했습니다. 그러나 그런 행동은 어느 시점에서건 복된 길이 아니었습니다. 만약 삼손이 부모의 말을 들었더라면(삿 14:2-4을 보십시오), 자신보다 연장자나 친구들과 상담을 했더라면(15:7-13을 보십시오), 그는 확실히 더 잘 처신했을 것이고, 하나님께 더 많은 영광을 돌렸을 것입니다. 그래서 우리는 자신의 강점을 너무 믿지 말고, 교제와 정기적인 상담이 필요하다는 것을 깨달아야 합니다. 정돈된 삶을 살려면 우리 모두에게는 그런 것들이 필요합니다.

그리고 하나님이 삼손을 다루신 것처럼, 결국에는 그분의 자비로움으로 우리를 다루기를 원하신다는 사실을 깨달아야 합니다. 들릴라의 배반으로 삼손은 블레셋 사람들에게 사로잡혔습니다. 그들은 삼손의 두 눈을 뽑고, 머리카락을 깎았습니다. 하나님이 그에게 주신 힘은 영영 사라진 것처럼 보였습니다. 그는 쓸모

없는 사람이 된 것처럼 보였습니다. 하나님의 선하심으로, 삼손은 인생의 마지막 사역에 충분한 힘을 회복하게 되었습니다. 그렇지만 우리는 삼손이 처음부터 들릴라와 아무 관계도 맺지 않았더라면 얼마나 더 좋았을까 하고 아쉬워합니다.

그러나 여기에 우리에게 유익한 교훈이 한 가지 있습니다. 하나님은 우리가 강하다고 생각하는 순간에 우리를 무력하게 하고 넘어뜨리셔서, 우리가 그분을 실제로 의지할 때에만 진정 강해질 수 있다는 것을 알게 하실 수 있습니다. 그분은 전에도 그렇게 하셨고, 아마도 큰 차원에서는 북미에 사는 이 시대의 그리스도인들을 향해, 혹은 여러분과 저에게 개인적인 차원에서 그렇게 하실 것입니다. 그분이 그렇게 하실 때, 그 가운데는 자비가 있을 것입니다. 좋은 것이라고는 더 이상 전혀 찾아볼 수 없을 지경에 이른 방황하는 인생들을 건져 주시고 그런 삶 속에서 의미를 갖게 하시는 분은 바로 역사하시는 하나님이십니다.

삼손의 이야기에서 우리에게 힘과 격려가 되는 것이 하나 더 있습니다. 하나님이 우리를 사용하신다는 사실입니다. 그분은 우리에게 결점이 있음에도 불구하고 바로 지금 우리를 사용하십니다. 그분은 자비로운 하나님이시며, 그분의 변함없는 정규 계획의 일부분으로서 결함 있는 사람들을 사용하십니다. 우리가 자신의 한계와 부족함과 죄를 얼마나 자각하고 있든지 간에, 우리는 우리를 다시 사용하고자 하시는 하나님을 바라보아야 합니다. 하나님은 크신 자비로 그렇게 하실 것입니다.

그리스도인들은 그리스도 예수 안에 있는 믿음으로 살아가는데, 이 말은 용서받음으로써 살아간다는 의미입니다. 그리고 (용서받은 죄인인) 그리스도인들은 우리의 예상을 훌쩍 뛰어넘는 방식으로 하나님의 사역에서 일정한 분깃을 받습니다. 우리가 마땅히 받을 만한 것 이상으로 말입니다. 삼손 이야기 전부가 침울하고 파멸적이며 절망적인 것은 아닙니다. 그 이야기는, 삼손처럼 난폭한 사람조차도 하나님은 사용하실 수 있었고, 사용하셨으며, 우리는 그런 자비의 하나님을 섬기고 있다는 것을 보여 줍니다. 그래서 우리의 온갖 부족함에도 불구하고, 하나님은 그분 나라의 일들과 관련해서 여러분과 저에게도 분명한 역할을 알려 주실 것이라는 소망이 있습니다.

그러니, 우리 모두 용기를 내서 삼손 이야기가 주는 교훈을 배웁시다. 우리는 하나님을 영화롭게 하는 모습으로 우리의 인생을 만들고 또 유지해 나가기를 구해야만 합니다. 그것은 쉽지 않습니다. 그것은 삼손이 시도하지 않았던 방식으로 우리 죄와 싸우고, 우리 생각을 다스리고, 우리 태도를 변화시키며, 우리 욕망을 분석하는 것을 의미합니다. 그렇지만 결함 있는 사람을 영광을 위한 도구로 사용하시는 주님을 신뢰합시다. 그리고 힘에 부친다고 느껴지는 선한 사역과 선한 자세로 하나님을 섬길 수 있도록 믿음 안에서 힘을 구합시다. 구하는 자는 얻을 것입니다. 삼손의 하나님은 우리의 하나님이시며, 참으로 오래 참으시고 큰 은혜를 주시는 하나님이시기 때문입니다. 그러므로 우리 모두에게 큰 소망이 있습니다. 주님의 이름을 찬양합시다.

〰〰〰

거룩하신 아버지여! 당신은 우리를 아시고, 우리를 사랑하셨으며 당신의 독생자가 흘리신 보혈로 우리를 구원하셨습니다. 그리고 우리를 당신의 자녀와 상속자가 되는 영광스러운 위엄의 자리까지 높이셨습니다. 우리의 특권적인 신분을 늘 명심하게 하시고, 그리스도와 같이 믿음과 소망에 장성한 자로 살아가도록 우리를 가르쳐 주옵소서. 또한 당신을 기쁘시게 하고자 하는 일편단심을 갖게 하시고, 겸손한 마음으로 우리에게 필요한 도움을 언제나 당신께만 찾게 하옵소서. 우리를 정직하게 하셔서 우리 연약한 성품과 행위를 깨닫게 하시고, 우리의 죄과를 회개하게 하옵소서. 우리로 시험에 들게 하지 마시며, 악에서 구하옵소서. 그리하여 우리로 하여금 당신의 백성의 행복을 위해 분투한 당신의 종 삼손을 본받되, 당신의 은총으로 그보다 더욱 자기를 부인하여 마음과 생활의 정결함을 이루게 하옵소서. 우리의 구원자이시며 주님이신 예수님의 이름으로 기도합니다. 아멘.

연구를 위한 질문

1. 사사기 14-16장에 나오는 삼손의 삶에 관한 성경의 서술을 읽어 보십시오.
2. 삼손의 삶에 대한 이와 같은 묘사에서 하나님의 선하심에 대한 어떤 증거를 볼 수 있습니까?
3. 삼손이 그의 대단한 신체적 능력을 사용한 방식을 관찰해 보십시오. 이러한 행동들이 시사하는 성격적 약점은 무엇입니까?
4. 당신에게 있는 능력은 어떤 영역입니까?
5. 당신의 능력이 약점의 근원이 되지 않도록 당신이 주의할 수 있는 것은 무엇입니까?
6. 당신이 유머를 무기로 사용하도록 부추기는 상황은 어떤 것입니까?
7. 삼손이 태어나기 전에 한 천사가 그의 어머니에게 아들에 관해 이야기했습니다(삿 13:3-5을 보십시오). 그때 천사가 한 말은 그 아들의 삶에서 일어나는 사건들을 목격한 삼손의 어

머니에게 어떻게 도움이 되었겠습니까?

8. 히브리서 11:32-34은 삼손이 "연약한 가운데서 강하게 [된]" 사람 중 하나라고 말합니다. 그의 결점에도 불구하고, 하나님은 삼손을 어떤 방식으로 사용하셨습니까?

9. 삼손의 약점들 중 하나는 그가 자기 힘을 잘못되게 사용한 것이었습니다. 어떤 힘(권력)의 오용이 그리스도인들에게 특히 유혹을 불러일으키는 것처럼 보입니까?

10. 당신 자신의 결점에 대해 생각해 보십시오. 삼손 이야기에서 당신에게 주의를 주는 것은 무엇이고, 격려가 되는 것은 무엇입니까?

기도

1. 잠시 하나님이 당신에게 주신 강점들을 기억하게 해 달라고 조용히 묵상하는 시간을 가지십시오. 이러한 강점들을 기록해 보면서 당신을 향한 그분의 인자하심을, 그리고 하나님의 영광을 위해 이것을 사용하도록 당신에게 주신 책임감을 기억하십시오.

2. 고통스러운 일일지라도 당신의 성품에 드러나는 결점들 중의 일부를 깨닫게 해 달라고 기도하십시오(이런 기도를 할 때

에는 무릎을 꿇는 것도 적절한 방법이 될 수 있습니다). 한 가지씩 기도하며, 이런 결점들을 하나님께 맡기고 용서를 구하십시오. 당신의 결점을 극복할 수 있도록 그분의 권능을 간구하십시오.

3. 우리는 때때로, 이러한 약한 부분들에 대해 우리를 위해 기도해 주고, 우리가 어떻게 행동해야 하는지 정기적으로 도전할 수 있는 한두 사람의 도움이 필요합니다. 그들과 협력할 때 우리의 약점을 극복할 수 있습니다. 기도하면서, 이 방식이 당신에게도 맞는지 생각해 보십시오. 이 방식이 적합하다고 생각한다면, 상담할 수 있는 파트너를 곧 찾아보십시오.

4. 하나님은 우리의 결점들에도 불구하고 '지금 이 순간부터' 우리를 사용하십니다. 이 점에 대해 하나님께 감사하십시오. 그리고 오늘 당신이 어떻게 하나님을 섬길 수 있는지 가르쳐 달라고 간구하십시오.

기록과 적용

기도하는 마음으로 "약할 때 곧 강함이라"는 소제목이 붙은 단락(pp. 52-55)을 다시 읽어 보십시오. 그 부분이 당신이 누구이며, 무엇을 해야 하는지에 대해서 강력한 충격을 줄 수 있기를 하나님께 기도하십시오. 당신이 받은 느낌을 적어 보십시오. 그러고 나서 하나님께 드리는 감사와 결단의 기도를 적어 보십시오.

2. 불행한 가정에서 자란 이의 소망

야곱
창세기 25, 27-49장

제가 야곱을 자세히 살펴보려는 이유는, 제 이름이 그의 이름과 같다는 사실 외에도 두 가지 이유가 더 있습니다['야코부스'(*Jacobus*)는 '야곱'에 해당하는 헬라어입니다. 그리고 제임스(James)는 '야코부스'에 해당하는 영어 이름입니다]. 그 첫 번째 이유는 그가 아주 매력적인 혼합형 인간이라는 것입니다. 그는 '재물욕'과 '하나님을 향한 마음'을 동시에 가지고 있었습니다. 이러한 양면성은 그의 인생에 위기를 초래했습니다. 이 사실은 나중에 살펴볼 것입니다. 야곱은 태어날 때, 쌍둥이 형의 발꿈치를 잡고 모태 밖으로 나왔습니다. 그의 이름은 이 일을 기념해 지어졌습니다. '야곱'이라는 이름은 '발꿈치를 잡은 자'라는 의미로, 성공하기 위해서 다른 사람을 끌어내린다는 뜻을 함축하고 있습니다.

성인이 된 야곱의 이야기를 상세히 살펴보면, 우리는 그가 많은 측면에서 자기 이름에 걸맞게 살아왔다는 것을 알게 됩니다. 어떤 점에서 그는 강탈자요, 착취자이며, 협잡꾼이고, 사기꾼이었습니다. 앞으로 보겠지만, 강탈하고 착취하고 조작하고 사기 치는 것은 그의 희생자들에게도 야곱에게도 전혀 행복을 가져다주지 않았습니다. 그 대신에 팽팽한 긴장과 중압감 그리고 적대감을 가져왔을 뿐입니다. 이것이 우리에게 주는 교훈입니다. 이익을 추구하는 그의 열정이 마침내 하나님에 대한 열망보다 아래 순위가 된 후에야 그의 인생은 비로소 안정되었습니다. 야곱은 세상적인 것과 거룩한 것, 성공에 대한 욕망과 하나님의 자비에 대한 바람 모두를 좇으며 수십 년 이상 애썼습니다. 앞으로 알게 되겠지만, 그러한 행동은 야곱의 인생에 위기를 가져왔으며, 그 위기는 그의 전 존재에서 중요한 전환점이 되었습니다.

제가 야곱에 대해서 쓰게 된 두 번째 이유는 이렇습니다. 야곱 이야기는 한 가족사의 일부입니다. 야곱은 오늘날 우리가 역기능 가족이라고 부르는 것의 소산인 동시에 그런 역기능 가족을 다시금 생산할 수밖에 없는 사람입니다. 역기능 가족은 통상 세대에서 세대로 이어지는 특징이 있습니다. 당신이 성장기에 가족 안에서 경험한 결함들은 바로 당신을 통해 당신이 양육하는 가족들에게 전수됩니다. 이 일은 야곱의 가족 안에서도 일어났으며, 지금도 발생하고 있는 일입니다. 창세기는 과연 무엇에 관한 책일까요? 아마도 이런저런 다양한 대답들이 나올 것입니다. 일반적이면서도 정확한 대답은, 창세기는 시작에 관한 책이라는 것입니다. 다시 말하면 창세기는 세상의 시작, 인류 역사의 시작 그리고 하나님의 은총 어린 계획의 시작에 관한 책입니다.

그러나 창세기에 대한 일반적인 해석 방법은 아니지만, 이런 관점 못지않게 정확한 다른 해석 방법이 있습니다. 저는 창세기 12장부터 50장까지를 역기능 가족에 대한 말씀이라고 해석합니다. 즉 이 부분은 야곱의 죽음에 이르기까지 3대에 걸친 자취를 담은 아브라함의 가족사를 보여 주고 있습니다. 이런 관점에서 보면, 우리는 이 이야기 속에서 결함 있는 한 가족을 향한 하나님의 은혜, 즉 역기능적인 사람들의 역기능적인 관계를 치료하시는 하나님의 은혜를 찾아볼 수 있습니다. 하나님의 은혜는 아브라함과 이삭과 야곱의 인생을, 또한 요셉과 그의 형제들의 인생을 결국 승리로 장식합니다. 야곱의 가족들이 서로에게 준 온갖 고통에도 불구하고, 야곱의 가족을 향한 하나님의 은혜를 바라볼 때 우리는 우리 자신에 대해서도 소망을 발견하게 됩니다. 이 가족의 이야기에서 백미는 하나님이 베푸시는 다양한 모습의 은혜입니다. 즉, 그 다양한 모습들은 그 가족들이 헤매고, 넘어지며, 실수하고, 관계가 악화될 때마다 용서해 주시는 은혜, 오래 참으시는 은혜, 도우시는 은혜, 붙드시는 은혜, 새롭게 하시는 은혜와 회복시키시는 은혜입니다. 우리 하나님은 크신 은혜의 하나님이십니다. 많은 현대인들처럼, 여러분도 역기능 가정이나 파괴된 가족 관계의 희생자라고 생각하십니까? 그렇다면 야곱의 인생 이야기는 여러분에게 많은 위로와 도움을 줄 것입니다.

야곱 이야기는 창세기 25장, 즉 대가족 이야기의 중간 부분에서 시작됩니다. 이 이야기에서 야곱은 어느 정도는 특정한 가족 유형의 희생자로, 그리고 어느 정도는 그와 동일한 잘못된 가족 유형을 다른 사람들에게 똑같이 강요하는 가해자로 등장합니다. 물론 이 가족은 특별한 가족입니다. 이 가족은 세상을 향한 하나님의 구속의 목적에서 핵심이었기 때문에, 하나님은 이 가족과 함께하셨습니다. 그 목적은 주 예수님의 생애와 죽음과 부활과 승천과 천상의 통치로 그 정점에 이르렀습니다. 하나님의 성육신하신 독생자 예수님은, 인성 차원에서는 아브라함과 이삭과 야곱의 후예입니다. 주 예수님을 아는 우리는 주님의 이름으로 살아가야 합니다. 다시 말해서 예수님이 친히 그의 성령으로 우리와 함께하신다는 확신을 가진 그의 대리인과 대행자로서 살아가야 합니다. 그러므로 우리는 그리스도가 우리를 용서하시고, 회복시키시고, 힘을 주시고, 위로하시기 위해서 지금 우리와 함께하신다는 사실을 결코 잊어서는 안 됩니다. 그리고 그렇게 하시는 목적은 과거 족장 시대의 수많은 세월 동안 행해진 잘못들을 우리가 저지르지 않도록 돕기 위해서라는 것도 잊어서는 안 됩니다.

이 역기능 가족의 이야기는 하나님이 아브라함을 선택하시고 다음과 같이 말씀하신 것에서 시작합니다. 여호와께서 이르시기를 "내가 너로 큰 민족을 이루고 네게 복을 주어 네 이름을 창대하게 하리니 너는 복이 될지라.…땅의 모든 족속이 너로 말미암아 복을 얻을 것이라"(창 12:2-3을 보십시오). 우리는 우리 구주 예수 그리스도를 통해서 그 복의 상속자가 되었습니다. 그리고 지금 이 시간에 우리가 성경을 들여다보도록 인도하신 분도 바로 우리를 돕기 위해서 그리스도의 권능으로 임하신 우리 주 예수 그리스도이십니다. 만일 제가 말하는 내용으로 인해 여러분 가족의 역기능이 기억나서 고통스럽다면, 우리 구주가 참으시고, 용서하시고, 회복시키신다는 사실을 기억하십시오. 그뿐 아니라 그리스도인은 언제나 예수 그리스도의 단 하나뿐인 제자입니다. 그리스도인은 날마다 용서받은 존재로 살아가며, 단 하루라도 용서받지 않고서는 살 수 없는 사람들입니다. 결국에는 그 줄기에서 예수님이 나신 이 가족사의 시초를 깊이 연구할 때, 우리는 이러한 신약성경의 관점에 확실한 기초를 두어야 합니다.

야곱의 가계도

먼저 야곱의 가족 배경을 일부 살펴본 후에, 창세기 32장에 기록된 획기적인 사건 전후까지 야곱의 경로를 추적해 보도록 합시다. 제 생각으로는, 이 시점까지 야곱의 인생 이야기 전체를 잘 표현해 주는 일종의 격언, 다소 음울한 금언이 있습니다. 그것은 "적대적인 애정은 적대적인 야심을 낳는다"는 것입니다. 적대적인 애정이란 실제로는 편애를 의미합니다. 야곱의 경우처럼, 어떤 어머니는 자녀들을 양육하면서 한 아이만을 편애합니다. 그 아이는 엄마가 다른 형제들보다도 자기를 훨씬 더 사랑한다고 느낍니다. 부모가 베푼 적대적인 애정은 아이에게 내면화되어, 성인이 되어서도 자기가 다른 형제들보다 우월하다는 느낌을 갖게 됩니다. "엄마는 항상 그렇게 생각하셨어. 나는 엄마 말이 맞다고 생각해. 그래서 내 인생의 목적은 언제나 이기는 사람이 되는 거야. 다른 모든 사람을 넘어뜨리고 속여서라도 완전히 이겨야만 해. 난 그렇게 할 거야! 그 와중에 상처받는 사람들까지 신경 쓸 필요는 없지."

슬프게도 야곱이 어머니 리브가에게서 받은 유산이 바로 이것이었습니다. 야곱의 쌍둥이 형 에서는 이삭의 편애를 받았습니다. 리브가는 이삭보다 연배가 한참 아래였지만, 남편보다 훨씬 더 영향력 있는 사람이었던 것 같습니다. 야곱의 성품을 형성한 것은 바로 그녀의 편애였습니다. 그러므로 창세기 32장 직전까지의 야곱의 이야기에서 무엇을 볼 수 있습니까? 자기가 항상 최고라는 생각을 가지고 살아가는 야곱, 그 과정에서 다른 사람들을 이용하고 조작하고 독불장군처럼 행동할 수 있는 특별한 자격(또는 요즘 말로 하면 '권리'라는 것)이 자기에게 있다는 듯이 행동하는 야곱의 모습을 보게 됩니다. 이제 살펴보겠지만, 하나님은 그런 야곱의 성품을 브니엘에서 완전히 변화시키셨습니다.

그러므로 야곱은 한편으로는 야심가로, 다른 한편으로는 꾀돌이로 성장했습니다. 그는 지독한 일벌레였습니다. 가히 사업가 내지 기업가라고 부를 수 있을 정도입니다. 앞서가는 것이 그의 변함없는 목표입니다. 그래서 그는 먼저 쌍둥이 형(몇 분 먼저 태어난)을 설득해서 자기에게 장자의 명분을 팔라고 합니다. 에서가 심히 굶주려 돌아와서는 "네게 있는 좋은 음식을 내게 달라"고 하자, 야곱은 이렇게 말합니다. "좋아요, 형이 장자의 명분을 내게 판다면 먹을 것을 드리지요." 에서는 너무 배가 고팠기 때문에 생각해 보지도 않고 "장자의 명분이 내게 무엇이 유익하리오? 네가 그것을 가져도 좋다. 그러니 내게 그 맛난 음식 좀 먹게 해 다오"라고 말합니다. 거래는 그렇게 성사되었습니다. 바로 여기에서 야곱은 권리상 자기의 것이 아닌 것을 얻기 위해서 가족을 이용하기 시작합니다(창 25:24-34을 보십시오).

멀리 도피하는 야곱

또한 야곱은 에서의 복을 훔쳤습니다. 이렇게 표현해서 유감스럽습니다만, 그것은 그의 어머니가 사주한 일이었습니다(창 27장을 보십시오). 이삭은 이렇게 말했습니다. "에서야, 너는 나의 장남이다. 그러니 밖에 나가 사냥을 해서 별미를 만들어 다오. 그 별미를 먹고 나서 내가 너를 축복할 것이다." 그러자 리브가는 야곱에게 이렇게 말했습니다. "우리가 이번에는 에서를 이길 수 있을 거다." 그러고는 별미를 만들었습니다. 그녀의 제안대로 야곱은 손에 털이 난 사람으로 위장해서, 이삭이 자기를 만질 때 에서라고 생각하게 했습니다. 그렇게 해서 그는 에서의 복을 얻었습니다. 에서가 들어왔을 때에는 장자의 복이 이미 야곱에게 넘어간 뒤였습니다. 당시의 관례에 따르면, 그것은 변경될 수도, 취소될 수도 없었습니다. 에서가 "해도 너무했군. 아우를 죽여 버릴 테야. 때가 되면 그리하리라"고 말한 것은 전혀 이상한 일이 아닙니다. 그러자 리브가는 야곱에게 "네가 피하는 것이 좋겠다. 그렇지 않으면 죽게 된다"고 말했습니다.

이즈음에 리브가와 이삭은 친밀한 관계가 아니었던 것이 분명합니다. 리브가는 이제 이삭에게 가서 이렇게 말합니다. "제 생각에는, 야곱을 라반에게로 보내 결혼해서 가정을 이루게 하고, 에서가 했던 것처럼 이방 여인과 결혼하지 않게 하는 것이 좋을 듯 합니다." 야곱은 분명 어머니에게서 '조작의 기교'를 배웠습니다. 그렇습니다. 그녀가 야곱에게 가장 좋은 것을 주려 한 것은 정당하지만, 아버지의 편애를 받는 에서를 적대적으로 대한 것은 좋지 않은 태도였습니다. 한 가족 안에서 그와 같은 일이 있어서는 안 됩니다! 그러나 이 가족에게는 그런 일이 일어났습니다. 그래서 리브가는 아버지의 복을 받은 야곱이 그 땅을 떠나 달아나도록 이런 방법을 궁리했습니다. 에서가 노하여 야곱을 살해하겠다는 지독한 살의를 시행할 수 없도록 말입니다.

그렇게 해서 야곱은 쫓기듯이 도망을 쳤고, 결국 외삼촌 라반 곁에서 20년을 보냈습니다. 먼저 그는 자신이 사랑한 작은딸 라헬을 신붓감으로 얻기 위해서 7년간 일했습니다. 그런데 여기서 사기꾼이 도리어 사기당하는 일이 생겼습니다. 라반 역시 착취자였기 때문입니다. 라반도 추잡한 기교와 거리가 먼 사람은 아니었습니다. 아주 나중에 야곱이 라반에게서 좋은 것들을 얻어 내기 위해 머리싸움을 벌이기도 하지만(창 30:25-31:55을 보십시오), 여기서는 바보처럼 속고 말았습니다. 혼인날이 다가오자 라반은 큰딸 레아를 야곱과 결혼시켰습니다. 결혼식에서 신부는 완전히 모습을 가리고 있기 때문에 야곱은 감쪽같이 속았습니다. 사실이 밝혀진 후 라반은 야곱에게 덤덤히 이렇게 말합니다. "아! 글쎄,

우리는 큰딸을 먼저 결혼시키는 관습이 있다네. 자네도 알고 있지 않은가? 앞으로 7년만 더 일하면 라헬을 얻을 수 있을 걸세."

그렇게 해서 야곱은 7년간 일을 더 한 다음에야 라헬과 결혼했습니다. 이렇게 되어 우리가 일부다처제라고 부르는, 즉 아내를 한 명 이상 두는 상황이 벌어졌습니다. 어떤 사람들은 일부다처제가 굉장히 좋을 거라고 생각합니다만, 사실 일부다처제는 아내들 간의 시샘 때문에, 그리고 둘이 됐든 그 이상이 됐든 모두 남편에게 분풀이를 하기 때문에 비참한 제도입니다. 그런 사실은 야곱의 이야기에 다 들어 있습니다. 야곱은 두 명의 아내에다가 후에 그들 각각의 하녀를 더해서 총 네 명의 아내를 두었습니다(하녀의 아이들은 여주인의 자녀로 포함되기에, 여주인의 불임을 해결하는 방책으로 사용되던 고대 관습에 따른 것이기는 하지만). 그것이 가정에 행복을 가져다준 것이 아님은 확실합니다. 야곱은 대가족을 이루고 세월이 흐르면서 부자가 되었지만, 다른 면에서는 그리 많은 기쁨을 누리지 못했습니다. 그리고 드디어는 고향으로 돌아가는 것이 최선의 길이라는 결정을 내렸습니다. 여기까지가 야곱의 재물욕과 그 과정에서 그가 얻게 된 것들에 관한 이야기입니다.

야곱과 하나님

그러나 이 이야기에는 그 이상이 있습니다. 우리가 야곱을 처음 만났을 때 지적했듯이, 그의 성품에는 또 다른 측면이 있는데, 그에게는 재물을 향한 마음이 있는 동시에 하나님을 향한 마음이 있었다는 사실입니다. 이 마음은 늘 먼저 은혜를 주시는 하나님이 직접 그에게 주신 마음입니다. 하나님은 야곱이 자기 사람이 되기를 원하셨고, 야곱은 하나님을 자기 하나님으로 삼기 원했습니다. 야곱이 집을 떠나 라반에게로 갈 때, 그는 '하늘에 닿은 사닥다리'의 환상을 보게 되었습니다. 하나님은 사닥다리 꼭대기에서 야곱에게 사랑의 말씀을 하셨고, 야곱은 자신을 하나님께 드렸습니다(창 28:10-22을 보십시오). 우리의 가족들이 하나님을 바랄 때 하나님께 감사하십시오. 가족들이 하나님을 바라지 않는다면 참으로 슬픈 일입니다. 그때 우리가 할 수 있는 일은 다만 하나님이 그들의 마음을 움직이셔서 그들에게 하나님을 사모하는 마음이 생기도록 기도하는 일뿐입니다. 그러나 이삭 집안의 아들이요 상속자인 야곱은 늘 그런 욕구를 품고 있었으며, 그 마음에 따라 하나님께 서원을 드렸습니다(창 28:10-22을 보십시오).

이제 야곱은 집으로 돌아가기를 원했지만, 돌아가는 것이 올바른 일이라는 것을 확증하시는 하나님의 말씀을 듣지도 않고 라반을 떠날 만큼 어리석지는 않았습니다. 야곱은 많은 사람들이 하나님께 기도하듯이, "저는 이렇게 하고 싶습니다. 그러니 주님, 이 일에 복 주시기를 간구합니다"라고 말하는 그런 실수를 저지르지 않았습니다. 그렇게 기도하는 것은 하나님을 경외하지 않는다는 뜻입니다. 그것은 내가 하고 싶은 일이 무엇인지 마음을 정했으니, 이제는 하나님을 조종해서 내 계획에 끼워 맞추려고 하는 것과 같습니다. 우리는 절대 그런 기도를 해서는 안 됩니다! 그리고 야곱은 그렇게 하려 하지도 않았습니다. 우리는 창세기 30:25에서 그가 라반에게 이렇게 말하는 것을 보게 됩니다. "나를 보내어 내 고향 나의 땅으로 가게 하소서." 그러나 창세기 31:3에 기록된 바에 따르면, 그것은 하나님이 "네 조상의 땅 네 족속에게로 돌아가라. **내가 너와 함께 있으리라**"고 말씀하신 지 한참 뒤의 일입니다(저자 강조). 이 구절은 하나님과의 교제, 하나님의 보호와 부요하게 하심 이 세 가지를 동시에 함축하는 핵심 구절입니다. 이 말씀은 야곱에게 중대한 약속이었기 때문에, 하나님은 야곱이 여행하는 중에 그를 인도하시면서 몇 차례 반복해서 그렇게 말씀하셨습니다(이 점을 확인하려면 창 28:15; 31:3-5; 35:3; 46:4을 보십시오). 이 점을 분명히 해 둡시다. 하나님의 보좌 앞에 나아가 그분이 우리와 함께하실 것이라는 확실한 언약을 얻기 전에는, 어떤 중대한 행동도 해서는 안 됩니다. 그러한 확신을 얻을 때까지 좀 더 기다리는 시간을 가져야 합니다.

하나님은 야곱이 라헬과 결혼한 지 6년 정도가 지난 후에 그 말씀을 주셨고, 그제야 야곱은 귀향길에 오르게 되었습니다. 그는 이동하는 족장들이 하던 식으로 소, 양, 염소 떼를 거느리고 갔습니다. 이제 야곱은 부자가 되어서, 그와 그의 종들이 나라를 가로질러 여행하는 모습은 사막의 대상 행렬과도 같았습니다.

기나긴 귀향길

무슨 일이 일어났습니까? 창세기 32장을 보면, 야곱은 가기에 앞서 형 에서에게 전갈을 보냅니다. 에서의 복을 훔친 이후, 야곱은 에서와 연락을 끊고 지냈습니다. 20년이 지났음에도 불구하고, 야곱은 형 에서가 여전히 자기를 죽이려는 마음을 품고 있을까 두려웠습니다. 그래서 야곱은 에서가 400인의 무장한 부하들을 데리고 자기를 만나러 오고 있다는 것을 자기가 보낸 사자에게서 전해 듣고는 겁에 질렸습니다. 마치 에서가 "어이, 야곱! 이번에는 도망칠 수 없다는 것을 알아야 돼"라고 말하는 것 같았습니다. 이제 야곱은 인생의 전환점을 맞게 됩니다.

창세기 32:9-12에서 야곱은 기도를 드리고 있습니다. 그는 지금까지 베푸신 하나님의 신실하심에 호소했고, 이에 근거하여 하나님께 그를 계속해서 돌보아 주실 것을 탄원했습니다. 하나님만이 그의 유일한 희망이었기 때문입니다. 야곱은 그것을 알고 있었습니다. 그 기도는 아마도 야곱이 드린 가장 필사적인 기도였을 것입니다. 그 기도를 여기에서 다 다룰 수는 없지만, 자세히 연구할 만한 가치가 있습니다. 밤이 되자, 야곱은 준비한 선물들을 나누었습니다. 그는 자신의 가축 떼를, 에서에게 주려고 미리 따로 떼어 놓은 많은 선물들과 분리해 놓았습니다. 그리고 에서에게 줄 선물을 따로 먼저 보냅니다. 그는 이 가축 떼와 종들이 자기가 모은 재물에 대한 일련의 분명한 상징이 되기를 바랐습니다. 또한 장차 자기가 에서에게 더 많은 것을 줄 수도 있음을 보여 주기 원했습니다. 그는 이 모든 선물 덕택에 에서가 자기를 만나기 전에 마음이 누그러지기를 바랐습니다. 또한 현실주의자답게, 그는 최악의 경우를 대비하고 있습니다. 만약 에서가 한 떼를 치면, 남은 한 떼는 피할 수 있게 했습니다(8절). 그리고 나서 두 아내와 두 여종과 열한 명의 아들을 데리고 요단으로 흘러 들어가는 얍복강 나루를 건넜습니다. 그리고 그는 그들을 먼저 보냈습니다. 이제 그는 홀로 남았습니다.

왜 그는 뒤에 남았을까요? 분명 겁을 집어먹고 에서를 만나러 갈 기운이 없었기 때문입니다. 오래전에 무정하게 에서를 속인 기억들 그리고 에서가 여전히 분노를 품고 있으며 살인 의지를 가지고 있다는 데 대한 두려움이 야곱의 마음을 홍수처럼 뒤덮었습니다. 이제 그는 자신이 저지른 잘못, 즉 수치스러운 행동이 초래한 결과를 직면해야 했습니다. 팽팽한 긴장감 속에서 그는 무너지고 있었습니다. 그는 하나님이 자기의 유일한 희망이시라는 것을 알기에 또다시 기도하고자 합니다. 그렇게 그는 기도를 시작했을 것입니다.

그다음 이야기는 야곱이 스스로 한 것입니다. 그것은 어느 다른 사람의 이야기가 아닙니다. 왜냐하면 그 자리에는 다른 참관인이 없었으니까요. 이것은 나중에 야곱이 자기 가족들에게 해 준 이야기입니다. "어떤 사람이 날이 새도록 나랑 씨름을 했었지." 우리는 그 사건을 어떻게 생각해야 합니까? 야곱은 그 사람이 어디에서 왔는지도 말할 수 없었습니다. 그가 알고 있는 것은 단지, 마음이 몹시 혼란스러워 하나님께 집중하려고 힘을 다할 때, 어떤 사람과의 일대일 결투가 벌어졌다는 사실뿐입니다. 나중에 야곱은 그 장소를 '브니엘'이라고 불렀습니다. 그 말은 '하나님의 얼굴'을 의미합니다. 왜냐하면 그는 이 사람이 바로 우리가 말하는 신의 현현, 즉 그에게 나타나신 하나님이었다는 사실을 깨달았기 때문입니다. 그래서 "내가 하나님의 얼굴을 대면하여 보았다"고 말한 것입니다.

씨름하시는 하나님

아직 누구인지 정확히 알 수 없는 신적인 방문자가 야곱에게 달려들었고, 그들은 밤새도록 씨름을 했습니다. 씨름의 목적은 상대방을 내리눌러 넘어뜨리는 것입니다. 분명히 야곱은 그렇게 생각했고, 상대방도 자신을 넘어뜨리려 한다고 느꼈습니다. 이것은 어떤 의미입니까? 신의 현현의 원칙은, 하나님은 항상 사람들이 그분을 만나는 데 가장 도움이 되는 형태로 나타나신다는 겁니다. 가령 모세에게는 불에 타되 소멸하지 않는 떨기나무로, 여호수아에게는 군대 장관으로, 이사야에게는 왕좌에 앉으신 주권자로 나타나셨고, 여기서는 야곱을 넘어뜨리려고 하는 씨름꾼으로 나타나셨습니다.

이 씨름을 통해 우리가 알 수 있는 것은, 하나님은 우리를 일으켜 세우시기 전에 먼저 넘어뜨리신다는 사실입니다. 무엇으로부터 넘어뜨리는 것입니까? 우리가 교만, 자부심, 잔꾀, 선제공격, 자기 신뢰 그리고 의도적인 적대 전술로 우리 자신을 드높이고 다른 사람들을 속이기 위해서 사용하는 방식으로부터 우리를 넘어뜨리십니다. 이것들은 야곱의 방식이었습니다. 그러나 자기 잇속만 차리던 그의 모든 습관이 이제 그에게서 빠져나옵니다. 하나님이 야곱과 씨름하면서 역사하신 것입니다. 리브가의 버릇

없는 아들에게는 이런 치료법이 절실하게 필요했습니다. 그렇지만 우리는 이제 자만과 자기 잇속만 밝히는 마음의 가장 깊은 뿌리인 원죄가 보편적인 질병임을 분명하게 직시해야 합니다. 따라서 우리는 모두 어느 정도 이와 동일한 치료를 받을 필요가 있습니다.

처음에 야곱은 그 자리에 나타난 사람을 적이라고 생각했을 것입니다. 그래서 그는 '적이든 아니든 내 힘으로 버틸 수 있다. 최소한 겨뤄 볼 수는 있지 않은가'라고 생각했습니다. 그리고 처음에는 아직까지도 완전히 무너지지 않은 자만심에, 자기가 이길 수 있다고 생각했습니다. 그때 야곱과 씨름을 하던 사람이 그의 허벅지 관절을 쳤습니다. 한순간에 허벅지 관절은 어긋났고 야곱은 다리를 절게 되었습니다. 그는 계속해서 고군분투했지만, 이제 그에게는 상대방을 이길 소망이 전혀 없었습니다. 야곱은 자기가 패배했으며, 남은 인생 동안 영원히 따라다닐 약점을 갖게 되었다고 의식했을까요? 저는 그랬으리라고 생각합니다. 그는 이것이 바로 하나님의 목표라는 것을 깨닫게 되었을까요? 그가 이것을 깨닫는 데 얼마나 오래 걸렸는지 우리는 알 수 없습니다. 그렇지만 하나님의 방식들에 관해 다루는 성경 나머지 부분을 생각할 때, 그 이야기에서 명확하게 알 수 있는 것이 있습니다. 즉 우리의 하나님은 우리가 무너질 때 우리에게 복 주시는 하나님이

시며, 하나님은 야곱이 평생 절름발이가 되게 하셔서 그에게 복을 주셨다는 사실입니다.

그때부터 야곱은 다리를 절게 되고, 걷기 위해 지팡이가 필요하게 되었을 것입니다. 그러나 이렇게 강력한 방법으로 야곱을 꺾으신 하나님은 이제 전혀 기대하지 않았던 중대한 격려의 말씀을 그에게 주셨습니다. "네 이름을…이스라엘[**그가 하나님과 겨루었다**는 의미로]이라 부를 것이니 이는 네가 하나님과 및 사람들과 겨루어 이겼음이니라"(창 32:28). 그의 자아가 최후를 맞는 순간이라고 여겨졌던 상황이 실제로는 진정한 복의 시작이 되었습니다. 삶의 투쟁에서 결정적인 실패라고 느꼈던 것이 실제로는 최상의 승리가 되었습니다. 히브리서 11장에 나오는 진정한 믿음의 영웅이 되기에 앞서, 그는 진정한 절망을 먼저 겪기 시작했던 것입니다. 이런 이유로 인해서 "야곱이 그곳 이름을 브니엘이라 하였으니 그가 이르기를 내가 하나님과 대면하여 보았으나 내 생명이 보전되었다 함이더라"(30절). 이야기를 좀 더 읽어 나가다 보면, 그와 에서가 만날 때, 에서가 그를 보고 기뻐하였다는 사실을 시작으로 해서, 전혀 생각지도 못했던 더 많은 복이 야곱을 위해 준비되어 있다는 것을 우리는 알게 됩니다.

하나님의 사랑으로 깨지다

'야곱이 깨졌기 때문에 복을 받을 수 있었다'는 이 이야기를 좀 더 설명하기 위해서, 아프리카 선교 사역에 소명을 받았던 리젠트 칼리지의 한 동문에 대해서 말하려고 합니다. 그는 끔찍한 교통사고를 당해서 평생 절름발이로 살게 되었습니다. 그는 밴쿠버로 돌아와서 예배 시간에 그 이야기를 들려주었습니다. 의식을 회복할 수 없는 상태로 두 차례나 병원에 입원했을 때, 그는 이런 요지로 기도했습니다. "주님! 왜 이렇게 하셨어요? 왜 이런 일이 내게 일어났습니까?" 그러고 나서 그는 이렇게 말했습니다. "신명기의 성구 하나가 자꾸 반복해서 떠오르더군요. 그 말씀은 '내가 너를 사랑하기 때문이다, 내가 너를 사랑하기 때문이다, 내가 너를 사랑하기 때문이다'라는 것이었어요." 하나님이 야곱을 절름발이로 만드신 이유도 바로 그것입니다. 바로 그것이 저와 여러분에게 끔찍한 일들이 계속해서 일어나는 이유이기도 합니다. 하나님이 우리를 은혜로 다루실 때에는, 우리를 부수고, 겸손하게 하며, 다른 사람들에게나 어울릴 만한 자리라고 생각했던 낮은 곳으로 우리를 끌어내리십니다. 우리가 죽었다고 느낄 때 비로소 우리는 소생할 것입니다. 이것은 그리스도인의 삶에서 반복해서 일어나고 있습니다. 존 던(John Donne)이 임종할 때 쓴 시의 마지막 행은 이 점을 다음과 같이 표현하고 있습니다. "주께서는 그 넘어뜨린 자를, 일으켜 세우시리라."

고향에 돌아온 야곱

그러나 야곱이 경험한 가족 간의 불화는 형 에서와의 화해로 끝나지 않았습니다. 한 세대의 결점과 고통은 종종 다음 세대로 스며들기 마련입니다. 이 경우에도 그랬습니다. 야곱은 자기 가족에 대해 애정을 갖고 있었고 자녀들을 사랑했습니다. 그의 어머니 리브가는 편애라는 원칙으로 그를 양육하고, 그를 자기의 가장 사랑하는 아들로 만듦으로써 그를 망쳐 놓았습니다. 야곱에게 자녀가 생기자 그 역시 편애를 하게 되었습니다. 나중에 그의 가정이 겪은 어려움은 이런 편애에서 나온 것입니다. 저는 야곱이 그 사실을 전혀 알지 못했을 것이라고 생각합니다. 어린 시절 우리의 인격을 형성한 사건들은 매우 무질서하고 죄악된 것들이지만, 우리가 이것을 알아차리기란 정말로 어렵고, 심지어 이런 일들을 어렴풋하게 깨닫는 것조차 쉽지 않습니다. 그런 모습들이 항상 우리의 일부였기 때문입니다. 가족 내에서 편애는 자연스러운 일이고 인정할 만하며, 심지어 정당하고 타당하다는 생각이 야곱의 사고방식에 배어 있었습니다. 그가 그런 사고방식을 극복했다고는 생각되지 않습니다.

그런 특정한 편애가 어떤 해를 끼쳤는지 관찰해 봅시다. 무엇보다 야곱은 자기 아내들 사이에서 편애를 했습니다. 그는 레아보다 라헬을 훨씬 더 사랑하면서 눈에 띄게 행동했습니다. 그것은 처음부터 집안에 고통을 가져왔습니다. 편애는 항상 '내가 아닌 다른 사람만이 사랑을 받는다'고 느끼는 사람들의 마음속에 분노를 일으킵니다. 그리고 그런 분노로 인해 어리석은 행동들이 뒤따릅니다. 사랑받지 못한 아이들은 난폭하게 행동합니다. 그들은 분노를 풀기 위해 애씁니다. 그들은 편애하는 부모에게 분노를 느끼고, 편애를 받는 다른 형제와 자매들에게도 분노를 품습니다. 그리고 다른 사람들에게도 분노를 쏟아 냅니다. 이런 방식으로 고통을 당한 사람들은 화를 잘 내고 적개심을 품은 성인으로 자랍니다. 세상에는 이런 사람들이 너무나 많습니다. 그들은 어린 시절의 상처를 주변에 있는 만만한 사람에게 그대로 전가합니다. 우리는 그런 사람들을 알고 있으며, 어느 정도는 우리 자신이 그 부류에 해당할 수도 있습니다. 야곱 집안에서 일어난 사건들을 관찰함으로써, 우리는 그런 사람들을 이해하고, 우리 중 많은 사람들에게 필요한 치료 방법이 무엇인지 알 수 있습니다.

야곱의 가정에서는 가장 어린 두 아들 요셉과 베냐민이 편애를 받았습니다. 그리고 야곱은 다른 아들들에게는 좀 더 냉정했습니다. 그 가정에서는 살인 사건이 발생했습니다. 창세기 34장에 나와 있는 것처럼, 레위와 시므온이 한 성의 모든 남자를 죽였습니다. 르우벤이 저지른 근친상간도 있었습니다(창 35:22). 유다가 부지불식간에 자기 며느리를 매춘부라고 생각하고 관계를 맺은 더러운 거래도 있었습니다(창 38장). 이 모든 일이 야곱의 집안에서 발생했다는 사실은 부모인 야곱에게 서글픔을 넘어선 어떤 것이 있음을 말해 줍니다.

그다음에 요셉 사건의 전말이 나옵니다. 요셉은 라헬의 아들이었기 때문에 가장 총애를 받았습니다. 다른 아들들은 모두 요셉을 보고 열등감을 느끼게 되었습니다. 요셉은 형제들 중에서 제일 좋은 대접을 받는 것이 자기 권리라고 생각할 정도가 되었습니다. 그는 자신이 최고가 될 것을 암시하는 꿈을 꾼 후 가족들에게 그 꿈 이야기를 해 주었습니다. 그러나 가족들이 그 꿈을 좋게 생각하지 않자 매우 이상하게 여긴 것 같습니다. 요셉의 형제들은 그에게 심한 분노를 품었습니다. 그들은 요셉을 이집트로 팔아 버리고 나서, 그가 입었던 채색옷에 짐승의 피를 적셔 야곱에게 갖다 보이며 이렇게 말합니다. "우리가 발견한 것을 보소서. 이것이 요셉의 옷이 아닙니까?" 그리하여 가장 사랑하는 아들 요셉이 악한 짐승에게 잡아먹혔다는 생각에 야곱이 심히 애통해하는 동안에도, 그 형제들은 아주 무표정한 얼굴로 서 있었을 뿐입니다(창 37장). 이 사건은 야곱 가족 내의 얽힌 관계에 대해서 무엇을 말해 주고 있습니까?

치유의 과정

우리는 이 이야기의 결말을 알고 있습니다. 요셉이 이집트의 경제 전권을 맡고 있었을 때, 가나안 땅에도 기근이 들었습니다. 요셉의 형들은 곡식을 사기 위해 이집트로 내려갔습니다. 처음에 요셉은 계략을 써서 오래전 형들이 자기를 팔았던 방식을 따라 일종의 '맞받아치는 보복 전략'을 구사했습니다. 그러나 전략은 오래가지 못했습니다. 요셉은 경건한 사람이었기에 얼마 지나지 않아서 형제들에게 자신의 정체를 알려 주었습니다. 그리고 눈물겨운 재회가 있었습니다. 이번에는 슬퍼서가 아니라 기뻐서 흘리는 눈물의 재회였습니다. 요셉은 그들에게 재물과 수레를 주어 고향에 가게 했습니다(오늘날로 말하면 일종의 긴 트럭 행렬과 같을 것입니다. 당시에는 우마차 행렬이었습니다). "너희 아버지와 너희 가족을 이끌고 내게로 오라. 내가 너희에게 애굽의 좋은 땅을 주리니 너희가 나라의 기름진 것을 먹으리라." 이 말은 요셉이 그의 형제들에게 한 말입니다. 그래서 그들은 야곱에게로 돌아가서 요셉이 아직 살아 있으며 그들을 이집트로 초청하였다고 말했습니다. 요셉은 그들을 기아에서 구했으며, 그들에게 자기가 가진 것을 나누어 주어 그들로 하여금 더 나은 인생을 살도록 했습니다(창 42-45장). 성경 교사들이 요셉을 여러 면에서 구세주이신 예수님의 모델로 가르치는 것은 아주 옳은 일입니다. 이 이야기를 대강 훑어보면 유사성을 발견할 수 있습니다.

요셉을 잃은 후 오랫동안 계속된 야곱의 고통은 시므온과 베냐민마저 영원히 잃게 되었다는 생각에 더욱 커졌습니다(야곱의 참담한 상황에 대해서는 창 37:34-35; 42:36-43:14을 보십시오). 그러나 이 모든 나쁜 소식들이 기쁜 소식으로 바뀌었다는 것을 알게 된 순간, 그는 숨이 넘어갈 지경이었습니다. 당시 야곱은 이미 몸을 지탱하기도 힘든 100세의 노인이었지만, 요셉의 정중하고 권위 있는 초청을 수락하고 새로운 땅과 새로운 생활을 찾아 떠나기로 결정했습니다. 그래서 우리는 마침내 야곱이 대가족의 아버지로서 해야 할 모든 일을 행하는 것을 보게 됩니다. 야곱은 온 가족을 이끌고 하나님이 그들과 함께하시는 곳을 향해 신실한 순종의 길을 따릅니다. 창세기 46:2-4을 보면, 우리는 하나님이 밤에 이상 중에 야곱(여기에서는 하나님이 그에게 주신 이름인 이스라엘로 불린다는 것이 중요합니다)에게 오셔서 하신 말씀과 그와 함께 이집트로 내려가서 거기서 그 가족을 복 주시겠다고 약속하신 것을 알 수 있습니다. 그다음 날 아침, 나이가 많이 든 야곱이 온 가솔들에게 가슴이 벅차오르는 떨리는 목소리로 이 이야기를 들려주는 장면을 즐겁게 상상해 볼 수 있습니다. 그리하여 드디어 야곱의 자녀들은 하나님이 누군가와 함께하신다는 것이 무엇을 의미하는지를 알 수 있게 되었습니다. 그들은 자기 아버지에게서 그것을 보았던 것입니다.

하나님의 은총으로 모든 그리스도인의 가정 안에서 꼭 찾아보기를 소망하는 바가 바로 여기에 생생하게 나타나 있습니다. 편애가 지금도 존재한다면, 그것은 이집트에서 있었던 이 경우처럼, 이젠 더 이상 존재하지 않는 과거의 일이 되어야 합니다. 그리고 모든 자녀는 그들의 부모가 알고 있던 완전한 복을 자녀와 함께 구하고 공유할 수 있어야만 합니다. 하나님은 이 일이 여러분의 가정에 일어나기를 원하십니다. 그것을 소망하십시오. 그런 가정을 이루기 위해 노력하십시오. 그리고 기도하십시오. 인내하며 기다리십시오. 그리고 절대 무관심해지지 않게 하십시오.

가족의 죄와 가족의 은총

야곱 이야기의 많은 부분은 현대를 사는 우리에게 교훈을 줍니다. 다소 역기능적인 결혼 관계의 소산이었던 야곱은 어머니의 편애를 받는 버릇없는 아이였습니다. 그는 일찍부터 자기가 야심을 가진 사람이라는 것을 적대적인 방식으로 드러냈습니다. 그의 어머니의 태도는 그를 그런 사람이 되도록 가르친 격이었고, 그는 필요 이상의 이득을 탐하는 사람이 되었습니다. 이 점에서, 야곱은 현대 서구 사회에 사는 많은 청장년들과 유사합니다. 현대 서구 사회에서 어린아이들은 계속 버릇없는 아이들로 자라고 있고, 물질적 이득이 많은 사람들의 유일한 목표가 되어 버렸습니다. 우리는 오늘날 가정 교육의 근저에 있는 가정(假定)들을 다시 생각해야 합니다.

야곱은 제멋대로이고 이기적인 수완가였기 때문에, 적을 많이 만들었습니다. 에서와 라반, 두 사람은 야곱이 자신의 허를 찌른 것에 대해 분노했습니다. 어느 누가 그렇지 않겠습니까? 누구든 속아서 지는 걸 좋아할 사람은 없고, 아무도 자신을 착취하는 사람을 친근하게 생각하지 않습니다. 다른 사람들을 경멸하는 것(야곱의 책략에 실제로 이런 면이 포함되어 있었습니다)은 항시 자업자득의 결과를 초래합니다. 이웃 사랑은 가족 사랑에서 시작되어야만 합니다. 이것은 확실히 우리 시대에 필요한 말씀입니다.

야곱은 물질에 대한 욕심과 하나님을 향한 간절함을 모두 가지고 있었기 때문에, 하나님은 자비를 베푸시어 그를 인도하고 보호하며, 그를 더 좋은 사람으로 변화시키셨습니다. 그렇지만 그 변화의 과정은 깊은 상처를 남겼고 그를 평생 불구로 살게 했습니다. 오늘날의 교만한 사람들에게도 그에 필적할 만한 치료가 필요합니다. 하나님은 이런저런 방법으로 치료해 주실 수 있습니다. 하나님이 그렇게 하신다면 그것은 은총의 행동입니다. 그 과정에서 우리가 아무리 낮아질지언정 말입니다.

야곱은 성장기의 대부분을 편애를 받으며 자랐기 때문에 편애의 맹점을 깨닫지 못했습니다. 그는 요셉을 편애함으로써 자식들 마음에 쓴 뿌리를 심어 놓았고, 그것은 파멸의 결과를 가져왔습니다. 세대에서 세대로 전해지는 가정의 역기능 유형은 여간 깨기 어려운 게 아닙니다.

하나님은 자기를 찾는 모든 자에게 놀라운 자비를 베푸시는 분이기 때문에, 야곱은 자기가 마땅히 받았어야 할 것과는 정반대로 훨씬 큰 복을 받았습니다. 요셉이 결국 치명적인 기근으로부터 자기의 친족들을 구한 모습은 구원 관계의 모형이 됩니다. 여기서 물질적인 면으로 표현된 이 구원 관계는 야곱과 "함께" 하시겠다고 약속하신 하나님의 언약 속에 암시되어 있고, 현대에 와서는 우리 주 예수 그리스도가 행하신 화해의 사역과 우리를 변화시키는 교제를 통해 명백하게 나타나 있습니다.

은혜와 자비는 감사와 선의를 낳기 때문에, 요셉이 그의 형제들에게 보인 친절과 용서는 야곱의 아들들 사이에 소원해졌던 마음을 변화시키고, 서로를 향한 애정의 새로운 장을 열었던 것 같습니다. 요셉은 자신을 희생자로 생각하기보다는 오히려 하나님의 복을 받은 사람으로 생각했습니다. 그리고 이는 그의 형제들도 동일한 긍정적인 시각을 갖도록 영향을 미쳤습니다. 역기능 가정에 있는 그리스도인들에게 요셉은 경이로운 모델이라고 여겨집니다.

야곱은 하나님 때문에 절름발이가 되기는 했지만 하나님이 그에게 얼마나 큰 선을 베푸셨는지에 대해 감사드리면서 그것을 끊임없이 말하였습니다. 그리스도를 통해 구원받은 사람이 마땅히 해야 할 모습대로 하나님을 증언하고 찬미하면서 말입니다. 우리는 이 모든 일을 마음에 새길 필요가 있습니다. 우리는 우리를 사랑하시는 하나님을 섬기고 있으며, 따라서 우리 주변에 일어나는 모든 일을 하나님의 사랑이라는 견지에서 해석해야 할 것입니다. 그러나 만일 우리가 하나님을 실망시키고 가정생활에 실패했다고 느낀다면, 우리는 자신이 늘 용서받은 그리스도인으로 살아가는 것임을 기억해야 합니다. 우리 하나님은 끝없는 은혜를 베푸시는 분이십니다. 우리는 우리의 어리석음을 고백하고 그분의 죄 사함을 받아들이면서, 앞으로도 우리를 도우실 그분을 바라보아야 합니다. 제일 먼저 야곱의 회복이 있었고, 그다음에 그의 가족의 회복이 있었던 것처럼, 우리에게도 하나님 안에서 우리 자신의 회복과 우리 가족의 회복에 대한 소망이 있습니다. 그러므로 여러분이 무엇을 하든지 간에, 하나님과 가족 즉 여러분의 부모와 자녀, 형제자매 또는 그 누구든 절대 포기하지 마십시오. 하나님은 가정을 위하는 마음을 품고 계시며, 당신의 가정에 복 주시기를 원하십니다.

∿∿

거룩하신 아버지여! 우리가 겸손함으로 당신 앞에 엎드리오니, 우리는 흠 많고 죄 많은 인간입니다. 이는 대인 관계에서 여실히 드러나고, 때로는 미처 깨닫지 못한 방식으로 나타나기도 합니다. 우리 대부분은 여전히 부적절한 가정생활과 불완전한 가정 교육에 대한 기억에서 비롯된 분노와 자기 연민으로 괴로워하고 있습니다. 또한 우리 대부분은 하나님의 방법으로 다음 세대를 양육하고 가르쳐야 하는 가정생활의 책임을 지고 있음을 압니다. 양심적으로 고백하건대, 우리는 마땅히 감당해야 할 책임을 완수하지 못할 때도 많았습니다. 주여, 우리에게 자비를 베푸소서. 당신은 은총으로 우리를 그리스도에게로 인도하셨습니다. 그리스도 안에 모든 지혜와 지식의 보고가 숨겨져 있으며, 우리에게 필요한 모든 것은 그리스도를 통해 얻을 수 있음을 고백하나이다. 가정생활 속에서 당신을 존중하게 하옵소서. 우리가 기도하오니,

가족 문제에 대해 민감한 마음을 우리에게 허락하옵소서. 그리고 우리에게 다음 세대, 곧 우리에게 맡겨 주신 어린 자녀들이 우리가 가진 믿음을 함께 가지며, 당신의 길을 걸어가게 하옵소서. 주여, 우리 기도를 들어주시고, 이 모든 것을 우리 마음에 새기사, 다른 사람들에게는 축복이요 당신의 이름에는 영광이 되게 하옵소서. 예수님의 이름으로 기도드립니다. 아멘.

연구를 위한 질문

1. 야곱의 모습 중에 당신에게도 있는 모습은 무엇입니까?
2. 창세기 32:1-32을 읽으십시오. 야곱이 그의 형 에서와 평화롭게 대면하기 위해 취한 예방책들은 무엇이었습니까?
3. 9-12절에 있는 야곱의 기도를 살펴보십시오. 그 기도의 다양한 표현들은 야곱과 하나님의 관계에 대해 무엇을 말해 줍니까?
4. 22-32절을 주목해 보십시오. 하나님과의 이 만남은 야곱의 기도에 암시되었던 하나님과의 관계와 비교할 때 어떤 점들이 다릅니까?
5. 하나님과의 이 만남으로 인해 야곱이 어떤 면에서 달라질 것이라고 생각합니까?

6. 당신이 하나님과 씨름한다면, 어떤 것에 대해 씨름할 것 같습니까?

7. "씨름하시는 하나님"이라는 소제목이 붙은 부분을 다시 읽어 보십시오(pp. 77-79). 결론적 진술 중 "우리의 하나님은 우리가 무너질 때 우리에게 복 주시는 하나님…입니다"라는 문장이 나옵니다. 당신은 이것이 진실이라는 것을 언제 그리고 어떻게 알게 되었습니까?

8. 하나님은 모세, 여호수아, 이사야, 에스겔에게 그러셨던 것처럼 그분이 만나시는 사람들에게 가장 중요한 방식으로 자신을 계시하십니다. 우리 대부분은 신현(theophany)과 같은 대단한 방식으로 하나님을 만난 적이 없지만, 그분은 우리를 만나 주십니다. 하나님은 당신에게 특별히 알맞은 어떤 방식으로 자신을 계시하셨습니까?

9. 야곱은 하나님을 만난 이후 아마도 평생 동안 다리를 절었을 것입니다. 야곱의 삶에 대해 당신이 알고 있는 것에 비추어 볼 때, 다리를 절게 된 이 사건은 이후에 야곱이라는 사람이 빚어지는 데 어떤 영향을 주었겠습니까?

10. 하나님은 당신의 삶에 어떤 장기적인 영향을 주셨습니까?

11. 이집트로 떠나는 여정을 통해, 야곱은 하나님에 대해 무엇을 배웠겠습니까?

12. 야곱의 삶으로부터 당신 자신의 가족에 적용하고 싶은 교훈이 있다면 무엇입니까?

기도

창세기 32:9-12에 있는 야곱의 기도를 네 부분으로 나누어 보십시오. 그리고 그것을 큰 틀로 삼아 기도해 보십시오.

1. "내 조부 아브라함의 하나님, 내 아버지 이삭의 하나님 여호와여, 주께서 전에 내게 명하시기를 네 고향, 네 족속에게로 돌아가라, 내가 네게 은혜를 베풀리라 하였나이다"(9절).
   과거에 하나님과 함께했던 경험들이 있습니까? 그 경험을 특별히 당신의 가족과 연관 지어 생각하며 기도하십시오. 하나님이 당신 손에 맡겨 주신 일을 그분께 가지고 나와서 기도하십시오.

2. "나는 주께서 주의 종에게 베푸신 모든 은총과 모든 진실하심을 조금도 감당할 수 없사오나 내가 내 지팡이만 가지고 이 요단을 건넜더니 지금은 두 떼나 이루었나이다"(10절).
   하나님이 당신에게 주신 모든 것으로 인하여 감사하십시오. 그리고 이 모든 것이 당신 자신의 노력만으로 이루어지지 않은 것을 인정하십시오. 하나님의 성품과 당신의 필요 그리고 그분께 의지하는 것으로 인하여 하나님께 찬양을 드리십시오.
3. "내가 주께 간구하오니 내 형의 손에서, 에서의 손에서 나를 건져 내시옵소서. 내가 그를 두려워함은 그가 와서 나와 내 처자들을 칠까 겁이 나기 때문이니이다"(11절).

당신이 현재 가지고 있는 가장 심각한 문제들을 하나님께 가지고 나오십시오. 그것에 대한 두려움과 당신이 부족하다는 느낌을 솔직하게 인정하십시오. 그리고 올바르고 선한 결과들이 일어나도록 하나님의 간섭을 간구하십시오.

4. "주께서 말씀하시기를 내가 반드시 네게 은혜를 베풀어 네 씨로 바다의 셀 수 없는 모래와 같이 많게 하리라 하셨나이다"(12절).

하나님께(그리고 당신 자신에게) 당신을 향한 그분의 약속을 상기시키십시오. 이사야서에 당신을 향한 하나님의 말씀이 있습니다. 기도를 시작할 때 그 말씀을 사용할 수 있습니다. "너는 나의 종이라. 내가 너를 택하고 싫어하여 버리지 아니하였다 하였노라. 두려워하지 말라. 내가 너와 함께함이라. 놀라지 말라. 나는 네 하나님이 됨이라. 내가 너를 굳세게 하리라. 참으로 너를 도와주리라. 참으로 나의 의로운 오른손으로 너를 붙들리라"(사 41:9-10).

기록과 적용

"가족의 죄와 가족의 은총"이라는 소제목 부분 마지막 문단에 있는 다음 말을 생각해 보십시오. "우리는 우리를 사랑하시는 하나님을 섬기고 있으며, 따라서 우리 주변에 일어나는 모든 일을 하나님의 사랑이라는 견지에서 해석해야 할 것입니다."

이 말을 당신 자신의 삶과 연관 지어 묵상해 보십시오. 기쁜 일과 만족스러운 사건들 그리고 고통스러운 일들을 회상하면서 하나님께 드리는 정직한 응답을 적어 보십시오.

3. 관심과 신뢰를 받지 못할 때의 소망

마노아의 아내
사사기 13장

여러분이 들어 보지 못했을 이야기를 해 보려고 합니다. 혹시 들어 보았더라도 다시 음미해 볼 만한 가치가 충분히 있는 이야기입니다. 여러분도 분명 동의하실 것입니다.

  예전에 애완 고릴라를 키우는 사람이 있었습니다. 그는 고릴라에게 골프를 가르쳤습니다. 고릴라는 아주 놀라운 발전을 이루었고, 얼마 지나지 않아 고릴라 주인은 지역 골프 클럽의 프로 선수에게 시합을 하자고 도전했습니다. 프로 선수는 고릴라와 골프 치는 것은 우스꽝스러운 일이라고 생각했지만, 고릴라 주인에게 이렇게 말했습니다. "그러지요. '내기 골프'라면, 고릴라와 시합을 하겠습니다." 그들은 각자 100달러를 걸었습니다. 당연히 프로 골프 선수는 쉽게 돈을 벌게 되었다고 생각했습니다. 시합하는 날, 그들은 출발 지점으로 함께 걸어갔습니다. 프로 골프 선수는 고릴라에게 먼저 기회를 양보했고, 고릴라는 공을 티 위에 올려놓았습니다. 물론 홀까지의 거리는 멀었습니다. 하지만 공은 페어웨이를 넘어서 그린 지역 안에 아주 멋지게 들어갔습니다. 골프 선수는 놀라서 눈을 깜빡이며 고릴라 주인에게 이렇게 말했습니다. "고릴라가 그런 타법을 구사하리라고는 전혀 생각하지 못했어요. 다시 한번 그렇게 할 수 있을까요?" 고릴라 주인은 "아, 물론이지요"라고 대답했습니다. "그 녀석은 아주 일정하게 치거든요." 그 주인은 고릴라의 귀에 대고 속삭였습니다. 그리고 고릴라는 한 차례 더 공을 쳤습니다. 두 번째 공도 페어웨이를 넘어서 그린 지역의 첫 번째 공 옆에 멈췄습니다. 골프 선수는 갑자기 식은땀을 흘리며 이렇게 말했습니다. "저 고릴라하고는 시합을 못 할 것 같네요. 당신이 이긴 것으로 하겠습니다. 여기 돈 있어요." 그들은 함께 돌아가면서, 고릴라가 친 두 번의 타법에 대해서 계속 이야기를 나누었습니다. 마지막으로 그가 고릴라 주인에게 말했습니다. "고릴라가 그렇게 친다면, 그린에서는 어떻게 하나요?" 그러자 고릴라 주인은 그 선수에게 이렇게 대답했습니다. "아! 그 녀석은 늘 일정해요. 매번 칠 때마다 공이 400야드(약 365미터)를 나가지요."

하나님의 깜짝쇼

400야드를 치는 고릴라 얘기를 한 것은 골프나 고릴라나 내기에 대해 훈계를 하려는 것이 아니라, 인생은 깜짝 놀랄 만한 일들로 가득하다는 것을 기억하자는 뜻에서입니다. 뼈 있는 농담에는 우리를 깜짝 놀라게 하는 부분이 있듯이, 모든 인간의 삶에도 그렇게 놀라운 일들이 이따금 생깁니다. 특히 하나님의 백성들에게는 더욱 그렇습니다. 하나님의 방법은 우리에게 계속해서 놀라운 일들이 일어나게 하는 것입니다. 우리는 그 일들이 가져오는 충격에 깜짝 놀라지만, 그 결과에는 행복해하며 놀랍니다.

사사기 13장은 하나님이 삼손의 부모인 마노아와 마노아의 아내(그녀의 이름을 모르기 때문에 '마노아의 아내'라고 부르겠습니다)를 어떻게 놀라게 하셨는지를 보여 줍니다. 17-20절에서, 우리는 마노아가 자기 집에 온 신비스러운 손님의 이름을 묻는 것을 보게 됩니다. 그러나 그 손님은 마노아에게 자기 이름을 알려 주지 않습니다. 오히려, "너는 나에 대해서 이해할 수조차 없으며, 그래서 그 사실을 깨닫게 하기 위해서 네게 내 이름을 말해 주지 않는 것이다"라는 뜻을 담은 아주 모호한 대답을 합니다. 성경의 다양한 번역본을 참고해 보아도 이해하기 힘든 의미를 암시하고 있을 뿐입니다. 가령, "내 이름은…이해를 넘어서는 것이다"(NIV), "너무 경이롭다"(NRSV), "말해 주어도 이해할 수 없을 것이다"(NLT), "너무 놀랍기 때문에 네가 이해할 수 없다"(NCV) 등입니다(18절). 그리고 나서 마노아와 그의 아내는 그가 누구인지 알지 못한 채 여호와께 소제물을 드렸는데, 실상은 바로 그 여호와가 이들을 찾아온 손님이었습니다. 구약성경에는 때때로 여호와의 사자라는 신비로운 존재가 등장합니다. 그는 스스로 자신의 사자로 행동하면서 어떤 의미에서는 자신이 하나님임을 보여 주는 방식으로 말합니다. 이윽고, 우리는 마노아가 스스로 "우리가 하나님을 보았다"고 말하는 것을 볼 수 있습니다(22절). 신학자들은 이 천사(히브리어와 헬라어로 '사자'를 의미함)를 성육신하기 이전의 성자 하나님 즉 우리가 주 예수 그리스도로 알고 있는, 인격적이고 거룩하신 말씀이라고 추정해 왔는데, 그 해석이 옳다고 봅니다. 하여간 소제물의 불꽃이 올라갈 때, 그 방문자도 올라갔습니다(20절). 말하자면, 그는 실제로 불꽃 속에서 그들의 시야를 벗어나 하늘로 올라간 것입니다.

이제 여러분이 마노아와 그의 아내 곁에 서서 그 일을 지켜보고 있다고 상상해 보십시오. 조금 전까지만 해도 그들 옆에 있던 손님은 소제물의 불꽃 가운데로 갑자기 움직였습니다. 말 그대로 불꽃 가운데 올라간 것입니다. 이제 그는 사라졌습니다. 제 생각에 그건 아주 순간적인 경험이었을 것입니다. 동시에 그 사건은 그들로 하여금 본능적인 두려움으로 땅에 엎드리게 하고, 과연 자신의 눈을 믿을 수 있을까 의아해할 정도로 놀라움을 남겼을 것입니다. 무슨 일이 일어났습니까? 그들에게는 충격적인 사건이었습니다. 우리가 그 자리에 있었더라도 마찬가지였을 것입니다.

그러나 이것은 하나님이 활동하신 것입니다. 곧 우리는 이 사건에서 다음과 같은 사실을 배우게 됩니다. 하나님을 안다는 것은 하나님에 대해 단순히 교리적으로 건전하게 인식하는 문제만도 아니고, 하나님께 철저히 헌신하는 것만도 아니며, 개인적이고 훈련된 하나님과의 교제만도 아니고, 하나님 안에서 평안한 만족의 문제만도 아니라는 사실입니다(비록 하나님을 안다는 것이 이 모든 의미를 담고 있긴 하지만 말입니다). 또한 하나님을 안다는 것은 단지 하나님께 가는 길 되신 그리스도께 집중하는 문제만도 아니며, 여러분의 구세주이시며, 주님이시며, 친구이시며, 중재자이시고, 여러분의 소망과 기쁨이신 그리스도께 집중하는 문제만도 아닙니다. 그것이 이 모든 의미를 포함하고 있을지라도 말입니다. 지금 언급한 모든 의미를 넘어서, 하나님을 안다는 것은 '놀랄 준비가 되어 있느냐'에 대한 문제입니다.

마노아의 반응

마노아와 그의 아내는 아주 충격적인 놀라운 사건을 겪었습니다. 그들에게 초점을 맞추어, 그들이 각각 어떻게 그 사건에 반응했는지를 관찰해 봅시다. 그들의 반응은 서로 전혀 달랐으며, 이는 그들의 성격을 확실하게 드러내고 있습니다. 먼저 마노아를 살펴봅시다.

저는 마노아라는 사람을 잘 알고 있습니다. 사실 여러분도 잘 알고 있을 겁니다. 그는 오늘날에도 친숙한 유형의 인간입니다. 이상적일 만큼 정확한 행동은 그에게 인생의 본질이 무엇인지를 말해 주고 있습니다. 그는 철저하게 종교적인 사람이었습니다만, 종교란 외형적으로 율법을 정확히 준수하는 문제라고 여겼습니다. 그는 자기가 무얼 하는 건지 제대로 깨닫지도 못한 채, 하나님은 인간에게 지나치게 친밀하게 다가오는 분은 아니라고 확신하고, 율법 준수를 자기와 하나님 사이의 완충 장치로 여겼습니다. 내심 그는 하나님 즉 이스라엘의 하나님이요 그리스도인들의 하나님이 자기를 주목하여 발탁한다면, 자기 인생의 결과가 어찌 될지를 두려워하는 사람이었습니다. 그러나 한편으로 그는 책임을 맡은 자로서 행동했고, 자기가 없으면 일이 잘못될까 봐 책임을 위임하는 것은 꺼렸습니다.

그가 우스꽝스럽다고 생각하십니까? 맞습니다. 그는 거드름 피우는 사람입니까? 맞습니다. 다른 사람(예를 들면, 자기 아내)을 믿지 못하는 사람입니까? 네, 분명히 그렇습니다. 이 이야기에서 그가 어떻게 행동하는지 한번 살펴보십시오. 마노아의 아내는 그에게 와서 이렇게 말합니다(삿 13:6-7). "이 방문자는 하나님의 사람인데(보시다시피, 그녀는 자기가 선지자를 만났다고 생각하고 있었습니다), 그가 내게 와서 무슨 말을 한 줄 아세요? 아시다시피, 우리는 가족을 이루는 소망을 포기하지 않았나요? 그런데 그가 내게 말하기를, 우리가 아들을 낳게 될 거래요." 그다음에 그녀는 자기가 받은 지시 사항, 다시 말해, 그녀를 의식적으로 부정하게 하는 술과 음식을 먹지 않음으로써 아이 낳을 준비를 하라는 것 그리고 아들을 낳은 후에는 그의 머리털을 자르지 말라는 구체적인 지시 사항을 상세히 말해 주었습니다. 왜냐하면 그 아이는 나실인이었기 때문입니다. 나실인이란 하나님이 특별한 사역을 위해 특별히 구별한 사람을 말합니다(나실인의 의무에 대해서는 민 6장에 상세히 나와 있습니다). 그때 마노아가 이렇게 기도합니다. "주여, 구하옵나니, 주께서 보내셨던 하나님의 사람을 우리에게 다시 오게 하사 우리가 그 낳을 아이에게 어떻게 행할지를 우리에게 가르치게 하소서"(삿 13:8). 이 말로 우리가 알 수 있는 것은, 마노아는 자기 아내가 일을 제대로 해낼 수 있다는 것을 믿지 않았다는 사실입니다. 마노아는 자기만이 책임질 수 있는 사람이기 때문에, 하나님께서 자기에게 직접 말씀하셔야만 한다고 믿었습니다. 그래서 그는 다음과 같은 내용의 기도를 합니다. "주님, 잘 아시겠지만, 저는 제 아내가 말하는 것들을 믿을 수 없습니다. 이것은 매우 중요한 문제입니다. 그러니 하나님의 사람을 제게 보내셔서 우리가 해야 할 일이 무엇인지를 직접 말하게 하옵소서. 그래야만 우리가 지킬 지시 사항이 무엇인지 제가 알게 되지 않겠습니까?"

여러분, 이해가 되십니까? "나만이 일을 제대로 할 수 있는 유일한 사람"이라는 마노아의 태도는 아내를 모독하는 자세입니다. 마노아의 아내는 이 일을 알리면서도, 자신이 무능하고 신뢰할 수 없는 사람으로, 또한 중대사를 결정하는 일을 맡길 수 없는 쓸모없는 사람으로 취급받는 것을 참아야만 했습니다. 그녀의 결혼 생활이 행복했겠습니까? 그렇지 않았을 것입니다. 이것이 결혼 생활에서 남성의 리더십에 대한 성경적인 관점일까요? 확신하건대, 그렇지 않습니다. 하지만 여기에서 이것을 자세히 설명할 수는 없습니다. 이제 사사기 13장으로 돌아가 봅시다.

하나님은 아주 자비로우신 분입니다. 하나님은 우리가 기도할 때에 우리가 있는 곳에서 우리를 만나 주십니다. 심지어 우리가 마땅히 있어야 할 자리에 있지 않을지라도 말입니다. 성경 본문에서 알 수 있듯이, 하나님은 마노아의 기도를 들으셨고 하나님의 사자가 다시 찾아왔습니다. 그 사자는 마노아의 아내에게 한 차례 더 나타났습니다. 그런 행동에는 마노아에 대한 온건한 책망이 담겨 있습니다. 마노아는 "그를 내게 다시 임하게 하옵소서"라고 간구했습니다. 그러나 그렇게 되지 않았습니다. 하나님은 다시 그 여자에게 오셨습니다. 아주 충직한 그 여자는 남편에게로 달려가서 "하나님의 사람이 다시 왔습니다. 가서 그를 만나

봅시다"라고 말했습니다. 마노아는 달려가서 그 손님을 만난 후 아주 무뚝뚝하게 "당신이 내 아내에게 말씀하신 사람입니까?"라고 묻습니다. 기억하십시오. 마노아는 자기가 보고 있는 사람이 누구인지 정확하게 알고 있습니다. 그러나 그의 말은 숨이 막힐 듯한 자기방어를 드러내고 있습니다. 마치 "당신은 제 아내에게 말씀하지 마셨어야 합니다. 제게 말씀하셨어야죠. 아내에게 말씀하셔서 그녀가 내게 말을 전하게 함으로써 그녀에게 중압감을 주는 것은 옳지 않습니다"라고 말하는 것 같습니다. 여러분은 이 말의 어감을 이해하십니까? 그는 자기 아내를 어린애 취급하고 있습니다. 정말 그렇습니다. 마노아는 그런 남자였습니다. 그리고 마노아의 아내는 그런 결혼 생활에 갇혀서 살고 있었습니다. 마노아는 "당신이 내 아내에게 말씀하신 그 사람입니까?"라고 묻습니다. 손님은 "맞다, 바로 나다"라고 말합니다. 그래서 마노아는 미국 동부식으로 최대한 예의를 갖춰 질문합니다. "네, 당연히 당신의 말씀대로 이루어지기를 원합니다. 그 점에 대해서는 조금도 의심하지 않습니다. 그렇지만 그 말씀들이 이루어질 때, 그 아이의 인생과 사역을 위해서 우리는 어떻게 키우고 행해야 합니까? 말씀해 주십시오." 그러자 여호와의 사자는 "그것은 네 아내에게 말한 그대로다. 네 아내는 내가 말한 것을 다 지켜야 할 것이다"라고 말합니다. 하나님의 사자는 여전히 마노아의 불신을 온화하게 책망하면서도, 마노아가 부탁한 대로 지시 사항을 상세히 말해 줍니다. 그러자 우리가 알다시피 종교적이며 만사를 제대로 처리하기를 바라는 마노아는 다음과 같이 말합니다. "이제, 당신이 우리에게 좋은 소식을 가져오셨으니, 당신을 기리는 잔치를 열어도 되겠습니까?" 그러자 여호와의 사자가 대답하기를 "아니다, 난 잔치에 참여하지 않을 것이다. 그러나 하나님께 제물을 드리는 것은 좋은 생각이다"라고 말합니다. 그래서 마노아는 제물을 드렸습니다. 그는 찬양과 감사를 드리며 근처에 있던 반석 위에 큰 희생 제물을 올려놓고 불을 댕겼습니다.

마노아의 두려움

불을 댕긴 직후, 마노아를 완전히 놀래켜서 그가 평정을 잃게 만들고, 그의 신앙심이 단지 피상적인 수준에 지나지 않았다는 것을 여실히 드러낸 충격적인 사건이 일어났습니다. 마노아는 하나님이 오셨다는 현실을 어떻게 다루어야 할지를 몰랐습니다. 사사기 13:22에 기록된 그의 말에서 알 수 있듯이, 그는 공황 상태에 빠졌습니다. 마노아는 자기를 방문한 사람이 여호와의 사자라는 것을 깨닫고 아내에게 외쳤습니다. "하나님을 보았으니, 우리는 반드시 죽을 거요!"

그 시점에서 마노아는 절반의 진리를 붙들고 있었을 뿐입니다. 그는 자기와 아내가 둘 다 본성상 하나님과의 교제에 적합하지 않다는 것을 깨달았습니다. 마노아의 말은 하나님이 진실로 **거룩하시다**는 의식을 반영하고 있었습니다. 다시 말해서, 그가 믿는 신은 순결하고, 정의로우며, 강하고, 아량이라고는 전혀 없이 준엄한, 그리고 악과 불완전함에 대해서 끔찍하게 적대적이고, 일단 잘못된 것을 찾아내기만 하면 냉혹해지는 하나님이었습니다. 마노아는 미신적인 공포심을 드러내긴 했지만, 그의 말에도 일면 타당한 진실이 있습니다. 그렇지만 그는 하나님이 친히 희생 제물 제도를 제정하셨기 때문에, 죄에 반하여 하나님의 거룩함에서 나오는 파괴적인 능력은 그분의 백성들을 해칠 수 없다는 것을 알지 못했습니다. 마노아의 두려움은 이 무지에서 비롯된 것일 뿐입니다. 그렇지만 여기에서 마노아가 한 말이 보여 주는 것은, 그의 종교 생활이 믿음에 기초한 교제라기보다는 오히려 두려움에 근거를 둔 외형적인 격식에 지나지 않았다는 사실입니다. 그러한 종교 생활은 유익하지 않습니다. 피상적인 신앙생활은 충분치 않습니다. 하나님을 아는 것 그리고 하나님과 동행하는 것이 무슨 의미인지, 또 그것이 우리에게 무엇을 요구하는지에 관해 구체적으로 생각해 보지도 않고 관습적인 예배 의식만 따르는 것은 불충분합니다. 그것이 바로 마노아가 지닌 종교였으며,

그가 꿈에도 생각지 못했던 일이 갑자기 일어나 그의 정신 체계에 깊은 충격을 주자 그는 그 종교에 실망하게 되었습니다. 소망은 사라져 버렸습니다. 그는 자기들이 모두 죽게 될 것이라고 생각했기에, 그렇게 말하면서 아내의 동의를 구했던 것입니다.

사실대로 말하자면, 인간적인 면으로 보든 영적인 면으로 보든 마노아는 그저 허둥댔을 뿐입니다. 사람들은 하나님의 주권하에서 그들이 전혀 생각해 본 적이 없는 충격적인 사건과 낙담시키는 상황이 갑자기 발생하면, 늘 그렇게 행동합니다. 그런 때에, 마음속에 마노아와 같은 생각이 자리 잡고, 그런 일이 발생한 걸 보니 하나님이 자기에게 등을 돌리신 거라는 결론으로 비약합니다. "나는 하나님이 모든 격변 속에서도 나를 보호하시고, 고요한 삶의 피난처를 주시리라고 생각했습니다. 그러나 내가 잘못 생각했습니다. 그분은 나를 전혀 사랑하실 수 없습니다. 나는 죽은 목숨입니다. 빛은 사라져 버렸고, 나의 모든 소망은 없어졌습니다." 이것이 논리적인 생각입니까? 아닙니다. 그렇다면 감정적인 생각입니까? 그렇습니다. 교회 안팎에 몰려드는 수많은 사람들은 '마노아 동호회'의 회원이라고 이름 붙일 수 있습니다. 바로 그렇습니다. 하나님에 대해 직접적인 지식이 결여된 간접적인 종교는 주로 심리적인 안정제로서만 가치 있을 뿐입니다. 그래서 그것은 어떤 종류의 충격에든 그 치명적인 약점을 노출합니다.

현명한 아내

마노아는 그런 사람입니다. 이제 마노아를 그의 아내와 비교해 봅시다. 마노아의 아내 역시 제가 잘 알고 있는 유형의 사람입니다. 그녀는 부끄러움을 많이 타고 말수가 적습니다. 그녀는 보통 앞에 나서거나 자신을 내세우지 않는 사람입니다. 그녀는 늘 억눌린 채 사는데, 그것은 다른 사람들을 믿지 않고 조종하려고 하는 마노아의 거만함과 정열에서 기인한 것입니다. 그녀는 그런 태도를 유쾌하게 여길 수는 없었지만 인내하는 법을 배웠습니다. 그녀는 신실한 아내였습니다. 천사 같은 손님이 그녀에게 나타났을 때, 그녀는 무서웠지만 그의 말을 경청했습니다. 그러고는 남편에게 곧장 달려가서 손님의 전갈을 정확하게 전했습니다. 그녀가 말하는 것을 신뢰할 수 없다는 마노아의 태도는 그녀를 또 한 번 모욕하는 것이었지만, 그녀는 그것을 참고 불평하지 않았습니다. 항상 군림하는 남편 마노아가 이제 허둥댈 때, 그녀 역시 두렵고 겁이 났지만, 감정을 드러내지 않고 남편에게 차분히 말합니다. 그녀는 진실로 하나님 안에서 확고한 마음과 남편에게서 찾아볼 수 없는 깊이를 가진 영적인 사람입니다. 사사기 13:23에 있는 그녀의 말에서 알 수 있듯이, 그녀는 성경의 위대한 여인들 중의 한 사람입니다. 저는 그녀의 말들을 상술해서 그 말의 영향력을 분명히 보여 주려 합니다.

그녀는 이렇게 말합니다. "여보, 여호와께서 지금 이 자리에서 우리를 죽이시려고 했다면, 우리 손으로 드린 번제와 소제를 받지 않으셨을 것입니다. 그런데 그분은 실제로 두 제사를 모두 받으셨습니다. 여호와가 우리를 죽이시려고 했다면, 지금 이 모든 것들을 우리에게 보여 주지 않으셨을 것이고, 우리가 아들을 갖게 될 것이라는 말씀도 하지 않으셨을 겁니다. 확실한 것은 그분이 우리를 죽이지 않으실 뿐더러, 오히려 최소한 아홉 달은 더 살 수 있게 해 주신 것입니다. 그분은 시종일관 온전히 변치 않고 동일하신 하나님입니다. 그분은 자기의 목적을 지키시고, 약속을 이루실 것입니다. 여보! 저도 당신만큼이나 충격을 받았어요. 그러나 우리 하나님은 신실하신 하나님이십니다. 지혜로우시며, 합리적이고, 한결같으며, 믿을 만한 분이십니다. 어떤 광경을 목격하든지 간에 정신을 잃지 않고 냉정을 유지하려면, 우리는 하나님에 대한 이런 이해를 반드시 가지고 있어야만 합니다."

이 말은 하나님을 진실로 아는 사람의 말입니다. 그래서 그녀는 침착할 수 있었습니다. 이 점에서 그녀는 우리가 본받아야 할 모델입니다. 우리도 하나님과 동행하는 삶을 살려고 할 때 깜짝 놀랄 만한 일을 경험할 수 있습니다. 러디어드 키플링(Rudyard Kipling: 1865-1936년에 활동한 영국의 시인이자 소설가—옮긴이)의 시

"만약에"(if)는 다음과 같은 구절로 시작합니다. "만약에 네 주변의 모든 일에 침착할 수만 있다면/ 그것들로 인해 네가 실패하고 비난을 받더라도…." 시는 이런 분위기로 계속되고, 각 행은 다음과 같은 말로 끝을 맺습니다. "너는 진정한 남자가 될 수 있으리라, 나의 아들아!" 물론 이 시에서 '남자'는 영국의 에드워드 시대에 살았던 키플링을 가리킵니다. 당시에는 '남자'(man)라는 총칭에 마노아의 아내 같은 여성도 포함된다는 사실에 대해 어느 누구도 불만을 갖지 않았습니다. 키플링이 노래하고자 한 것은 성숙함 그 자체입니다. 그리고 우리가 이 본문에서 보는 것은 영적인 성숙 즉 하나님을 아는 지식 안에서의 성숙입니다. 마노아의 아내가 남편을 의미 있게 섬기고 있는 방식으로 보건대, 그녀에게는 영적인 성숙함과 깊이가 있었음을 강조하고 싶습니다. 그녀의 남편은 보통 그녀를 동등하게 대우하려 하지도 않았고, 그녀에게서 뭔가를 배우려는 자세도 없는 사람이었습니다. 이제 여러분에게 말씀드리고자 합니다. 우리가 인생의 동반자를 얻는 복을 받았다면, 우리는 남편과 아내라는 피조물의 유형으로 함께 만들어졌습니다. 우리가 아내의 도움을 받을 필요가 있고 아내들이 우리를 도와줄 방책을 가지고 있는데도 우리를 돕지 못하도록 한다면 그것은 교만입니다. 감히 확신하건대, 남편이 아내를 도와야 하는 것과 마찬가지로, 아내가 남편을 도와야 하는 것도 하나님이 만드신 질서의 일부입니다. 그러므로 때로는 아내의 도움을 받아야 할 필요가 있다는 것을 인정하지 않으려는 남편들에게는 화가 있을 것입니다.

놀라운 사건에 대처하는 법

마노아의 아내는 남편의 문제가 무엇인지를 알고 있었기에, 남편에게 적절한 도움을 줄 수 있었습니다. 마노아는 아내가 자기에게 말하는 것을 들을 필요가 있었습니다. 그리고 하나님은 그의 나약한 마음을 회복시키기 위해서 그녀의 생각하는 믿음을 사용하신 것으로 보입니다. 저는 사사기 13장을 쓴 저자도 자신이 해야 했던 이야기의 몇몇 부분에서는 우리와 마찬가지로 약간은 웃었을 것이라고 생각합니다. 우리는 성경의 어떤 사건들에 대해서 웃을 수 있습니다. 거만한 인간이 거의 끝장나는 모습에는 언제나 익살스러운 면이 있으니까요.

그렇지만 이 이야기는 우리에게 몇 가지 진지한 교훈을 줍니다. 마노아처럼 우리도 영적인 문제들을 잘 처리할 수 있다고 생각할 수 있고, 그래서 우리가 영적으로 천박하다는 것을 밝혀 주는 아주 충격적인 일을 겪을 수도 있습니다. 그런 충격을 받은 직후 우리에게 떠오르는 첫 번째 생각은 결코 성경적인 것도, 신앙적인 것도, 그리고 정말 이성적인 것도 아닐 것입니다. 그 대신에, 우리는 이미 살펴본 것처럼 우리 자신에게나 다른 사람들에게 이렇게 말하고 있을 수도 있습니다. "하나님은 나를 외면하셨다. 그분은 약속을 어기셨다. 그리고 나를 넘어지게 하셨다. 나를 잊으신 거야. 이제 나에겐 아무런 소망이 없다." 그러나 이 같은 좌절과 낙심과 자기 연민의 생각들은 우리를 짓밟을 뿐만 아니라, 하나님을 비방하는 것입니다. 그런 생각들이 우리 마음에 들어올 때, 우리는 마노아의 아내처럼 우리를 바로 세워 줄 수 있는 영적인 깊이와 명민함을 가진 사람이 필요합니다.

우리 하나님은 우리를 놀라게 하시는 하나님이고, 그런 놀라운 일들은 처음 잠깐 동안에는 우리를 아프게 하고 숨이 멎게 하지만, 그 이후 이어지는 놀라움의 마지막 모습은 우리 자신과 다른 이들에게 더 유익하고, 더 기쁘며, 더 지혜롭고, 더 만족스러우며, 하나님을 더 찬양하게 하는 행복한 놀라움입니다. 그것은 충격을 받은 이후에 우리가 전혀 생각지도 못했던 결과입니다. 마치 마노아가 하나님을 만난 사건의 최종 결과가, 자녀가 있는 가정을 꾸며 보겠다는 소망을 모두 단념하고 만 그 부부가 삼손을 낳게 된 일인 것처럼 말입니다. 여기에서 작동하고 있는 원칙은 유명한 찬송가인 "견고한 기초"(How Firm a Foundation)에 명확하게 잘 나타나 있습니다.

두려워 말라, 내가 너와 함께함이라, 오! 낙심하지 말라.
나는 너의 하나님이 됨이라, 내가 너를 도우리라.

내가 너를 굳세게 하리라, 너를 도우리라, 너로 서게 하리라.
나의 의롭고 전능한 손으로 붙들리라.

내가 너를 깊은 물 지나게 할 때에도
슬픔의 강이 네게 미치지 못하리라.
내가 고난 중에 너와 함께하리라, 너를 복되게 하리라.
너의 가장 깊은 고통 중에서 너를 거룩하게 하리라.

인생의 대격변과 청천벽력과 같은 사건들을 그리스도를 통해 극복한 온전한 결실은 장차 올 내세에서야 깨닫게 되겠지만, 볼 수 있는 눈을 가진 이들은 이미 자기 자신과 다른 사람들 안에서 그것을 분별할 수 있습니다. "오직 하나님은 우리의 유익을 위하여 그의 거룩하심에 참여하게 하시느니라. 무릇 징계가 당시에는 즐거워 보이지 않고 슬퍼 보이나 후에 그로 말미암아 연단받은 자들은 의와 평강의 열매를 맺느니라"(히 12:10-11).

마노아는 하나님을 본 경험을 통해서, 이전에 알고 있던 것보다 더 깊은 차원에서 진심으로 하나님께 더 가까이 다가가게 되었습니다. 감정적인 생각은 그의 영혼에 빈번히 스며드는 까닭 모를 두려움의 결과인데, 그런 생각은 대개 하나님께 가까이 가는 것을 방해합니다(마노아처럼 '바른 생활'을 하는 데 열심인 사람들은 보통 쉽게 겁을 먹곤 합니다). 그러나 하나님은 마노아가 공포와 절망의 어려운 위기를 극복할 수 있도록 돕기 위해서, 마노아의 아내의 지혜로운 말들을 사용하셨음이 분명합니다. 그래서 그의 마음속에는 올바른 소망이 자리 잡았고, 이제 마노아는 분명히 그 경험을 통해 더욱 강한 성도가 되었습니다.

그러므로 마노아에게 일어난 사건을 바라보면서, 우리가 반드시 얻어야 할 교훈이 한 가지 있습니다. 마음(마음은 우리 인격의 핵심이며, 우리의 모든 태도와 힘의 근원입니다)을 다스리라는 성경의 명령을 행하는 데 가장 중요한 것은 우리의 머리를 지키고 돌보는 훈련입니다. 이 말은, 갑작스럽고 충격적인 일들로 인해서 혼절하지 않으려면, 하나님이 그분의 자녀들에게 알게 하신 방법을 충분히 이해해야 한다는 의미입니다. 그리고 우리는 이성이 당황할 만한 상황을 늘 하나님께 다시 드림으로써, 하나님이 그 상황을 거룩하게 하시도록 해야 합니다. 마노아가 위험하게 행동했던 것처럼, 그런 상황들이, 우리로 하여금 하나님 안에 있는 소망을 포기하는 이유가 되지 않도록 해야 할 것입니다.

기억할 만한 여성

마노아의 아내에 대해서는 어떤 평가를 내릴 수 있을까요? 우리가 살펴본 것처럼, 이 이야기는 바로 남편이 그녀를 다루는 습관에 대해 말하고 있습니다. 남편은 그녀를 온전히 이성적이며, 온전히 신뢰할 수 있는 결혼 생활의 동반자로 대하지 않고, 오히려 다소 의심스러운 능력을 가진 소녀, 언제라도 자신의 공상을 따르려고 하는 성장기의 소녀로 대하곤 했습니다. 이것이 사실이라면, 그녀의 인생은 오랫동안 억눌려 있었을 것입니다. 입센(Ibsen)의 『인형의 집』(A Doll's House)에 등장하는 노라처럼, 그녀도 틀림없이 그 점을 느꼈을 것입니다. 노라와는 달리 그녀가 할 수 있는 일이라곤 아무것도 없었다 해도 말입니다. 마노아가 아내의 말을 듣고 신앙을 회복하였다고 해서 그들의 결혼 생활이 극적으로 변화했을 것이라고 생각할 만한 근거는 물론 없습니다. 그렇다면, 우리는 이 여인을 어떻게 평가할 수 있을까요? 세 가지 사실이 눈에 띕니다.

첫째로, 그녀는 하나님을 알았습니다. 이스라엘의 하나님의 선하심을 믿었기 때문에, 그녀는 그 손님을 처음 대면했을 때 느꼈던 두려움을 처리할 수 있는 총명한 사고방식을 지니고 있었습니다(삿 13:6). 그리고 그녀는 그 손님이 바로 사람의 형상을 한 하

나님이라는 것을 알게 되었을 때에도 마노아가 느꼈던 두려움에
무너지지 않았습니다. 그로 인해 마노아의 아내는 위기의 순간에
도 냉철한 마음을 유지할 수 있었습니다. 틀림없이 죽게 되었다
고 느꼈던 마노아와는 달리, 그녀는 하나님이 바로 그 순간에 그
들을 죽게 하지 않으실 것이라고 추론할 수 있었습니다. 왜냐하
면 하나님은 아홉 달 혹은 좀 더 먼 장래에 블레셋으로부터 이
스라엘을 구원할 아들을 그들에게 주기를 원하셨고, 번제 즉 하
나님이 그들에게 드리라고 말씀하신 피의 제사를 받으셨기 때문
이었습니다(희생 제사에서 피는 항상 죄를 덮기 위한 것임을 기억하십시
오. 레 17:11을 보십시오). 구약성경의 용어로 말하자면, 그녀는 신자
였기 때문에 하나님 안에서 소망을 가지고 있었습니다. 믿음은
소망 안에서 그 모습을 드러냅니다.

둘째로, 그녀는 자신의 상황을 받아들였습니다. 그녀는 자신
을 대하는 남편의 태도가 실망스러울 때조차도 남편에게 성실했
습니다. 그녀는 남편에게 달려가서 그 손님이 말한 것들을 나누
고자 했습니다. 왜냐하면 그것은 자기뿐만 아니라 남편에게도 중
요한 사항이기 때문이었습니다. 예전에도 자주 그랬던 것처럼, 남
편이 거만한 방식으로 그녀를 지배하려고 하고, 그 일에 관계된
것조차 못마땅하게 여기는 것 같아도, 그녀는 전혀 불평하지 않
았습니다. 그녀는 남편과 이런 마찰을 겪으면서, 괴로움과 자기

연민 없이도 결혼 생활을 유지할 힘을 달라고 하나님께 오랫동안 간구했음이 틀림없습니다. 그리고 구한 것들을 분명히 받았던 것입니다. 그녀의 차분한 태도로 보건대, 그녀는 경건한 여인이요 좋은 아내였습니다. 경건함은 선의를 가지고 인내하는 중에 그 모습을 드러내게 됩니다.

셋째로, 그녀는 자신을 인생의 동반자로 진지하게 생각하지 않는 남편의 태도에도 불구하고, 그를 도와주고 섬겼습니다. 그녀는 사랑 안에서 진실을 말했습니다. 그것이 그에게 필요한 것이었기 때문입니다. 다른 사람의 필요에 반응하는 그녀의 말과 행동을 보건대, 그녀는 섬기는(ministering) 여성이었습니다. 섬김의 마음가짐은 항상 도와주기를 원하는 마음에서 그 모습을 나타냅니다.

참으로 위대한 여성입니다! 하나님이 영예롭게 하시고, 붙드시며, 사용하신 여성입니다! 그리고 성령 하나님이 가능하게 하신 것이지만, 그녀의 믿음과 소망, 만족하는 마음과 사랑, 자제력과 섬김의 마음은 정말 본받을 만합니다.

∼∼∼

전능하신 아버지 하나님, 당신의 이름은 경이로우며, 신비롭고 기묘하여 우리가 다 이해할 수 없습니다. 우리를 위한 당신의 계획과 목적 속에는 이 순간 우리가 생각할 수 있는 것보다 훨씬 많은 것들이 있습니다. 이제 성령을 통하여 우리에게 가까이 와 주시기를 기도합니다. 우리의 마음속에 당신의 신실한 말씀을 새겨 주옵소서. 아버지 하나님이 우리에게 주신 선물 곧 우리의 주 되신 예수님께 우리의 마음이 되돌아가게 하옵소서. 우리 주님은 당신의 사랑의 약속이요, 당신의 신실하심의 보증이기 때문입니다. 성령이여, 우리에게 확신을 주셔서, 어떤 환경에서도 당신을 신뢰하고 당신 안에서 소망을 가지게 하옵소서. 당신은 언제나 변함없이 당신의 목적을 이루시는 분이기 때문입니다. 비록 하늘이 무너지고 만사가 잘못되어 가는 것처럼 보이는 순간에도, 때가 되면 우리에게 주신 당신의 약속을 이루실 것입니다. 거룩하신 아버지여, 우리가 마노아의 결점과 신실한 그의 아내를 통해 속히 교훈을 얻게 하옵소서. 그리하여 영적인 심오함과 진실된 성숙함으로 당신을 알게 하옵소서. 우리를 축복하시고, 당신께 영광을 돌리게 하옵소서. 예수님의 이름으로 기도합니다. 아멘.

연구를 위한 질문

1. 당신은 뜻밖의 사건이 일어났을 때 어떻게 반응합니까?
2. 사사기 13:1-25을 읽으십시오. "하나님의 천사"로부터의 이

방문은 마노아와 그의 아내의 삶을 어떻게 변화시켰습니까?

3. 그들이 이 방문을 그렇게 두려워했던, 혹은 기뻐했던 이유는 무엇입니까?

4. 하나님의 천사가 마노아의 아내에게 두 번이나 나타난 이유는 무엇입니까?

5. 마노아의 아내, 마노아 그리고 천사가 나눈 대화는 마노아와 그의 아내의 관계에 대해 무엇을 알려 줍니까?

6. 마노아나 마노아의 아내에게서 당신 자신과 비슷하다고 생각되는 부분이 있습니까?

7. 16-20절을 살펴보십시오. 마노아와 그의 아내는 이 경험으로 인해 하나님에 대해 무엇을 알게 되었습니까?

8. 하나님은 우리를 놀라게 하시는 분입니다. 그분에 대해 아는 것이 있다면 무엇입니까?

9. "놀라운 사건에 대처하는 법"이라는 소제목이 붙은 부분을 다시 읽어 보십시오(pp. 113-116). 마노아와 그의 아내에 관한 이야기는 당신의 삶에서 일어나는 놀라운 사건에 대처하는 데 어떻게 도움이 될 수 있습니까?

10. 하나님은 마노아에게 현명하고 영적으로 분별력 있는 아내를 주심으로 복을 주셨습니다. 당신이 아는 사람 중에서 마노아의 아내와 비슷한 성품을 지닌 사람이 있습니까? 어

떻게 하면 그들의 장점을 존중하면서 잘 이끌어 낼 수 있 겠습니까?

기도

1. 여호와의 사자는 "어찌하여 내 이름을 묻느냐? 내 이름은 기묘자라"고 말했습니다. 하나님을 완전히 이해하지 못하는 면이 있을지라도, 하나님의 하나님 되심을 찬양하면서 기도하십시오.
2. 마노아의 결점이 되는 성격들 중에서 어떤 것들이 당신의 성격과 유사한지 생각하면서 기도하십시오. 예를 들어 남을 지배하려는 과도한 욕망, 최악의 결과만 생각하는 성향, 가족을 무시하는 말, 하나님의 선하심을 신뢰하지 못하는 것 등등. 이러한 범주에 드는 결점이나 죄는 어떤 것이든지 하나님께 고백하십시오. 그리고 그분의 용서를 구하고, 이를 극복할 수 있는 영적인 힘을 달라고 간구하십시오.
3. 사사기 13:1과 24-25절에 있는 내용을 비교해 보면, 본문 13장 사건의 배경에 있는 하나님의 계획은 마노아와 그의 아내가 상상할 수 있는 것보다 훨씬 복잡하고 원대하다는 것을 알 수 있습니다. 당신의 인생 여정에서 놀라운 사건들

을 직면하게 될 때, 당신 시야의 한계를 인정하고 기도하십시오. 최선을 다해서, 위대한 창조주에 대한 당신의 신뢰를 표현해 보십시오.
4. 이 장의 마무리 기도를 소리 내어 읽으십시오. 적절한 곳에 '제가', '저를' 등의 말을 넣어서 개인적인 기도로 사용하십시오.

기록과 적용

하나님은 당신을 어떻게 놀라게 하셨습니까? 아마도 당신은 "여호와의 사자"와 대화를 나눈 적은 없을 것입니다. 그가 번제의 불꽃을 타고 하늘로 올라가는 것도 보지 못했을 것입니다. 그러나 하나님은 뜻밖의 사건으로 우리를 놀라게 하십니다. 그리고 그러한 사건들 속에서 그분의 현존을 나타내실 수 있습니다. 인생의 여정에서 겪은 놀라운 사건이나 일 중 한 가지를 기록해 보십시오. 그러고 나서 그때, 하나님이 자신을 드러내신 방식들을 묘사해 보십시오.

4. 사람들과 하나님에 대해 분노하고 있을 때의 소망

요나

요나서

제가 "요나서에는 어떤 이야기가 있습니까?"라고 묻는다면, 여러분은 뭐라고 대답하시겠습니까? 제 생각엔, 많은 사람들이 단순히 "고래가 삼킨 사람에 대한 이야기지요"라고 말할 것 같습니다. 물론 요나 1:17에 나오는 "큰 물고기"가 일종의 고래(정말 고래인지는 잘 모릅니다만)라고 가정한다면, 그 대답도 맞습니다. 그러나 그것이 이야기의 전부는 아닙니다. 사실 고래는 요나서에서 전혀 중요하지 않습니다.

이 책은 한 남자와 그의 하나님 즉 무정한 남자와 그의 자비로운 하나님에 관한 것입니다. 그렇지만 이 책을 그런 식으로 말하면 거꾸로 말하는 것입니다. C. S. 루이스의 나니아 나라 이야기 시리즈에는 『말과 소년』(The Horse and His Boy, 시공주니어)이라는 책이 있는데, 이 책은 이야기 흐름상 그 제목의 순서가 적당합니다(만약 당신이 그 책을 읽었다면, '브리'라는 말이 주인공이라는 것을 알고 있을 것입니다). 마찬가지로 요나서의 주제를 말하는 가장 좋은 방식은 그 책이 우리의 자비로우신 하나님과 그분의 무정한 사람에 대한 이야기라고 말하는 것입니다. 우리는 무정한 사람 요나에게 그가 꼭 배웠어야 할 두 가지 교훈을 가르치시는 하나님의 모습을 보게 됩니다. 요나가 그 교훈을 배우지 못했다면, 그는 영적으로 죽었을 것이라고 서슴없이 말할 수 있을 겁니다.

두 가지 교훈

첫째 교훈은 순종에 관한 것입니다. 요나 1:1-3입니다.

> 여호와의 말씀이 아밋대의 아들 요나에게 임하니라. 이르시되 너는 일어나 저 큰 성읍 니느웨로 가서 그것을 향하여 외치라. 그 악독이 내 앞에 상달되었음이니라 하시니라. 그러나 요나가 여호와의 얼굴을 피하려고 일어나 다시스로 도망하려 하여 욥바로 내려갔더니 마침 다시스로 가는 배를 만난지라. 여호와의 얼굴을 피하여 그들과 함께 다시스로 가려고 배삯을 주고 배에 올랐더라.

하나님은 요나를 선지자로 부르셨습니다. 그는 하나님이 주신 사명을 이루고 하나님의 계시를 전할 책임이 있는 사람이었던 것입니다. 요나서 이야기는 요나가 그 사명을 거절하는 장면으로 시작됩니다. 그래서 그는 순종의 교훈을 배워야 했습니다. 하나님은 그에게 이 교훈을 가르치시기 위해 큰 물고기를 사용하셨습니다. 요나서의 처음 두 장이 다루는 내용이 바로 이것입니다.

그 후, 둘째 교훈이 있습니다. 요나는 무자비하고, 무정하며 냉혹한 사람입니다. 그는 자비의 교훈을 배워야 했습니다. 하나님은 이 교훈을 가르치시는 수단으로, 이번에는 큰 물고기가 아니라 아주 작은 벌레를 사용하십니다. 요나서의 마지막 두 장에 나오는 내용이 바로 이것입니다.

불완전한 종들

이 이야기는 우리 모두를 위한 이야기입니다. 하나님은 항상 훌륭한 사람만 고르시지는 않습니다. 사실은 그와 정반대입니다. 결함 있는 사람을 도구로 선택하고 사용하시는 것이 하나님의 방법입니다. 하나님은 죄인들을 택하십니다. 하나님은 죄인들을 구원하십니다. 하나님은 죄인들을 부르시고 준비시키시며 사용하십니다. 그리고 요나도 그런 죄인이었습니다.

성경을 보면, 우리는 하나님이 그분의 사역을 위해 선택하고 부르신 많은 사람들의 인생 이야기를 알 수 있습니다. 성경이 계속해서 우리에게 말해 주는 것은 바로 그들의 인생에 드러나는 약점과 도덕적 잘못과 영적인 실패들입니다. 하나님이 이런 사람들을 다루시는 방법은 그들을 사용하시면서 변화시키신다는 것과, 그들을 다시 빚어 가시는 동안 그들을 사용하신다는 것입니다. 반복해서 말한다면, 이 이야기는 사역을 받은 사람은 불완전한 존재이지만 그 사역의 실현을 통해서 영광받으시는 하나님에 관한 이야기입니다. 그러나 하나님은 그들을 계속 사용하시면서 그들에게 올바른 삶에 대한 교훈을 가르치십니다. 성화(sanctification)와 사역(service)은 함께합니다. 사역을 하는 동안 우리는 점점 더 성화됩니다.

밴쿠버의 새로운 공항은 개항한 후에도 아직 공사가 끝나지 않았지만 완전한 서비스가 제공되고 있습니다. 하나님이 신자들의 성품을 재형성하실 때도 그들이 다른 사람들에게 베푸는 일상적인 사역을 통해서 하십니다. 이것이 하나님의 방법입니다.

우리는 요나 이야기에서 성화와 사역이 연결되어 있는 것을 보게 됩니다. 하나님이 용기를 주시기 위해서 이 이야기와 또 다른 비슷한 이야기들을 말씀하신다는 사실을 깨달아야 합니다. 저뿐만이 아니라 여러분도 진실로 하나님을 의뢰하는 성도에게 찾아오는 불행한 일들을 알고 있을 것입니다. 즉, 무언가 잘못된 말이나 행동을 했는데 돌이키기엔 너무 늦은 경우 말입니다. 당신은 이렇게 말할 수 있습니다. "또 시작이군. 그렇게 자주 사고를 치다니 이건 정말 너의 약점이야. 너는 정말 형편없는 그리스도인이야. 너는 하나님을 섬기기에 부적합해. 계속 반복해서 실수를 저지르겠지." 요나서가 말해 주는 것은 바로, 우리 하나님은 실수를 저지르는 사람을 선택하시고, 그들이 그런 실수를 저지른 것을 용서하시며, 그들과 함께 일하시고, 그들이 과거에 저지른 잘못에 대한 책임을 경감시켜 주시는 하나님이라는 사실입니다. 하나님은 그럼에도 불구하고 그런 사람들을 사용하십니다. 하나님은 우리의 모든 부족한 점에도 불구하고 그분을 섬기는 특권을 주셨습니다. 그분은 변함없이, 심지어 우리가 수없이 인생에 오점을 남길지라도, 우리가 말하고 행하는 것들에 복 주십니다. 우리 하나님은 은혜로운 하나님이십니다. 이 말만이 그분의 선하심에 대한 정확한 표현일 것입니다. 우리가 요나서를 연구할 때에 느낄 수 있는 것은 바로 하나님의 은혜로우심입니다.

요나의 심리적 동기

먼저, 무정하고 무심한 선지자인 요나를 살펴봅시다. 그는 여로보암 2세가 통치하던 시대 북왕국의 유대인이었습니다. 여로보암 2세는 과거 이스라엘의 영토였던 지역을 회복하는 군사적 성공을 이룩하였고, 요나는 그러한 여로보암의 성공을 예언하였습니다(왕하 14:25). 긍정적인 측면에서 평가하자면 요나는 분명히 자기 백성들에게 애정을 지닌 애국자였습니다. 부정적인 측면에서 평가하면, 요나는 자기 백성이 아닌 민족들의 백성에 대해서, 특별히 그의 이야기가 보여 주는 것처럼 앗시리아에 대해서 적대적인 태도를 지니고 있는 인종차별주의자였습니다. 현대에서 유사한 예를 들자면, 얼스터 로열리스트들(북아일랜드의 보수주의자들-옮긴이)이 로마 가톨릭 신도들에 대해 정치·종교적으로 비타협적이고 부정적인 태도를 지니고 있는 것과 같습니다.

요나서에서 흥미로운 것 중 하나는 하나님에 관해 말할 때면 거의 매번 하나님의 이름은 하나님이 유대인들에게 준 언약의 이름으로 불리고 있다는 사실입니다. 유대인들은 그 이름을 부르며 하나님께 호소했고, 그 이름으로 하나님을 알고, 사랑하고, 믿었습니다. 그 이름은 여호와(Jehovah)라는 표현으로 사용되었고, 현대의 학자들은 그것을 야웨(Yahweh)라고 발음합니다. 야웨는 영어 번역 성경에서는 'LORD'입니다(LORD는 여호와를, Lord는 신약의 그리스도를 가리킨다-옮긴이). 총 48절로 된 요나서에 이 이름은 26번이나 나옵니다. 유대인들은 자기들이야말로 그 민족을 사랑하고 구원하시며, 자기 민족과 언약을 맺으신 하나님으로 창조주를 알고 있는 유일한 민족이라고 생각해 왔습니다. 그리고 구약 성경의 저자들은 그들이 하나님을 "여호와"라고 말할 때마다 성경의 독자들에게 이러한 하나님의 언약을 깨닫게 할 의도를 가지고 있었습니다. 다민족으로 구성되어 다양한 신을 믿는 선원들은 광범위한 범주의 신들을 섬겼지만, 요나는 "나는 히브리 사람이요, 바다와 육지를 지으신 하늘의 하나님 여호와를 경외하는 자로라"(욘 1:9)고 선언했습니다. 이처럼 강력하고 배타적인 유대인의 정체성이 이 이야기의 출발점입니다.

이제 니느웨의 특징을 살펴봅시다. 앗시리아의 수도인 니느웨는 거대한 도시이고, 앗시리아는 거대한 국가였습니다. 예수님이 태어나시기 약 8세기 전인 요나 당시의 니느웨는 매우 활력이 넘치는 곳이었습니다. 그 도시의 크기와 영향력 그리고 군사력 덕택에, 니느웨는 당대에 선도적인 제국의 힘을 갖게 되었습니다. 그리고 이스라엘에게 항시 위협이 되었습니다.

이와 유사한 현대의 예를 들자면, 대만이 매우 강력한 인접 국가인 중국 본토에 대해서 위협당하는 느낌을 가지는 것과 마찬가지입니다. 이것은 요나 당시의 이스라엘이 니느웨에 대해 느끼는 바와 같을 것입니다.

하나님이 요나에게 "너는 일어나 저 큰 성읍 니느웨로 가서 그것을 향하여 외치라. 그 악독이 내 앞에 상달되었음이니라"(욘 1:2)고 말씀하셨을 때, 선지자는 그 말씀이 무엇을 의미하는지를 알았습니다. 하나님은 그저 '이제는 가망이 없다'는 메시지를 니느웨 도성에 보내고자 하신 게 아니었습니다. 4:1은 요나가 심히 싫어하고 노하였다는 것을 말해 줍니다. 여러분은 요나가 왜 그랬는지 궁금하게 생각할 것입니다. 그것은 바로, 요나가 니느웨에 하나님의 메시지를 전했을 때, 니느웨 사람들이 회개하였기 때문입니다. 우리가 알 수 있는 것은 "하나님이 그들이 행한 것 곧 그 악한 길에서 돌이켜 떠난 것을 보시고 하나님이 뜻을 돌이키사 그들에게 내리리라고 말씀하신 재앙을 내리지 아니하[셨다]"(3:10)는 것입니다. 4:2에 보면, 요나는 다음과 같이 기도하고 있습니다. "여호와여, 내가 고국에 있을 때에 이러하겠다고 말씀하지 아니하였나이까? 그러므로 내가 빨리 다시스로 도망하였사오니, 주께서는 은혜로우시며 자비로우시며 노하기를 더디하시며 인애가 크시사 뜻을 돌이켜 재앙을 내리지 아니하시는 하나님이신 줄을 내가 알았음이니이다." 여기서 우리는 요나가 "하나님, 정말 그렇게 행하셨네요"라고 불평하는 소리를 들을 수 있습니다.

달리 말하자면, 요나는 이렇게 말하고 있는 것입니다. "만약 제가 니느웨에 가서 당신의 심판의 메시지를 전한다면, 당신은 이전에도 종종 그러하셨듯이, 그 심판의 메시지와 위협을 이렇게 사용하실 겁니다. 즉, 그러한 권면을 통해서 백성들로 회개하게 하시고, 그 메시지를 사용하셔서 그들로 깨닫게 하시겠지요. 그리고 그 메시지를 사용하셔서 그들로 당신 앞에 겸손하게 하여 그들이 가던 길을 바꾸게 하시겠지요. 그런 다음에, 당신은 그들을 용서하실 것입니다. 그런데 저는 니느웨에 그런 일이 일어나기를 원하지 않습니다. 그래서 저는 당신의 메시지를 전하러 니느웨에 가고 싶지 않았던 것입니다." 니느웨를 향한 하나님의 은혜가 요나에겐 치욕스럽게 보였습니다. 하나님이 마땅히 하셔야 할 일을 미온적으로 유예하는 것으로 보였습니다. 실제로 요나가 다시스로 도망치려 한 것은 하나님이 그 일을 못 하시도록 자기가 직접 막으려는 것이었습니다.

우리 안에 있는 요나

최소한 요나는 정직한 사람이었습니다. 그리고 여기 나오는 기도를 보면, 그는 하나님이 행하시는 방식에 대해 자신이 느끼는 바를 분명하게 표현하고 있습니다. 그는 하나님이 자기의 선지자적인 사역을 그렇게 사용하셨다는 것을 생각하기조차 싫어했습니다. 그래서 그는 불쾌한 감정으로, 사는 것보다는 죽는 게 더 낫겠다는 생각을 하나님께 말씀드립니다. "여호와여, 원하건대 이제 내 생명을 거두어 가소서. 사는 것보다 죽는 것이 내게 나음이니이다"(욘 4:3). 우리도 알 수 있듯이, 요나는 교만한 사람이고 냉혹한 사람입니다. 그리고 이 시점에서는 극도로 분노하고 있는 사람입니다.

잠시 멈춰서 생각해 봅시다. 요나를 다음과 같이 묘사할 수 있겠습니다. 자만심이 강하고 융통성이 없는 사람, 자기 뜻을 굽히지 않는 사람, 자기가 가진 권력을 휘두르는 사람, 책략이라고 단정한 것에는 용서하지 않는 사람. 그런 사람에게는 맹렬하게 충성할 대의명분들이 있고, 그중 일부는 아주 좋은 명분일 수 있습니다만, 그에게는 곤경에 처한 사람들을 사랑하는 마음이 전혀 없습니다. 그는 자비를 베풀지 않습니다. 그는 무정합니다. 그는 사람들이 곤란하고 위급할 때에 도움을 청할 만한 사람이 아닙니다. 그에게는, 도움이 될 만한 것이 전혀 없기 때문입니다. 그런 사람을 자극해서 선동하는 것은 사람이 아니라 오히려 원칙들입니다. 그는 애국심 혹은 무엇이 되었든 자신이 선택한 이상주의에 대해서는 매우 열정적입니다. 그러나 인간관계에서는 무관심하고 냉담하기만 합니다. 그는 추상적인 목표에는 흥분하지만, 곤경에 처한 개개인들 때문에 마음이 동하는 경우는 없습니다.

이제 요나는 분노하고 있습니다. 마음속에 분노가 꽉 찬 사람들이 많이 있습니다. 이들의 분노가 언제 폭발할지, 이들이 언제 격노하게 될지는 아무도 모릅니다. 때로 이들은 아주 사소한 일로 분노를 터뜨리기도 합니다. 설혹 당신이 그 분노의 대상이라 해도 당신에겐 아무런 잘못이 없을 수도 있습니다. 당신은 다만 그 자리에 있었을 뿐인데, 그들은 화를 내며 노여움을 터뜨립니다. 격노할 때, 그들은 항상 난폭하고 비합리적이며 부적절하고 모욕적인 언사를 내뱉습니다. 요나는 분노합니다. 하나님께 화를 터뜨리며, 하나님이 하신 일에 대해서 그분께 분노를 마구 쏟아 붓고 있습니다. 당신은 누가 그런 사람인지 알아볼 수 있습니까? 그런 사람을 만나 본 적이 있습니까? 제 생각엔, 우리 모두가 다소는 요나와 같은 사람일 것 같습니다. 앞으로 계속 그의 이야기를 살펴보는 동안에 이 사실을 잊지 마십시오.

하나님을 피하여 도망치다

이제 처음으로 돌아가 봅시다. 우리는 요나의 행적을 알고 있습니다. 하나님은 예루살렘의 정동쪽에 있는 "니느웨로 가라"고 말씀하셨습니다. 그리고 요나는 두 가지 측면—지리적인 측면과 영적인 측면—에서 볼 때 서쪽으로 갔습니다. 다시스는 니느웨에서 가장 멀리 떨어진 스페인의 항구 도시입니다. 요나는 이를 악물며 "니느웨요? 난 절대로 안 갑니다"라고 말했습니다. NIV의 표현을 보면, 그는 "여호와의 얼굴을 피하려고 도망"(욘 1:3)갔습니다. 히브리어의 의미를 보면, 그는 하나님의 **임재**를 피하여 도망간 것입니다. 이 표현은 NIV의 번역에서는 얻을 수 없는 생각을 우리에게 줍니다. 여호와의 임재는 매우 귀중한 것입니다. 그것은 지리적인 것이 아닌 언약적인 실재입니다. 정확하게 말해서, 그것은 하나님이 당신에게 복 주시기 위해서 당신이 어디에 있든지 당신과 함께하신다는 사실을 아는 것입니다. 요나가 불순종하여 여호와의 얼굴을 피하여 도망쳤을 때에, 그는 자기가 하나님의 복으로부터 도망칠 수 있다고 생각한 것 같습니다. 그것은 일종의 영적 자살 행위입니다. 그렇지만 그는 그런 행위를 용감한 태도라고 생각했다고 추측해 볼 수 있습니다. 그는 니느웨가 회개할 기회를 얻는 것을 원치 않았습니다. 그는 니느웨가 심판받기를 원했습니다. 그가 생각하기엔, 이스라엘 사람들에게 가장 행복한 일은 앗시리아가 화염에 휩싸이는 것을 보는 것이었습니다. 그래서 그는 거기 가서 선포하라는 것을 거절함으로써 하나님께 반항하고 있습니다. 그는 스스로 이스라엘 백성들의 평화를 위해 자신을 희생시킨 영웅이라고 생각했습니다. 그러나 그것은 정말 바보 같은 짓이었습니다. 그는 여호와의 임재를 벗어나려고 했습니다. 자기가 하나님을 등지면, 그런 행동으로 인해 영광스러운 보좌에 앉아 계신 하나님이 목적을 이루시지 못할 거라고 생각했습니다. 하나님보다 더 지혜로운 것처럼 행동하는 사람과, 하나님이 계획하신 일을 막으려는 사람에게는 미래가 없습니다.

그렇게 해서 요나는 나가서 다시스로 가는 승선권을 산 후, 여호와를 피하여 다시스행 배를 탔습니다. 이런 식으로 도망가는 것은 그를 패배자로 만들 것이 불을 보듯 뻔합니다. 배가 그리 멀리 가기도 전에 하나님이 친히 일으키신 폭풍우를 만났기 때문에, 그는 거의 죽게 되었습니다. 성경이 그렇게 말합니다. 본문 1:4입니다. "여호와께서 큰 바람을 바다 위에 내리시매 바다 가운데에 큰 폭풍이 일어나 배가 거의 깨지게 [되었다]."

하나님과의 대면

요나는 이때쯤(항구를 떠난 지 얼마 지나지 않아서) 갑판 사이 어딘가에서 잠을 자고 있었습니다. 그는 하나님께 불순종하는 결정, 거의 자멸하는 결정을 내렸기 때문에 잠을 많이 자지 못했을 법도 합니다. 하나님은 선하시기 때문에 우리가 이와 같은 참혹한 결정을 한 이후에는 잠을 잘 자지 못하게 하실 것입니다. 그렇지만 요나는 너무 피곤해서 잠이 들었고, 폭풍우 속에서도 깨지 않았던 것 같습니다. 그는 여러 나라에서 온 선원들이 탄 이방인의 배에 승선했고, 모든 선원은 각자 자기의 신에게 큰 소리로 기도하고 있었습니다. 선장은 배 밑으로 내려가서 잠을 자고 있는 요나를 발견하고는 "일어나서 네 하나님께 구하라"고 말합니다. 선장은 다신론자들이 흔히 그러하듯이, 위기에 처했을 때에는 그들의 간절한 기도로 설득할 수 있는 신들이 많으면 많을수록 더 좋은 일이라고 생각했습니다. 그렇게 함으로써 초자연적인 도움의 총계가 늘어날 테니 말입니다. 그리하여 모든 사람은 각자 자기가 가장 잘 알고 있다고 생각하는 신을 부르게 되었습니다. 선장은 요나에게 이렇게 말합니다. "우리는 우리의 신들에게 부르짖고 있으니, 너도 네 하나님께 구하라. 모든 신에게 구하면 어느 신에게서든, 여하튼 우리에게 필요한 도움을 조금이라도 얻을 수 있지 않을까 하노라."

사실상 요나는 하나님께 순종하기를 거절하였기 때문에, 기도하지 못했을 것이 분명합니다. 그는 그 이유를 선장과 선원들에게 설명해 주었습니다. 그것은 1:10의 마지막 문장에 분명히 언급되어 있습니다. "자기가 여호와의 얼굴을 피함인 줄을 그들에게 말하였으므로 무리가 알고." 나는 그가 선장에게 다음과 같이 말했을 것이라고 상상해 봅니다. "나는 나의 하나님께 등을 돌렸기 때문에 기도할 수 없습니다." 우리가 어떤 일에 대해서 하나님과 다투는 쪽을 선택하였기 때문에, 자신의 기도를 들어 달라고 하나님을 도저히 설득할 수 없다는 사실을 알고 느끼는 상황에 처한다는 것은 누구에게나 끔찍한 일입니다. 그러나 최소한 요나는 영적으로 무모한 짓을 저지른 중에도 정직했고, 사실대로 말했습니다.

그래서 이제 그들은 그들이 당한 재난이 누구 책임인지를 알려 달라고, 자기들이 알고 있는 모든 신을 부르며 제비를 뽑았습니다. 요나가 뽑혔습니다. 나중에 사실로 판명되었지만, 그들은 그 폭풍우가 배에 타고 있는 누군가에 대한 신의 노여움의 표시라고 믿었습니다. 제가 추측하기에, 아마 모든 선원이 배가 흔들리는 대로 그냥 내버려두고 갑판 아래로 모두 내려왔을 것입니다. 그들은 겁에 질려 있었고 화를 내기 시작했습니다. 그들은 요나에게 이렇게 묻습니다. "이 일은 너 때문이다. 네가 무슨 짓을 했기에 우리에게 이 폭풍우가 몰려왔단 말이냐?"

요나가 그들에게 말하기를, "이 일은 내가 나의 하나님을 등졌기 때문입니다. 나는 히브리인입니다. 나는 하늘의 하나님 여호와를 경외합니다. 지금 이 순간만 빼고 말입니다. 나는 그분의 얼굴을 피하여 도망치는 중이기 때문입니다. 하나님은 내가 행할 준비가 되어 있지 않은 사명을 내게 주셨습니다." 바다가 더욱 흉흉해져 가자, 그들은 "우리가 너를 어떻게 하여야 바다가 잔잔해지겠느냐?"라고 묻습니다. 요나는 영적인 파멸 속에서도 태연자약했습니다. 그는 "나를 들어 바다에 던지십시오"라고 말합니다. 요나는 결국 발각되었고, 이제 말 그대로, 바닷속으로 막 던져지려는 찰나였습니다. 그리고 그들은 정말로 요나를 던졌습니다. 허공을 가로질러 흉흉한 바닷속으로 던져진 요나는 이제 죽은 목숨이었습니다.

이 이야기를 통해 우리는 하나님께 반항하는 것이 얼마나 파괴적인 결과를 가져오는지에 대한 교훈을 얻고, 우리가 과연 하나님의 뜻을 거부하고 도망칠 수 있는지 생각해 보아야 합니다. 하나님은 자신이 지으신 하늘에 계십니다. 하나님은 하늘 보좌에 앉아 계시며, 자신이 지으신 세계를 온전히 돌보고 계십니다. 어느 누구도 하나님을 거역하고 도망칠 수는 없습니다. 요나도 하나님으로부터 도망치지 못하였습니다.

하나님의 자비

하나님의 자비가 없었다면, 바다에 던져진 것이 요나의 마지막 모습이 되었을 것입니다. 그래서 우리는 내리막길을 치닫던 냉혹한 사람으로부터 관심을 돌려서, 요나가 섬기던 하나님, 그리고 요나서에서 반복해서 나타나는, 인간을 돌보시는 창조주로서의 '자비로운 하나님'을 생각해 보려고 합니다. 요나 1:15에서 이 점을 볼 수 있습니다. "요나를 들어 바다에 던지매 바다가 뛰노는 것이 곧 그친지라." 폭풍우는 즉시 가라앉았습니다. 선원들은 달갑지 않은 일을 했고, 그래서 요나가 시킨 행동으로 인해서 자기들이 원망을 듣지 않기를 요나의 하나님께 기도드렸습니다(아마도 요나의 애처로운 이야기를 듣고 그들은 하나님의 존재를 믿게 된 것 같습니다). 이제 결과적으로 폭풍우가 잔잔해지자, 선원들은 "여호와를 크게 두려워하여 여호와께 제물을 드리고 서원을" 하였습니다(16절). 이것은 그들의 마음에 성령이 역사하심으로 그들이 개종하였음을 구약성경의 방식으로 말하는 것입니다. 그들은 실존하는 하나님을 확실히 알고 섬기게 되었습니다. 그것은 이 이방 선원들에게 하나님이 베푸신 자비였습니다.

이제 하나님이 다시금 자비를 보이신 곳 니느웨를 살펴봅시다. 3장에서 그 이야기가 어떻게 진행되어 가는지를 알 수 있습니다. 요나는 "사십 일이 지나면 니느웨가 무너지리라"(욘 3:4)고 선포하였습니다. 그는 자비의 가능성에 대해서는 조금도 말해 주지 않았습니다. 그러나 하나님은 이방 선원들의 마음을 감동시키신 것처럼 그들의 마음도 움직이셨습니다. 그래서 5절에는 "니느웨 사람들이 하나님을 믿고 금식을 선포하고 높고 낮은 자를 막론하고 굵은베옷을 입[었다]"고 나와 있습니다. 니느웨 왕은 그들에게 조서를 내려 모든 사람이 금식에 참여하고 사람이나 짐승이나 모두 베옷을 입으라고 하였습니다(7-9절을 보십시오). 왕이 내린 조서에는 모든 사람은 "힘써 하나님께 부르짖을 것이며, 각기 악한 길과 손으로 행한 강포에서 떠날 것이라"는 명령이 들어 있습니다. 이것은 니느웨 왕이 스스로 모든 앗시리아 사람에게 회개하라고 명령한 것을 말합니다. 조서는 계속해서 "하나님이 뜻을 돌이키시고 그 진노를 그치사 우리가 멸망하지 않게 하시리라. 그렇지 않을 줄을 누가 알겠느냐?"고 말하고 있습니다. 그리고 하나님은 그렇게 하셨습니다. 그곳에는 우리가 말하는 대규모의 신앙 부흥 운동이 일어났고, 니느웨는 살아남게 되었습니다.

여기에서 우리는 자비를 베푸시는 하나님을 또다시 볼 수 있습니다. 앗시리아가 멸망하기를 바랐던 요나는 불쾌했습니다. 그러나 그는 그래서는 안 됩니다. 우리도 요나처럼, 다른 사람들의 멸망을 기원하고 그렇게 되는 모습을 보고 싶어 해서는 안 될 것입니다. 여러분이 누군가에게 또는 어떤 집단의 사람들에게 적대감을 느낄 때는 그들이 당신에게 어떤 해악을 끼쳤든지 간에, 일단 멈추고 다음과 같은 사실을 기억하며 여러분 자신에게 말해 보십시오. "하나님은 나를 만드신 것처럼 그들도 만드셨으며, 나를 사랑하시는 것처럼 그들도 사랑하신다. 만약 그들이 돌이켜 그리스도인이 된다면, 내가 용서받은 것처럼 그들도 죄 사함을 받을 것이다. 그들의 죄악을 보았다고 해서 그들에게 적대감을 가지는 것은 내가 할 바가 아니다. 나의 구세주 하나님도 죄 많은 나를 향해 그토록 경이로운 구속의 사랑을 보여 주시지 않았던가!" 이것은 그리스도인들의 사고방식에서 가장 기본적인 것입니다. 우리는 살아가면서 이런 방향으로 생각하도록 스스로 훈련해야 합니다. 즉 우리는 친구뿐 아니라 원수까지 사랑해야 하며, 한 범주 안에 있는 사람들을 넘어서 다른 범주에 사는 사람들에게도 하나님의 최선을 바라야 합니다. 이웃을 사랑하는 것에는 친구뿐 아니라 원수도 포함됩니다. 이것은 엄청난 교훈이며, 어떤 사람들은 이것을 배우는 데 평생이 걸리기도 합니다. 아마도 어떤 사람들은 이것을 전혀 배우지 못할 수도 있습니다. 또 어떤 사람들은 그것을 배워야 한다는 것을 깨닫는 데 둔감할 것입니다. 그렇지만 우리는 모두 그것을 반드시 배워야만 합니다. 우리는 니느웨의 신앙 부흥 운동 이야기를 통해서, 하나님은 친히 당신의 자비를 보여 주실 때, 심지어 이 순간까지도 하나님의 대적으로 행동했던 사람들에게조차 자비를 보이실 때 가장 큰 영광을 받으신다는 사실을 체감할 수 있습니다. 십자가에서 주 예수님은 이렇게 기도하셨습니다. "아버지, 저들을 사하여 주옵소서. 자기들이 하는 것을 알지 못함이니이다"(눅 23:34). 예수님은 십자가에 못 박히시는 중에도 병사들을 위해서 기도하셨습니다. 대적하는 사람들과 악한 자들에게도 자비를 베푸는 것 그리고 그들의 행복을 바라고 추구하는 것이야말로 진정한 그리스도인의 삶의 핵심입니다.

요나와 하나님의 자비

이제 요나를 다시 한번 살펴보고, 하나님이 어떻게 그에게 자비를 베푸셨는지를 주목해 봅시다. 여호와는 큰 물고기를 예비하셔서 요나를 삼키게 하셨지만, 요나는 곧바로 의식을 잃지는 않았습니다. 요나는 자기가 물고기 배 속에 있는 것을 알게 되자 영적인 깨달음을 얻게 되었습니다. 많은 생각들이 그의 마음을 스쳐 지나갔고, 겸손, 소망, 감사와 진심 어린 기도가 흘러나왔습니다. 그 기도는 (추정하건대) 요나 2:1-9에 있는 시로 표현되었습니다. 그 뒤를 바로 이어서 "여호와께서 그 물고기에게 말씀하시매 요나를 육지에 토하니라"는 말씀을 읽게 됩니다. 요나가 얕은 물가에서 비틀거리며 물 밖으로 겨우 빠져나온 후 숨을 헐떡거리며, 무슨 일이 있었는지를 생각하는 모습을 상상해 보십시오. 하나님은 단지 요나의 생명만 구해 주신 것이 아닙니다. 그분의 손을 보여 주신 것입니다. 그분은 자기 선지자에게 한 가지 교훈을 가르쳐 주셨습니다. 하나님은 요나의 마음을 열어 주셨고, 파괴적인 불순종을 용서하셨습니다. 하나님은 그에게 거룩함을 회복시켜 주셨고 이제 그의 선지자의 사역을 회복시키기 원하셨습니다. 하나님이 베푸신 위대한 자비에 압도당한 요나는 다시는 하나님께 '아니요'라고 말하지 않으리라 결심했을 것입니다.

그래서 "여호와의 말씀이 두 번째로 요나에게 임하니라. 이르시되 일어나 저 큰 성읍 니느웨로 가서 내가 네게 명한 바를 그들에게 선포하라"고 하셨을 때 요나는 순종했습니다(욘 3:1-3). 하나님의 자비가 나타났습니다! 선지자는 다시 한번 활동을 재개했습니다. 하나님은 요나를 사역에 복귀시키셨고, 그의 사역을 통해 다른 이들에게 복 주셨습니다. 우리가 본 것처럼, 요나는 니느웨가 멸망하는 것을 보기 원했기 때문에, 이것에 대해서 매우 분개했습니다. 그는 기뻐했어야 마땅합니다! 모든 설교자가 신앙 부흥의 복을 가져오거나, 그가 선포한 일의 결과로 허다한 무리가 하나님께 돌아오는 것을 볼 수 있는 것은 아닙니다. 그렇지만 요나는 그런 결과를 보았습니다. 저는 그것이 니느웨 백성들에게 뿐만 아니라 이 선지자에 대한 자비였다고 말하고 싶습니다.

요나의 분노

4장을 보면, 요나가 어떻게 심히 분노하며 하나님과 대화를 나누는지 나와 있습니다. 그 이유는 바로 하나님이 "노하기를 더디하시며 인애가 크시사 뜻을 돌이켜 재앙을 내리지 아니하시는" 하나님이신 줄을 요나가 알았기 때문입니다. 하나님은 니느웨를 다루실 때에도 하나님답게 행동하셨습니다. 요나가 하나님께 분노하면서 빈정대는 악한 모습을 보이는 이유는, 하나님이 요나의 분노의 대상들에게 분노를 표출하지 않으셨기 때문이라는 것은 새삼 강조할 필요도 없겠습니다. 우리는 이제 하나님이 요나의 머리와 가슴을 살피시면서 심문하시는 모습을 보게 됩니다.

요나 4:4을 보면, 하나님은 "네가 성내는 것이 옳으냐?" 다시 말해서 "왜 그렇게 화를 내느냐?"고 되물으십니다. 요나는 하나님이 그런 질문을 통해 자기를 꾸짖고 계신다는 것을 확실히 알고 있었을 것입니다. 아니면 어렴풋하게라도 말입니다. 그러나 그는 책망을 받아들이려 하지 않았습니다. 우리 삶에도 이런 일이 자주 발생합니다. 우리는 하나님이 어떤 일에 대해서 우리의 양심을 찔러 환기시킨다는 것을 어느 정도는 알고 있습니다. 그렇지만 처음에는 그 사실을 직면하려 하지 않으며, 따라서 그것에 대해 일부러 생각하지 않습니다. 우리는 다른 일을 생각하거나, 오히려 도망쳐서 다른 일을 하려고 합니다. 우리는 상당 기간 계속해서 매일 기도와 성경 읽기를 지켜 나갈 수는 있지만, 하나님이 우리 마음을 불편하시게 하는 일에 대해서 하나님께 별로 말씀드리려 하지 않습니다. 프랜시스 톰슨(Francis Thompson)은 하나님에 대해 "하늘의 사냥개"라는 표현을 쓴 적이 있습니다. 결국 우리는 하나님께 붙잡힙니다. 머지않아 우리는 하나님이 우리를 압박하시는 문제에 직면할 수밖에 없습니다. 우리가 끝까지 양심의 가책을 무시하지 못하도록 막으시는 것은 하나님의 자비입니다. 하지만 바로 그런 순간에도, 요나는 그것을 무시하려고 애를 씁니다. 그리고 하나님은 때를 기다리십니다.

요나는 무슨 일을 했습니까? 그는 성 밖으로 나가서 비스듬히 기운 초막을 손수 지었습니다. 그는 니느웨에 신앙 부흥 운동과 회개가 일어나 하나님이 자비를 베푸시기로 하셨을까 봐 불안해하면서도, 하나님이 니느웨 도성을 멸망시키시기를 바라면서 그늘 아래 앉아서 줄곧 지켜보고 있었습니다. 그래서 그는 거기 앉아서 니느웨 도성이 화염에 휩싸이기를 바라며 계속 그곳을 응시하고 있었습니다. 그가 애국자이고, 인종차별주의자이며, 교만하고 냉혹한 사람이라는 사실을 기억하십시오. 물론 그는 배와 물고기 사건을 경험한 진정한 믿음을 소유하고 있었지만, 유감스럽게도 그의 성품에는 문제가 있었고 여전히 고쳐지지 않았습니다. 그는 순종의 교훈은 배웠지만, 자비의 교훈은 아직 배우지 못했던 것입니다.

하나님의 끈기

이제 하나님이 그에게 가르치신 둘째 교훈으로 넘어가 봅시다. 요나 4:6에 이르기를 "하나님 여호와께서 박넝쿨을 예비하[셨다]"

고 합니다. 그 넝쿨이 무엇인지 정확히 아는 사람은 없습니다. 어떤 번역본은 조롱박이라고 하고, 어떤 주석가들은 그것을 가리켜 큰 잎과 차양이 있는 거대한 해바라기류의 식물이라고 합니다. 그 박넝쿨―그것이 정확히 무엇이든지 간에―은 요나의 초막 옆에 아주 빨리 자라났습니다. 성경은 이렇게 말합니다. "그의 머리를 위하여 그늘이 지게 하며 그의 괴로움을 면하게 하려 하심이었더라. 요나가 박넝쿨로 말미암아 크게 기뻐하였더니 하나님이 벌레를 예비하사 이튿날 새벽에 그 박넝쿨을 갉아먹게 하시매." 그러자 그 뿌리에서부터 나무 전체가 시들었습니다. "해가 뜰 때에 하나님이 뜨거운 동풍을 예비하셨고 해는 요나의 머리에 쪼이매 요나가 혼미하여 스스로 죽기를 구하여 이르되 사는 것보다 죽는 것이 내게 나으니이다"(욘 4:6-8).

그다음에 하나님의 말씀이 요나에게 임하였습니다. 요나는 그 말씀을 거부할 수 없었습니다. "하나님이 요나에게 이르시되 네가 이 박넝쿨로 말미암아 성내는 것이 어찌 옳으냐?"(욘 4:9)

요나는 이렇게 대답했습니다. "예, 화가 나서 죽겠습니다. 저는 박넝쿨이 필요한데, 당신이 그것을 죽게 하지 않으셨습니까?"

그러자 하나님은 이렇게 말씀하셨습니다. (다음은 제가 4:10-11에 살을 붙여 각색한 것입니다.) "네가 수고도 아니하였고 재배도 아니한 이 박넝쿨을 아끼고 있구나. 그것은 하룻밤에 났다가 하룻밤에 죽는 것이다. 하물며 이제 니느웨를 생각해 보아라. 이 큰 성읍 니느웨에는 어른만 해도 50만 명이 넘고, 어린아이들은 12만 명이나 된다. 가축들도 수없이 많다. 그것들은 모두 내 것이다. 하나님인 내가 어린아이들과 가축들에 대해 관심을 가지고 아끼는 것이 놀라우냐? 아니면 내가 니느웨 사람들에게 관심을 갖는 것이 불쾌하냐? 내가 내 것을 아낄 것이라고 넌 생각하지 못했느냐? 그 박넝쿨은 네 것이 아닌데도, 넌 그것을 아주 아끼는구나. 요나야! 그것은 네 박넝쿨이 아니라 내 것이다. 네가 그것을 잃었다고 그렇게 화를 내느냐? 이제는 내가 죄를 뉘우친 니느웨 백성들에게 자비를 베푸는 것이 합당하다고 생각할 때가 되지 않았느냐? 요나야! 네가 나의 자비에 대해서 화를 내는 데 내가 동의하겠느냐? 나는 죄인들과 그들의 죄에 대해서는 분명히 노한다. 그리고 그들이 악행을 떠나지 않는다면 그들 앞에 진노가 기다리고 있을 것이다. 그러나 니느웨 백성은 그들의 죄를 떠났다. 내가 니느웨 백성들의 회개를 기뻐하지 않겠느냐? 그리고 죄 사함의 선물을 주어 그 회개를 기쁘게 인정하지 않겠느냐?"

하나님이 우리에게 주시는 교훈

이렇게 하나님은 요나에게 두 가지 중요한 교훈, 즉 순종의 교훈과 자비의 교훈을 가르치셨습니다. 이 두 가지는 우리 주님이 우리가 배우기를 바라는 교훈이자, 주님을 섬기는 모든 사람이 반드시 배워야 하는 교훈들입니다. 여러분과 제가 용서받은 존재로 살아가고 있기 때문에, 또 니느웨 백성들이 용서받은 존재로 살았기 때문에, 요나 자신도 용서받은 존재로 살았기 때문에, 우리는 두 가지 교훈의 전제가 되는 하나님의 구원하시는 자비에 감사해야 합니다. 하나님이 요나에게 그의 사역에서 순종의 필요성을 가르치신 것처럼, 우리의 양심도 민감하게 만드셔서, 항상 하나님이 명하신 일을 행하는 것이 중요하다는 사실을 배우도록 합시다. 하나님이 친히 요나를 자비의 사람으로 변화시키신 것처럼, 우리도 자비의 사람 즉 가장 온전한 의미에서 이웃을 사랑하는 사람이 되게 가르치시도록 합시다. 그렇게 해야만, 우리는 마음에 들지 않는 임무에 대해서도 귀를 막지 않고, 하나님의 말씀에 시종일관 순종하여 그분을 기쁘시게 하는 사람이 될 수 있습니다. 하나님이 우리에게 이러한 교훈들을 가르치시기 위해서 우리로 하여금 교정 훈련을 거치게 하실 때, 그분의 지혜를 신뢰함으로써 하나님을 기쁘시게 하는 법을 배웁시다. 그것은 바로 물고기에게 삼켜진 요나가 받은 훈련이었습니다. 또한 그것은 요나가 아끼던 박넝쿨을 시들게 해서 요나의 발밑에 떨어지게 하신 하나님의 교육 방법입니다. 하나님은 이러한 경험들을 통해서 요나를 가르치셨습니다. 여러분과 저 역시 기꺼이 배우고자 하는 마음을 지녀야 합니다. 때때로 하나님은 우리가 알아야 할 것들을 가르치시기 위해서 징벌이라는 방법으로 우리를 다루시기도 하는데, 그럴 때에도 우리는 반드시 하나님의 지혜를 신뢰해야 합니다.

마지막으로 이 모든 것은 그리스도 중심, 성령 지향의 삼위일체라는 뼈대 안에서 설정되고 이해되어야 합니다. 우리는 하나님이 우리를 위한 그분의 사랑으로 여러분과 저, 우리의 구원을 위해 행하신 방법을 깊이 생각함으로써, 적대적이고 포악한 이웃까지 포함한 모든 이웃을 사랑하는 법을 배워야 합니다. "하나님이 세상을 이처럼 사랑하사 독생자를 주셨[기]"(요 3:16) 때문입니다. 예수님은 우리 죄를 위한 죽으심과 새 생명을 주시는 구세주가 되기 위해 다시 부활하실 것을 미리 내다보실 때 요나의 표적을 말씀하셨습니다. 요나는 사실 물고기 배 속에 있다가 다시 살아났습니다. 그리고 하나님의 심판에 대한 살아 있는 증거로서 니느웨 백성들에게 가서 사역했습니다. 그들에게 심판과 자비의 말씀을 전했습니다. 마찬가지로 인자는 그분의 종들의 말씀을 통하여 세상에 "평안을 전하[는]"(엡 2:17) 속죄의 능력으로 다시 살아나셨으며 그분을 믿는 모든 사람에게 살아 계신 중보자와 주가 되셨습니다. 하나님의 강한 능력은 요나보다 훨씬 더 크신 예수님의 공생애에서 나타났습니다. 우리는 그 능력을 입어 다른 사람들에게 자비롭고, 사랑을 베풀며, 도움의 손을 내미는 사람으로 다시 만들어져야 합니다. 모든 그리스도인은 그런 사람이 되도록 부르심을 받았습니다.

우리 하나님 곧 요나의 하나님은 "은혜로우시며 자비로우시며 노하기를 더디하시며 인애가 크시사 뜻을 돌이켜 재앙을 내리지 아니하시는 하나님"(욘 4:2)이라는 사실을 즐겨 배웁시다. 그분은 식물과 작은 벌레뿐만 아니라, 폭풍과 파도와 거대한 물고기도 다스리는 전능한 하나님이십니다. 그뿐만 아니라 그분은 몹시도 냉혹한 요나 같은 편벽한 사람에게 진리와 지혜와 선의를 가르치실 때에도 온화하고 절제하시는 자비의 하나님이십니다. 하나님이 그런 사람들을 진리와 지혜와 선의로 가르치시는 것은, 하나님을 향한 그들의 분노와 다른 모든 사람을 향한 그들의 무정한 마음을 극복하게 하기 위해서입니다. 교만과 분노와 절망은 함께 옵니다. 교만은 하나님께 "제 뜻이 이루어지이다"라고 말하는 것이고, 분노는 "하나님이 그렇게 안 해 주시고 반대로 하시니 화가 납니다"라고 말하는 것입니다. 그리하여 도출되는 결론은 "이제 모든 일이 잘못되어 갈 것입니다"라는 절망입니다. 절망은 소망의 완전한 상실, 솔직히 말해서, 요나가 두 번이나 죽기를 원한다고 빌었던 가장 깊은 마음의 동기입니다(3, 8절). 우리는 진실로 하나님을 소망하기 이전에 어떻게 해서든지 교만과 분노부터 반드시 없애야 합니다. 우리에게 유익한 길인 순종을 실천하고, 세계 정치와 역사는 지혜롭고 관대하며 자비로우신 하나님의 손길에 맡기고 말입니다. 그러면 하나님은 그 일을 하십니다. 요나서에서, 우리는 하나님이 요나를 위해 그 일을 행하시는 것을 봅니다. 그리고 하나님과 요나의 대화를 보면, 그분은 우리를 위해서도 그 일을 행하실 것이라고 확신할 수 있습니다. 그래서 요나와 같은 우리는 하나님을 찬양하고, 병든 부분을 치료받기 위해서 우리 자신을 그분의 손에 맡겨야 합니다.

∼∼∼

오! 하나님, 하늘에 계신 우리 아버지시여, 요나서를 읽을 때면 우리 자신에게도 그처럼 다루기 힘든 까다로운 성품이 있음을 보게 됩니다. 그처럼 완고한 사람을 당신의 지혜와 인내로 대하시는 장면에서 우리는 경외감을 느낍니다. 우리도 요나처럼, 잃어버린 영혼들을 향한 당신의 자비를 전하는 사자가 되도록 부르심 받았다는 것을 압니다. 그러나 우리도 요나처럼, 마음에 벽을 쌓았기에 사명을 이루지 못하고 있다는 것도 잘 압니다. 어떤 것들에 대한 우리의 부정적인 사고방식과 다른 사람들에 대한 완고함과 고집 때문에, 과거에 당신께 받은 사명을 망쳐 버렸음을 우리는 잘 알고 있습니다. 또한 우리가 속히 가서 도와주기를 원하신 사람들의 현실적인 곤경에 대해 우리는 눈과 귀를 닫아 버렸습니다. 독생자이며 우리 구주와 모범이 되시는 예수님, 요나처럼 이 시대의 추한 실패자인 우리를 용서하소서. 그리고 당신이 친히 잃어버린 영혼들을 사랑하시는 것처럼, 우리도 잃어버린 영혼들을 사랑하도록 가르쳐 주옵소서. 그래서 그리스도의 빛과 사랑이 우리 안에서 빛을 발하여 우리가 당신이 원하는 일들을 하게 하옵소서. 우리를 녹이소서, 우리를 만드소서, 우리를 깨뜨리소서, 우리를 변화시키소서, 우리를 사용하소서, 그리하여 모든 영광을 당신께서 받으소서. 예수님의 이름으로 기도합니다. 아멘.

연구를 위한 질문

1. 요나서를 읽어 보십시오.
2. 요나의 성격을 잘 드러내는 행동은 무엇입니까? 당신에게도 요나와 비슷한 부분이 있습니까?
3. 요나 이야기에서 하나님의 은혜를 보여 주는 사례는 무엇입니까?

4. 요나가 하나님에 관해 묘사하는 1:9과 4:2을 살펴보십시오. 요나는 자신이 진술한 믿음에 기초하여 각각 어떤 방식으로 행동합니까? 그의 행동은 어떤 면에서 그의 믿음에 부합하지 않습니까?

5. 당신의 현재 상황을 염두에 두고, 하나님에 관한 요나의 두 가지 묘사를 다시 읽어 보십시오. 이 믿음에 따라 살고자 한다면 당신은 어떤 행동을 할 수 있겠습니까?

6. 큰 물고기는 요나에게 어떤 도움이 되었습니까?

7. 평범한 일상에 생긴 갑작스러운 일을 통해 하나님에 대해 귀중한 통찰을 얻은 적이 있습니까?

8. 요나의 결점에도 불구하고, 하나님은 그를 통해 어떤 선한 일을 이루셨습니까?

9. 요나는 순종과 자비라는 두 가지 교훈을 배워야 했습니다. 하나님이 이 교훈을 요나에게 가르치기 위해 사용하신 방법은 무엇입니까?

10. 어떻게 하면 요나가 배운 교훈을 당신이 처한 상황에 적용할 수 있겠습니까?

기도

1. 잠시 동안 요나의 생애를 생각하며 조용히 묵상해 보십시오. 그리고 당신이 요나의 경험으로부터 무엇을 배우기를 원하시는지 깨닫게 해 달라고 기도하십시오.
2. "하나님의 자비"라는 소제목이 붙은 부분을 다시 읽어 보십시오(pp. 141-144). 하나님께 경배하고, 그분의 자비로 인해 찬양을 드리십시오. 그런 다음, 당신의 삶에서 구체적으로 경험한 하나님의 자비로운 손길을 상기하고, 그것들에 대해 하나님께 감사를 드리십시오.
3. 본문 4:2에서, 요나는 다음과 같이 불평을 터뜨립니다. "주께서는 은혜로우시며 자비로우시며 노하기를 더디하시며 인애가 크시사 뜻을 돌이켜 재앙을 내리지 아니하시는 하나님이신 줄을 내가 알았음이니이다." 그분의 이런 성격에 대한 당신의 반응은 무엇입니까? 그것에 대해 하나님께 아뢰십시오.
4. 이 장의 마지막 문단을 다시 읽어 보십시오. 그 내용을 기초로 삼아 기도하십시오.

기록과 적용

요나가 물고기 배 속에 있던 시간은 그의 마음을 혼란하게 하는 모든 것들을 차단시켜서 하나님께 정직해질 수 있는 기회가 되었습니다. 물론 우리 대부분에게는 이와 같은 익사 직전의 경험이 필요하지는 않습니다. 그렇지만 하나님과 내밀히 대화할 수 있는 시간과 장소를 찾을 수 있는 곳, 당신 자신만의 '물고기 배 속'을 만들어 보십시오. 현재 당신이 지향하는 인생의 방향이 올바른 마음에서 비롯된 것인지 당신의 마음을 살펴 달라고 하나님께 간구하십시오. (당신은 하나님께 적합하게 순종하고 있습니까? 당신이 싫어하는 다른 사람들에게조차도 자비를 베풀고 있습니까?) 기도와 묵상을 적어 보십시오.

5. 잘못된 우선순위에 속아 살았을 때의 소망

마르다

누가복음 10:38-42; 요한복음 11:1-44; 12:1-8

마리아의 언니 마르다는 관리 능력을 타고난 사람, 이를테면 본능적인 관리자였습니다. 그 자체로는 문제가 없습니다. 우리는 그런 사람을 필요로 하며, 인생은 그런 사람 없이는 잘 돌아갈 것 같지 않습니다. 그들은 종종 원기 왕성한 외향적인 사람으로서, 일을 경영할 때 큰 행복을 느낍니다. 그러나 그들의 관리 능력이 다른 사람을 조종하는 것으로 변할 때, 즉 다른 사람들에 대한 사역이 폭군 같은 이기적인 사역이 될 때는 위험합니다. 곧 살펴보겠지만 마르다는 그런 위험에 노출되어 있었습니다.

우리는 우선 주인 역할을 하는 마르다를 만나게 됩니다. 우리가 알고 있듯이 예수님은 마르다라는 한 여인이 사는 마을에 오셨고, 그녀는 자기 집으로 예수님을 영접했습니다(눅 10:38). 여러분은 집에서 손님을 영접할 때의 마음이 어떤지 아실 겁니다. 마음속으로 이렇게 말하겠지요. '여기가 우리 집입니다. 어서 오세요. 우리 집에서 당신을 뵙게 되어 기쁩니다. 하지만 제가 이곳의 책임자라는 사실을 기억하십시오.'

주인이 된다는 것은 관리자의 역할을 한다는 의미이며, 우리는 이 점을 마르다에게서 분명하게 볼 수 있습니다. 조금 전에 말한 것처럼, 관리한다는 것은 영적인 생활에서 문제, 심지어는 장애물이 될 수 있습니다. 마르다와 함께 우리가 배워야 하는 것은, 우리 주 예수 그리스도와 우리 인생을 함께할 때 우리가 관리 책임을 지지 않는다는 사실입니다. 책임은 그분에게 있습니다. 복음서에 나타난 세 가지 장면을 통해 마르다를 살펴보면, 우리는 그녀가 이 교훈을 배우고 있다는 것을 알게 될 것입니다. 오늘날 많은 사람들은 주 예수님께 "저는 예수님이 제 인생에 함께하신다는 사실이 기쁩답니다. 그러나 제가 책임자라는 것을 잊지 마세요"라고 말하는 것 같습니다. 그런 노선을 취하고 있다면, 우리는 많은 복을 잃어버리고, 하나님이 받으실 많은 영광을 빼앗는 것입니다. 마르다의 이야기를 통해 우리는 다른 방향을 바라보아야 할 것입니다.

예수님을 조종하려는 마르다

우리는 누가복음 10장 끝부분에 있는 구절에서 다른 사람을 조종하는 것이 어떤 것인지를 보게 됩니다. 먼저 성경 본문을 인용해 봅시다.

그들이 길 갈 때에 예수께서 한 마을에 들어가시매 마르다라 이름하는 한 여자가 자기 집으로 영접하더라. 그에게 마리아라 하는 동생이 있어 주의 발치에 앉아 그의 말씀을 듣더니 마르다는 준비하는 일이 많아 마음이 분주한지라. 예수께 나아가 이르되 주여, 내 동생이 나 혼자 일하게 두는 것을 생각하지 아니하시나이까? 그를 명하사 나를 도와주라 하소서!

주께서 대답하여 이르시되 마르다야, 마르다야, 네가 많은 일로 염려하고 근심하나 몇 가지만 하든지 혹은 한 가지만이라도 족하니라. 마리아는 이 좋은 편(better, NIV)을 택하였으니[제가 생각하기에 NIV는 이 부분에서 사소한 오역을 하고 있습니다. 헬라어 성경의 의미는 "마리아는 필요한 것, 좋은 것을 선택했다"는 뜻입니다. 예수님은 둘을 비교하지 않으셨습니다. 예수님의 요점은 단지 마리아가 하기로 선택한 일이 최고의 가치가 있다는 것입니다] 빼앗기지 아니하리라. (눅 10:38-42)

무슨 일이 일어나고 있습니까? 예수님은 왜 여주인을 꾸짖으십니까? 본문을 오해하지 않기 위해서, 처음부터 잘 보아야 할 것이 있습니다. 여주인을 꾸짖은 것은 예수님이 여성에 대해서 어떤 부정적인 태도를 지니고 계셨기 때문이 아닙니다. 기회가 있을 때마다 여자의 잘못을 지적하는 것이 마치 남성의 특권인 양 말입니다. 때때로 사람들은 그리스도인들이 여성을 남성보다 열등하게 본다고 비난하기도 하고, 그렇게 된 데에는 사도 바울과 예수님에게 직접적인 책임이 있다고 아무 증거도 없이 단정 짓기도 합니다. 그러나 그런 말은 명예 훼손입니다. 그것은 전적으로 잘못된 생각입니다. 사실은 정반대입니다. 예수님은 여성이 남성보다 열등하다는 것을 당연하게 여기는 이교도 문화가 있는 세상에 오셨습니다. 심지어 유대인 문화에서도, 유대인 어머니들은 그들의 모성으로 인해 존경을 받고 가정에서 책임 있는 사람이었지만, 여성은 남성과 동등한 존재로 간주되지 않았습니다. 젊은 유대인 남성들이 배우는 기도가 있는데, 그들은 그 기도에서 자기들이 이교도나 노예나 여성으로 태어나지 않은 것을 하나님께 감사드렸습니다. 문제가 있는 기도입니다. 그러나 예수님은 남성을 환대하셨던 것과 마찬가지로 여성을 동등한 제자로 환영하십니다. 예수님에게는 남성 친구들뿐만 아니라 여성 친구들도 있었습니다. 그분은 남성과 여성을 전혀 차별하지 않으셨고, 이러한 자세로 세계 역사에서 여성을 위한 새 시대를 여셨습니다. 예수님과 그 뒤를 이어 이러한 태도를 적용한 바울은 이전의 그 누가 했던 것보다도 더 여성의 가치를 높이고자 노력했으며, 공동체 안에서 여성의 지위를 격상시키셨습니다. 예수님이 마르다를 꾸짖으신 것이 여성을 격하시키고 싶어서라고 생각하면 안 됩니다. 전혀 그렇지 않습니다. 그분이 마르다를 꾸짖으신 이유는 마르다가 실제로 자기 자신을 너무 낮추었기 때문입니다. 예수님은 그녀를 그 당시보다 더 나은 제자로 만들기 원하셨습니다.

조금만 상상해 보면 무슨 일이 일어나고 있는지를 알 수 있습니다. 장소는 바로 마르다의 집입니다. 마르다의 집이라는 것은 마르다가 과부였을 가능성을 의미합니다. 왜냐하면 고대 팔레스타인의 일상적인 상황에서 여성은 재산을 소유할 수 없는데, 과부의 경우에는 소유할 수 있는 것이 관례였기 때문입니다. 마르다는 마리아라는 여동생과 함께 살고 있었고, 나사로라는 오라버니도 한집에서 살고 있었던 것으로 보입니다. 이날에, 마르다가 현관문을 두드리는 소리를 듣고 나가 보니 뜻밖의 손님들이 집 앞에서 기다리고 있었습니다. 예수님과 열두 제자들이었습니다. 뜻밖의 손님 열세 명이 문 앞에 있는 것을 발견한 마음씨 좋은 여주인은 어떻게 했습니까? 그녀는 이 일이 의외의 상황이라는 것을 드러내지 않고 차분하게 한숨 돌리고 나서 이렇게 말합니다. "어떻게 오셨어요? 이렇게 뵈니 너무 좋습니다. 들어오세요."

누가복음이 이야기를 전개하는 방식으로 볼 때, 마르다와 마리아가 이미 예수님을 알고 있었다는 것은 분명합니다. 대개는 하룻밤, 때로는 그 이상이라도 '환대'는 고대 사회에서 일반적으로 기대할 수 있는 덕목이었습니다. 베다니 마을에서 예수님과 제자들은 마르다의 집에 가면 환대받을 것을 알고 있었습니다. 통신 수단이 아주 잘 발달된 요즘이라면, 열세 명이나 되는 사람들이 그 집으로 가는 중이라는 사실을 최소한 전화로라도 연락하지 않은 채 집 앞에 와 있을 경우 그것은 무례한 일일 것입니다. 그렇지만 당시에는 전화도 없었고, 그들의 방문을 미리 알릴 수 있는 수단이 전혀 없었습니다. 그래서 집을 소유한 사람들은 불청객을 환대할 준비가 되어 있어야 했습니다. 그렇더라도 열세 명은 분명히 꽤 많은 숫자였을 겁니다.

그러나 마르다는 그 상황에 대처할 수 있었습니다. 그녀는 예수님과 제자들에게 들어오도록 권했습니다. 그들은 오래 걸었기에 지쳐 있었고, 모두 자리에 앉았습니다. 예수님은 휴식 시간을 가르치는 시간으로 활용하셨습니다. 그분은 제자들이 반원을 그리며 빙 둘러앉은 한가운데서 랍비처럼 의자에 앉으시고, 제자들은 아마도 모두 바닥에 앉았을 것이라고 상상해 볼 수 있습니다. 마리아는 발소리를 죽이고 살며시 들어와서 반원의 끝자리에 앉았습니다. 그녀는 듣고 배우기를 원했습니다. 그러다 예수님의 강의는 갑자기 중단되었습니다. 앉아 있는 사람들 뒤편에는, 마르다가 허리춤에 양손을 얹고 제자들을 노려보고 있었습니다. 그녀의 얼굴은 붉으락푸르락했습니다. 그녀는 대화를 중단시키고 귀에 거슬리는 날카로운 소리로 크게 말했습니다. "주여, 내 동생이 나 혼자 일하게 두는 것을 생각하지 아니하시나이까? 그를 명하사 나를 도와주라 하소서." 그녀는 불같이 노했습니다. 그녀는 한바탕 소란을 피웠습니다. 그녀는 자제하지 못했습니다. 이것은 여주인다운 행동이 아니었습니다. 그녀는 위신을 떨어뜨렸습니다. 예수님은 그녀에게 날카롭게 지적하셨습니다. 여러분도 동의하겠지만, 저는 그녀에게 예수님의 예리한 지적이 필요했다고 생각합니다.

마르다의 말을 주목해 보면, 그녀가 실제로 세 가지를 말하고 있다는 것을 알 수 있습니다. 첫째, 그녀는 주목받고 싶어 했습니다. **"주여, 내 동생이 나 혼자 일하게 두는 것을 생각하지 아니하십니까?** 저는 정말 많은 일을 하고 있습니다. 초대하지도 않은 손님 열세 명의 식사를 준비하고 있다고요. 알고 계시나요? 보시기나 했어요?" 이 말에는 분명히 교만과 자기 연민이 가득합니다. 마르다는 예수님의 칭찬과 동정을 원했으며, 그렇지 않고서는 저녁 식사 준비를 계속할 수 없었습니다.

더 중요한 것이 있습니다. 마르다는 **"그를 명하사 나를 도와주라 하소서"**라고 말합니다. 이 말에는 그녀의 두 번째 의도가 담겨 있습니다. 그녀는 여동생을 좌지우지하고 싶었습니다. 다르게 말하자면, 그녀는 마리아의 인생이 자기 뜻대로 되기를 원했습니다.

마리아는 마르다의 집에 살고 있었고, 따라서 마르다는 언제든지 마리아에게 부엌일을 도우라고 명령할 수 있기를 원했습니다. 여러분은 오늘날의 가정에도 때로 이런 일이 일어난다는 것을 알고 있습니다. 형이나 누나가 어린 동생들의 할 일을 정해 주고, 그들을 못살게 굴며, 그들의 인생을 통제하려고 합니다. 동생들에게는 견디기 힘든 경험일 수도 있습니다. 저는 이 경우 마리아에게도 힘든 순간이었으리라고 확신합니다. 마르다가 이런 말을 할 때, 고개를 떨군 마리아의 얼굴이 붉어지는 모습을 상상할 수 있습니까? 저는 충분히 상상할 수 있습니다.

그다음으로, 최악이라 할 수 있는 셋째 의도가 있습니다. 마르다는 동생인 마리아를 혼내고 압박하기 위해서 사실상 예수님을 조종하고 이용하려 했습니다. 그래서 그녀는 "그를 명하사 나를 도와주라 하소서"라고 말합니다. 마치 이렇게 말하는 것과 다름없습니다. "여기 있는 제 동생은 별나서요, 제가 조심스럽게 다가가서 어깨를 두드리며 '언니가 부엌일에 지쳤으니 와서 나 좀 도와줄래?'라고 속삭여 봤자 오지 않을 겁니다. 어림도 없죠! 그러니 예수님이 그 애한테 말해 주십시오." 마르다는 상황이 그렇게 된 데 대해 사실 예수님을 비난하고 있으며, 마리아가 제자들과 함께 있는 것에 대해서 예수님으로 하여금 미안한 마음을 갖게 하려고 했습니다. 그러면 예수님은 얼른 마리아에게 부엌으로 가라고 명령하실 거라고 생각했습니다. 나쁜 행동 아닙니까? 정말 그렇습니다. 그런데도 마르다는 화를 내고 있습니다. 얼굴이 빨개지도록 불같이 노할 때, 우리는 자기한테만 빠져서 자제력을 잃고, 온갖 험한 말들을 쏟아붓게 됩니다. 마르다가 그랬습니다. 그러므로 예수님이 마르다를 예리하게 책망하시는 것을 이상하게 생각하지 마십시오. 그분은 마르다를 진정시켜서 평정을 되찾게 하고 우선순위를 점검하도록 하셔야 했습니다. 예수님이 어떻게 이 일을 하시는지 잘 보십시오.

예수님의 반응

마르다의 말에서 드러난 첫째 의도는 그녀가 주목받고 싶어 한다는 것이었습니다. 그에 대한 예수님의 대답은 이렇게 시작됩니다. "마르다야, 마르다야, 네가 많은 일로 염려하고 근심하는구나"(41절). 다른 말로 하면 이렇습니다. "마르다야, 너는 주목받고 있단다. 나는 네가 하는 일을 알고 있고 고맙게 생각한단다. 그 점에 대해서는 조금도 의심하지 말아라." 저와 여러분은 우리 주 예수님이 항상 알고 계신다는 사실을 마음에 새겨야만 합니다. 예수님은 그분의 백성을 결코 잊지 않으십니다. 우리가 그분을 잊을 수는 있지만, 그분은 우리를 결코 잊지 않으십니다. 그분은 그렇게 멋진 분이십니다. "주님은 저에게 관심도 없으시죠?"라는 마르다의 질문을 보노라면 예수님이 풍랑 속에서 잠드셨을 때 제자들이 동일한 질문을 하며 주님을 깨우던 장면이 연상됩니다 (막 4:38). 이 두 가지 경우에, 예수님의 반응에 함축되어 있는 대답은 "아니다, 내가 너를 돌보고 있단다"라는 것입니다. 마르다는 부엌 저쪽에서 식사를 준비하거나 혹은 아마도 집안 어딘가에 열세 명의 잠자리를 마련하면서, 주 예수님이 자기의 노고를 알고 계신다고 강하게 확신했어야 합니다. 그렇지만 그녀는 자기 연민 때문에 확신을 잃었습니다. 주님은 그분이 그녀를 알고 관심을 갖고 계신다는 것을 마르다로 하여금 깨닫도록 하십니다.

마르다가 드러낸 둘째 의도는 마리아를 부엌으로 가게 하는 식으로 그녀의 인생을 통제하고 싶어 했다는 것입니다. 그에 대해 예수님은 이렇게 말씀하십니다. **"마리아는 이 좋은 편을 선택했으니 빼앗기지 아니하리라."** 바꿔 말하면 이런 말입니다. "마르다야! 마리아가 부엌에 없다고 화를 내는 것은 옳지 않은 태도란다. 마리아를 그곳으로 끌어들이려 해서는 안 되지. 너는 마리아가 여기에 앉아서 말씀을 듣고 배우려 하는 것을 기뻐해야 마땅하단다. 너는 그것을 동생에게 주는 선물이라고 생각해야 한다." 마찬가지로, 여러분과 저는 다른 사람이 성경을 상고해서 하나님에 대해 배울 기회를 마땅히 기뻐해 주어야 합니다(오늘날에도 예수님은 이런 방법으로 그의 백성을 가르치십니다). 사람들에게 그런 기회를 주는 것은 우리가 좀 더 노력할 만한 가치가 충분한 일입니다. 이것이 바로, 마르다에게 마리아가 인생의 최고 우선순위를 지키고 있다는 것을 깨닫게 해 주시면서 예수님이 염두에 두신 생각입니다.

앞에서 살펴본 것처럼, 마르다의 말에 나타난 셋째 의도는 여동생을 질책하는 수단으로 예수님을 조종하고 이용하려 하는 욕구입니다. 달리 말하면, 그녀는 예수님을 마리아를 혼내 주는 수단으로 생각했습니다. 그 점에 대해서, 예수님은 마르다에게 아주 확고하게 말씀하셨습니다. "마르다야, 그렇게 해서는 안 된다." 이 말은 다음과 같은 말씀에 명백하게 나타나 있습니다. "한 가지만이라도 족하니라. 마리아는 이 좋은 편을 택하였으니 빼앗기지 아니하리라. **나는 마리아를 부엌에 보내지 않겠다.**"

교대가 필요한 마르다와 마리아

예수님이 마르다를 책망하신 이유는 마르다가 배우는 무리에 들어가, 마리아 옆에 앉아서 마리아처럼 그분의 가르침을 받지 않았기 때문도 아닙니다. 여주인인 마르다가 배우는 무리에 끼었다면, 식사 준비는 전혀 되지 않았을 것입니다. 예수님은 마리아가 자기 발아래 앉아 배우고 있다는 사실을 인정하신 것처럼, 마르다가 부엌에서 식사를 준비하고 있다는 사실도 인정해 주셨습니다. 경건 훈련을 핑계로 상황에 따른 필요들을 무시해서는 안 됩니다. 물론 그 반대도 안 되지만 말입니다. 비록 두 사람이 다른 일을 하고 있었지만, 마리아와 마찬가지로 마르다도 그 상황에서 자신에게 가장 적절한 일을 하고 있었습니다. 우리 모두가 배워야 할 교훈은, 마르다와 마리아의 역할이 번갈아 이루어져야 한다는 것입니다. 식사 준비가 다 된 후에는 마르다도 마리아처럼 안으로 들어와 모임에 참석하면서 예수님께 배우고, 예수님과 좀 더 깊은 교제를 하는 것이 맞습니다. 그러나 접대에 필요한 것들이 다 갖추어질 때까지는, 마르다의 자리는 예수님을 맞은 여주인으로서 자기가 해야 할 일을 하는 무대 뒤쪽이었습니다.

마리아가 부엌일을 돕지 않은 것은 정당하고, 마르다가 식사를 준비한 일은 비난받을 일인 것으로 예수님의 말씀을 이해한 사람들도 있습니다. 그러나 저는 이 두 가지 해석은 다 옳지 않다고 생각합니다. 마리아는 하나님의 뜻과 그리스도의 원하심을 따라 그분의 제자로서, 때에 따라 가정에서 마르다를 적절히 돕도록 부르심을 받았습니다. 하지만 이 특별한 경우에는 아니었습니다. 한편 마르다는 여주인으로서 책무를 다한 후에는, 마리아와 함께 예수님의 말씀을 듣고 유익을 얻는 예수님의 제자가 되도록 부르심을 받았습니다. 그런데 예수님이 마르다를 책망하셔야 했던 이유는, 마리아와 예수님에 대한 그녀의 태도로 인해 그녀가 자기 자신을 너무 격하시켰다는 것입니다.

그러므로 우리는 마리아가 한 일 즉 하나님의 말씀을 읽는 데 시간을 드리고, 예배와 경배를 통해 예수님의 말씀을 듣고 배우기 위해 우리 인생에 여유 공간을 반드시 마련해야 한다는 것을 배워야 합니다. 그것은 우리 삶에서 가장 중요한 활동입니다. 또한 우리는 집안과 교회에서 필요로 하는 일들에 시시때때로 실제적인 도움을 주어야 한다는 것을 배워야 합니다. 경건 생활에 집중한다는 이유로, 이런 일에서 예외라고 생각하면 안 됩니다. 우리 중 어떤 이들은 제자도의 일부인 마르다의 측면에 대해 인색한가 하면, 또 어떤 사람들은 제자도의 일부인 마리아의 측면 즉 성경 읽기와 기도에 시간을 투자하는 것에 인색합니다. 이 두 가지 태도 모두 잘못된 것입니다. 우리의 주 되신 예수님은 우리 모두가 이보다 훨씬 더 좋은 제자가 되기를 기대하십니다.

나사로의 죽음

이제 마르다에 대한 또 다른 이야기를 살펴봅시다. 우리는 요한복음 11장에서 마르다와 마리아를 다시 만나게 됩니다. 이 이야기에 나오는 마르다는 우리가 방금 살펴보았던 이야기에서보다 훨씬 더 바람직한 인물로 등장합니다. 그리고 우리는 마르다가 놀라운 신앙 고백을 하는 것을 듣게 됩니다. 그럼에도 불구하고 우리는 관리인 기질을 가진 마르다가 구세주의 행동을 지시하려 하여, 실질적으로는 그가 오셔서 하시려고 했던 일을 방해할 뻔한 모습을 한 번 더 보게 됩니다. 이것은 경이롭고 믿기 어려운 이야기입니다. 여러분이 이 본문을 읽고 또 읽기를 권합니다.

이것은 죽은 나사로가 다시 살아난 이야기로서, 예수님이 행하신 가장 놀라운 기적들 중의 하나입니다. 이야기는 나사로가 심히 병들었다는 사실을 이야기하면서 시작됩니다. 나사로는 마리아와 마르다의 오라버니였는데, 이 여동생들은 예수님께 다음과 같은 말을 전합니다. "주여, 보시옵소서. 사랑하시는 자가 병들었나이다"(요 11:3). 이 말에는 눈에 띄는 구절이 있습니다. "사랑하시는 자"라는 표현입니다. 분명히 예수님과 이 남매들, 그러니까 나사로, 마르다, 마리아 간에는 친밀한 관계가 형성되어 있었습니다. 요한복음 11장의 사건은 누가복음 10장에 기록된 사건보다 약 2년 후에 발생했습니다. 예수님이 그 후로 때때로 베다니에 오셨으리라는 것은 의심할 여지가 없습니다. 그래서 이 삼남매와 예수님의 우정은 깊어졌습니다. 이런 상황에서 예수님은 자신이 매우 사랑하는 이가 병들어 죽어 가고 있다는 소식을 듣게 된 것입니다.

제자들은 예수님이 즉시 베다니로 가셔서 나사로를 고치실 것이라고 생각했습니다. 그러나 뜻밖에도 예수님은 며칠 동안이나 움직이지 않으셨습니다. 멀리 떨어진 곳에서 일어나는 일도 알 수 있는 그분의 신적인 능력으로 병든 친구 나사로가 죽었다는 사실을 알 때까지 말입니다. 나사로가 죽자, 드디어 그들은 베다니로 갔습니다. 제자들은 예수님이 그곳에 가셔서 무슨 일을 하실지 전혀 몰랐습니다. 그들은 뭔가 특별한 일을 기대하지도 않았고, 왜 예수님이 지체하셨는지도 이해할 수 없었습니다. 저는 도마가 한 말을 미루어 볼 때 그가 상당히 염세주의자였다고 봅니다. 항상 어두운 면만을 주시하던 도마는 다른 제자들에게 이렇게 말했습니다(요 11:16). "우리도 주(NIV에는 him, 즉 '그'라고 되어 있다—옮긴이)와 함께 죽으러 가자." 여기서 그는 예루살렘 근처에서 생명에 위협을 받으신 예수님일 수도 있지만(10:31-39; 11:8을 보십시오), 저는 그가 나사로라고 생각합니다. 그리고 도마의 말은 "이제 그가 죽었습니다. 이제 가서 마치 우리가 죽은 것처럼 그 슬픔을 나누며, 애통해합시다"라는 뜻입니다. 그렇듯 제자들은 그때에는 어떤 기적도 전혀 예상하지 못하고 있었습니다. 단지 예수님만이 자신이 하실 일을 알고 계셨습니다.

베다니 마을 현장

예수님은 예루살렘에서 3킬로미터가 채 되지 않는 곳에 있는 베다니 마을 가까이 오셨습니다. 두 자매와 그 오라버니가 살던 집에서 그리 멀지 않은 곳이었습니다. 우리는 요한복음 11:20에서 "마르다는 예수께서 오신다는 말을 듣고 곧 나가 맞이하되"(누군가가 그 집에 먼저 달려가서 예수님이 오시는 중이라고 말했을 것입니다)라는 구절을 읽게 됩니다. 그녀는 예수님을 만나자 이렇게 말합니다. "주께서 여기 계셨더라면 내 오라버니가 죽지 아니하였겠나이다." 마르다는 예수님이 진작 오셨다면, 예수님의 치유하시는 기적을 보았을 것이라는 확신을 가지고 있었습니다. 그리고 나서 그녀는 이런 말을 했습니다. "그러나 나는 이제라도 주께서 무엇이든지 하나님께 구하시는 것을 하나님이 주실 줄을 아나이다." 이 말은 우회적이고 간접적인 방식으로 사람을 시험해 보는 말입니다. "분명 이제라도 주님이 하실 수 있는 일이 있습니다. 당신은 당신의 아버지께 죽은 자를 일으킬 능력을 달라고 구하실 수 있지요? 분명히 그러실 수 있지요? 그렇죠?" 그렇지만 그녀는 확신을 갖지 못했습니다. 그녀는 "나는 알고 있습니다"라고 말했지만, 그것은 믿음의 고백이라기보다는 존중하는 표현일 뿐입니다. 실제로는 그녀는 알지 못했습니다. 그리고 그녀는 예수님이 나사로를 일으키실 거라는 자기의 환상을 진지하게 여기지 않았습니다(그때까지만 해도 그 일은 그저 환상에 불과했던 겁니다). 그녀는 예수님이 그녀에게 다른 일을 말씀하실 때에 그 의도를 알아채지 못했습니다.

마르다의 고백

마르다가 예수님을 환대하고 확신하며 바라는 꿈을 표현하는 말 속에는 그녀의 비통한 마음이 스며 있습니다. 그런 그녀에게 대답하시면서 예수님은 그녀가 무슨 생각을 하고 있는지 살피십니다. 그래서 예수님은 "네 오라비가 다시 살아나리라. 너는 그것을 아느냐?"라고 말씀하셨습니다. 마르다는 "마지막 날 부활 때에는 다시 살아날 줄을 내가 아나이다"(요 11:24)라고 대답했습니다(이 것은 사실 굳센 믿음이고 아주 칭찬받을 만한 고백이었습니다). 마르다는 장차 몸의 부활을 확실히 믿는 경건한 이스라엘 사람이었습니다. 당시 히브리인들은 미래의 부활이라는 주제에 관해 두 부류로 나뉘어 있었습니다. 바리새인들은 부활을 믿었고, 사두개인들은 믿지 않았습니다. 물론 예수님은 때때로 미래의 부활에 대해서 가르치셨고, 마르다와 마리아, 나사로는 분명히 예수님의 가르침을 직접 들었을 것입니다. 그렇기에 마르다는 여기에서 주님께 배운 것을 확신을 가지고 표명하고 있습니다.

그때 예수님은 마르다가 전에는 예수님에게서 들어 보지 못한 것을 말씀하셨습니다. 그녀는 부활에 대해서 우리들 대부분처럼 훨씬 많은 것을 배울 필요가 있었고, 사실 예수님의 말씀을 통해 그것을 배운 것으로 보입니다. 예수님은 그녀에게 "나는 부활이요 생명이니 나를 믿는 자는 죽어도[나사로가 이미 죽었듯이] 살겠고, 무릇 살아서 나를 믿는 자는 영원히 죽지 아니하리니 이것을 네가 믿느냐?"(요 11:25-26)고 말씀하셨습니다.

그것이 바로 예수님이 마르다에게 하신 질문입니다. 그녀는 "주여, 그러하외다"라고 대답했습니다. 그리고 이어서 위대한 고백이 나옵니다. 정확하고 진실하며 우리 모두에게 본보기가 되는 고백입니다. "주는 그리스도시요, 세상에 오시는 하나님의 아들이신 줄 내가 믿나이다." 마치 이렇게 말하는 것과 같습니다. "당신은 하나님이 보내신 구세주이십니다. 우리의 왕이요 우리의 소망이십니다. 당신은 하나님이 우리에게 생명을 주시기 위해서 보내신 분입니다. 그리고 당신은 인간 이상이십니다. 어떤 면에서 저는 당신을 하나님이라고 느끼고 또 그렇게 알고 있습니다." 이것은 마르다의 마음속에 있는 진정한 믿음입니다. 우리도 마르다처럼 그러한 말로 고백할 수 있고, 예수님과 동행하기를 배웠다면, 우리 안에도 그런 진정한 믿음이 있을 것입니다. 이제 그녀는 예수님께로부터 배워야 할 것을 배웠습니다. 우리는 그녀가 거의 마리아와 같은 신앙을 가졌다고 말할 수 있습니다. 마르다와 마리아는 우리와 마찬가지로 헌신된 제자로서 살아갈 소명을 받았습니다. 마르다는 소명을 받은 대로 헌신적인 제자도의 필수 요소를 완성해 가고 있었습니다. 그녀는 예수님의 말씀을 듣고, 예수님을 믿습니다. 예수님은 "나는 부활이요 생명이다"라고 말씀하십니다. 마르다는 "예, 주님, 제가 그것을 믿습니다. 당신은 하나님이 보내신 구세주입니다. 그리고 이 땅에서 당신을 믿는 사람들은 현세와 내세에서 모두 당신과의 교제를 언제나 누릴 것을 믿습니다. 그러한 사람은 영생—끝이 없는 완전한 생명—에 들어갈 줄을 내가 알고 있습니다"라고 대답합니다. 그것은 마르다의 입장에서는 위대한 고백입니다. 그녀가 예수님을 신뢰했던 방식대로, 우리도 예수님을 신뢰하는 법을 배워야 합니다.

마르다의 믿음은 예수님이 그녀의 마음을 탐색하며 가르치신 결과입니다. 예수님이 그녀에게서 이끌어 내신 고백은 그녀가 위대한 신자임을 드러냅니다. 이제 그녀는 집으로 돌아가서 마리아에게 예수님이 그녀도 만나기를 원하신다는 것을 말해 줍니다. 마리아가 도착하고 그들은 모두 무덤으로 갑니다. 마리아는 울면서 마르다가 예수님께 말했던 것과 똑같이 말합니다. "주께서 여기 계셨더라면, 내 오라버니가 죽지 아니하였겠나이다"(요 11:32).

하지만 그 이상의 말은 할 수가 없었습니다. 마르다가 아직까지도 정말 모르고 있는 것처럼, 마리아도 예수님이 죽은 자를 살리실 줄은 미처 몰랐습니다. 마리아의 눈물을 보시자 예수님은, 하나님이 지으신 선한 세계를 사망이 황폐화시키는 모습에 분개하시며 큰 소리로 절규하셨습니다. 그리고 무덤으로 데려다 달라고 하셨습니다(요 11:33-34). 그렇게 해서 그들은 무덤에 갔고, 그 집에서 두 여인과 함께 애곡하던 사람들 중 일부도 함께 무덤에 갔습니다. 그들은 모두 울고 있었고, 예수님은 불쌍히 여기시면서 그들과 함께 우셨습니다(35절). 함께 있던 이들 중 어떤 사람은 "맹인의 눈을 뜨게 한 이 사람이 그 사람은 죽지 않게 할 수 없었더냐?"(37절)고 말하기도 했습니다. 그들은 모두 정도의 차이는 있지만 분명히 예수님이 병자를 기적적으로 고치신다는 사실을 알고 있었습니다. 그들은 모두 그분이 죽은 자를 살릴 수도 있을 것이라는 바람을 남몰래 가지고 있었습니다. 그렇지만 어느 누구도 그런 바람에 필적할 만큼 확신 있게, 예수님이 죽은 자를 살리실 수 있다는 것을 알지는 못했습니다. 그렇지만 정말로 그 사실을 알게 될 때가 점점 가까워지고 있었습니다.

마르다가 또다시 방해하다

그들이 바위 무덤에 이르렀을 때에, 예수님은 "돌을 옮겨 놓으라"고 말씀하셨습니다. 그 돌은 무덤 입구를 가로막고 있는 매우 크고 둥근 바윗돌입니다. 마르다는 예수님이 왜 그렇게 말씀하시는지를 이해하지 못했습니다. 그녀는 예수님이 시신을 보려 한다고 생각했습니다. 이미 죽은 친구를 예수님이 마지막으로 보고 싶어 하신다고 생각한 그녀를 우리는 이해할 수 있습니다. 그러나 안주인 기질을 가진 마르다는 자기가 관리 책임자로서 최종적으로 다시 나서며, 안 된다고 말합니다. 그녀는 돌을 옮기라는 예수님의 말씀에 맞서 다시 한번 주님의 할 일을 지정해 주려 하고 있습니다. 그녀는 분명 무덤에서 냄새가 날 것이라고 생각했습니다. 그 순간 마르다는 다른 어떤 것보다도 예수님이 시체의 악취를 맡지 못하게 하는 일이 가장 중요하다고 생각한 듯합니다. 그녀는 자기가 예수님을 존경한다면, 위대하신 그분이 마땅히 해야 할 일을 알려 드려야 한다고 생각했습니다. 그리하여 주님의 뜻을 받아들이기보다는 자기의 뜻을 주님께 강요함으로써 예수님이 자신의 목적을 이루시는 데 또 한 번 장애물이 되고 맙니다. 마르다는 말합니다. "주여, 죽은 지가 나흘이 되었으매 벌써 냄새가 나나이다." "시체가 부패했을 테니 무덤 문을 열지 마십시오"

라는 것입니다. 제가 앞에서 마르다가 예수님을 방해하는 거라고 말했을 때, 저는 이 말을 염두에 둔 것입니다.

마르다는 그 순간에도 예수님이 오라버니를 다시 살리실지 모른다는 자기의 꿈을 진지하게 여기지 못했습니다. 악취 때문에 무덤 앞에 돌을 그대로 두는 것이 최선이라고 생각했기 때문입니다. 물론 돌을 그대로 둔다면, 나사로가 걸어 나올 가능성은 전혀 없습니다. 바로 그 순간에 마르다의 믿음은 그 한계를 보이고 있었습니다. 마르다는 미처 깨닫지도 못한 채, 예수님이 하시려는 일을 방해하는 격이 되고 말았습니다. 이 일은 기적이 될 것입니다. 그것도 엄청나고 유명한 기적이 될 것입니다. 그것은 예수님이 자기가 누구인지를 증명하기 위해서 많은 증인들 앞에서 행하기로 결심하신 도전적인 기적입니다. 그것은 예수님이 부활이요 생명이라는 사실을 보여 줄 것입니다. 예수님은 마르다의 의사 방해를 거의 무시하셨습니다. 예수님은 "내 말이 네가 믿으면 하나님의 영광을 보리라 하지 아니하였느냐?"(요 11:40)고 되물으셨습니다. "하나님의 영광"이라는 말이 의미하는 것은, 하나님이 이런 방법 혹은 다른 방법으로 활동하셔서, 하나님의 권능과 위대함과 지혜와 자비와 위엄을 드러내신다는 것입니다. 그리고 그들은 모두 그 영광을 똑똑히 지켜보았습니다. 그들은 예수님의 명령대로 돌을 옮겨 놓았고 나사로는 살아서 걸어 나왔습니다.

예수님은 자신이 무슨 일을 하고 있는지 아셨습니다.

마르다는 그럴 의도는 없었지만, 결국 방해자가 되고 말았습니다. 문제는 자기가 나서서 책임지려 하고, 무엇이 최선이고 최선이 아닌지를 결정하려고 하는 본능이 그녀를 충동질하고 있다는 것입니다. 이것 때문에, 그녀는 예수님의 지혜와 권능에 자신을 복종시키는 진실한 믿음을 가지지 못했습니다. 여러분과 제가 마르다에게서 배울 것이 있습니다. 주님을 신뢰하는 것이 지혜입니다. 우리 주님 곧 우리 구원자는 그분이 우리 삶 속에서 무슨 일을 하고 계신지를 잘 아십니다. 주님이 역사하실 때, 우리는 주님을 조종하려 해서는 안 됩니다. 우리는 주님에 대한 의심을 반드시 극복해야 합니다. 제가 '불신'이라 말하는 이유는, 제 마음이나 여러분의 마음이나 그 깊은 내면에는 여전히 죄와 불신이 어슬렁거리고 있기 때문입니다. 그리고 때때로 그런 불신이라는 본능은 우리로 하여금 주님의 요구를 거부하게 할 것입니다. 과거 에덴동산에서 하나님의 말씀을 불신한 사건으로부터 우리가 원죄라고 부르는 것이 시작되었고, 그로 인해 장차 온갖 종류의 죄들에 대한 문이 열렸습니다. 우리는 하나님께 대항하는 끔찍한 몸짓이 불신이라는 것을 깨달아야 합니다. 그리고 우리 자신이 하나님의 말씀에 어떤 형태로든 불순종하고 있다는 것을 알았을 때에는 "안 돼"라고 말하는 것을 배워야만 합니다. 확신하건대, 마르다는 예수님이 돌을 치우려고 하시는 것을 막으려고 했던 자신이 얼마나 어리석고 믿음이 없었는지를 나중에 깨달았을 것입니다.

여러분이나 저 역시 소심함과 의심 때문에, 주님이 우리의 인생에서 그분의 방식을 사용하시는 것을 무조건 거부하고 뒤로 움츠러든 경험이 있을 것입니다. 그렇지만 우리는 그것이 열매 맺는 길이 아니라는 것을 경험적으로 알고 있습니다. 분명 우리는 그와 똑같은 방식으로 뒤로 물러서고 싶은 유혹을 더욱 강하게 받을 만한 상황에 직면할 것입니다. 우리는 마르다의 실례를 통해서, 우리 손이 그리스도의 손에 붙잡혀 있을 때에조차 불신을 행하는 외고집이 어떤 것인지를 알게 됩니다. 또한 우리의 구원자이며 주인이신 그분은 이 세상을 통과해서 영광스러운 본향으로 우리를 인도하시리라는 것도 알게 됩니다.

예수님을 존경하는 마르다

그러나 마르다의 인생에서 주목해야 할 사건이 하나 더 있습니다. 우리는 예수님을 조종하는 마르다(혹은 그러려고 하는 마르다)를 살펴보았습니다. 마르다 자신도 무엇을 하고 있는지 온전히 깨닫지 못한 채 예수님을 방해했던 것도 살펴보았습니다. 이제 마지막으로 살펴볼 것은 헌신적인 제자 마르다에 관한 것입니다. 진실로 예수님을 존경하는 마르다입니다. 그녀는 예수님을 존경하고 예수님은 그 존경을 받으셨습니다. 그렇게 함으로써 그분은 마르다를 존중해 주셨습니다. 그것은 마치 예수님이 "마르다야, 네가 일을 제대로 했구나. 아주 잘했다"고 말씀하시는 것과 같습니다. 요한복음 12장의 초반부에 있는 이 이야기는 나사로의 부활 사건에 이어 있었던 일입니다. 본문을 읽어 봅시다.

> 유월절 엿새 전에 예수께서 베다니에 이르시니 이곳은 예수께서 죽은 자 가운데서 살리신 나사로가 있는 곳이라. 거기서 예수를 위하여 잔치할새 마르다는 일을 하고 나사로는 예수와 함께 앉은 자 중에 있더라. 마리아는 지극히 비싼 향유 곧 순전한 나드 한 근을 가져다가 예수의 발에 붓고 자기 머리털로 그의 발을 닦으니 향유 냄새가 집에 가득하더라. (요 12:1-3)

우리는 여기서 두 가지 사실을 보게 됩니다. 하나는 마르다가 자기 집에서 식사 준비를 하고 있는 것입니다. 그녀는 여전히 안주인입니다. 그리고 예수님께 경의를 표하는 이 잔치에서 저녁 식사를 담당하고 있었습니다. 따라서 그녀는 자신이 그 무엇보다도 가장 하고 싶은 일 즉 식사 대접을 통해 주님을 높이고 있습니다. 또 하나는 마리아가 그토록 깊이 사랑하는 주님께 대한 경의를 표현하기 위해 사치스러운 행동을 할 때에도, 마르다는 한마디 말도 하지 않았다는 것입니다. 마르다는 마리아가 자신의 방식으로 예수님께 경배할 권리를 가지고 있다는 것을 인정했습니다. 그리고 자기가 마리아에게 "얘, 너 그렇게 하면 안 돼!"라고 말하면서 제지해서는 안 된다는 것도 인정했습니다. 사실 유다는 이렇게 말했습니다. "정말 어리석구나! 이 향유를 팔면 상당한 돈을 얻을 수 있는데 그걸 다 쏟아 버리다니. 이건 낭비야"(요 12:4-6을 보십시오). 하지만 그건 유다의 생각일 뿐이었습니다. 마리아는 예수님을 사랑하기 때문에 그렇게 했는데, 유다는 그 점을 알지 못했습니다. 앞에서 말씀드렸듯이, 마르다는 아무 비평도 하지 않았습니다. 그녀는 이해했습니다. 마르다는 다른 사람의 헌신을 부정적으로 보아서는 안 된다는 것을 배웠습니다. 마르다는 자기가 주님을 위한 저녁 잔치를 준비함으로써 그분을 경배하고 있듯이, 마리아도 자기 방식대로 마음껏 주님을 경배하도록 두었습니다. 여기에서 볼 수 있는 것은 바로 예수님을 존경하는 마르다의 모습입니다. 그녀는 우리가 처음에 그녀를 보았을 때보다 훨씬 더 좋은 제자, 더 지혜로운 제자가 되었습니다.

예전처럼, 식사를 준비하고 시중을 드는 것은 '무대 뒤의 사역'입니다. 마르다는 저녁 식사를 준비하면서 부엌에서 시간을 보냈습니다. 그렇지만 이번에는 화를 내지 않았습니다. 그녀는 자기가 당연히 해야 할 일이 무엇인지 알고 있었기에 그 일을 했을 뿐입니다. 그리고 예수님은 마르다가 예전에 자신을 격하했던 사건에서도 그랬듯이, 이 경우에도 그녀의 사역을 똑같이 귀하게 여기셨습니다.

예수님과 함께한 마르다의 경험을 통해서, 우리는 예수님이 우리 모두의 '무대 뒤의 사역'을 가치 있게 여기신다는 것을 배울 수 있습니다. 비록 알아주는 사람이 거의 없고 단 한 명도 우리에게 감사하다고 말하지 않을지라도 말입니다. 때로는 우리가 다른 사람들을 섬기느라 상당히 많은 것들을 투자하고 있는데도, 아무도 관심 있게 보는 것 같지 않아 인내심을 잃을 수도 있습니다. 그런 기분을 다루는 적절한 방법은 "그러나 예수님은 나의 수고를 아시며 관심을 갖고 계신다"고 말하는 것입니다. 실제로 예수님은 알고 계시며 관심을 가지고 계십니다. 마르다가 이 잔치에서 그랬던 것처럼, 우리도 주를 위해 다른 이들을 섬길 때 비로소 진실로 예수님을 섬기게 됩니다.

우리 중 일부는 마르다처럼 이 세상에서 누구 못지않은 선의를 가지고도, 그녀가 천성적으로 그랬듯이, 남을 지배하고 압박하는 사람이 되기가 매우 쉽다는 것을 알고 있습니다. 그래서 우리가 최고라고 생각하는 것은 역시 하나님도 원하시는 것이라는 결론으로 비약해서, 우리의 뜻과 하나님의 뜻을 구분하지 못하기 쉽습니다. 이처럼 미처 인식하지 못한 자기중심적인 태도와 자만심은 제자도를 손상시킬 뿐만 아니라, 때때로 우리를 가족과 친구에게 부담이 되는 존재로 만듭니다. 그렇지만 우리가 살펴본 것처럼, 예수님은 마르다로 하여금 그것을 극복하게 하셨습니다. 이 사실을 통해 우리는 예수님이 우리에게도 그렇게 하실 수 있으며, 또한 그렇게 하실 것이라는 소망을 가지게 됩니다. 주님의 이름을 찬양합시다!

∼∼∼

오, 우리 주 하나님! 주께서 여종 마르다의 내면에 있던 고집을 극복하게 하신 것처럼, 우리도 그것을 극복하기 위해 독생자 예수 안에 있는 동일한 인내와 자비가 필요하다는 것을 고백하며 주님 앞에 엎드립니다. 우리 안에도 우리의 개인적인 생각이 다른 모든 사람에게 교훈과 우선순위가 되어야 한다고 생각하는 마르다 같은 습성이 있음을 깨달았습니다. 또한 우리 마음속에 다른 사람들을 복종시키고 조종해서 그들로 하여금 우리 방식대로 행동하게 만들려고 하는 마르다 같은 외고집이 있음을 고백합니다. 또한 우리는 주님마저도 우리의 뜻에 따르게 해서 주님의 뜻이 아니라 우리의 뜻을 이루려고 하는 마르다 같은 불경함이 있음을 깨달았습니다. 우리의 마음속에는 더 많은 자기 인식과 더 많은 자기 불신, 더 많은 겸손이 필요합니다. 우리에게는 행동할 때 더욱더 당신의 지혜에 의지하는 자세가 필요합니다. 이제 간구하오니, 이 모든 유익한 것들을 우리에게 선물로 주옵소서! 우리 주 예수 그리스도의 이름으로 기도드립니다. 아멘.

연구를 위한 질문

1. 지금까지 만났던 사람들 중 당신이 가장 좋아하는 '마르다 같은 사람'은 누구입니까? 그 사람에게 고마움을 느끼는 이유는 무엇입니까?
2. "예수님을 조종하려는 마르다"라는 소제목이 붙은 부분을 다시 읽어 보십시오(pp. 161-168). 마르다가 한 세 가지 불평은 그가 제자로서 성장하기 위해 필요한 부분에 대해 무엇을 알려 줍니까?
3. 예수님은 마르다를 더 좋은 제자로 만드시기 위해 이런 불평들을 어떻게 사용하십니까?
4. 요한복음 11:1-44을 읽으십시오. 이 이야기에서 마음에 남는 장면은 무엇입니까?

5. 5절과 6절을 보십시오. "예수께서는 마르다와 그의 자매와 나사로를 사랑하셨다. 그런데 예수께서는 나사로가 앓는다는 말을 들으시고도, 계시던 그곳에 이틀이나 더 머무르셨다"(새번역). 예수님이 이렇게 행동하신 이유가 무엇이라고 생각합니까?

6. 17-27절을 주목해 보십시오. 마르다는 27절에서 믿음의 고백을 하기까지 어떤 단계를 거쳤습니까?

7. 25-26절에 나오는 예수님의 말씀을 천천히 주의 깊게 읽어 보십시오. 어떤 상황에서 이 말들이 당신에게 소망을 가져다 줄 수 있겠습니까?

8. 요한복음 12:1-3을 읽으십시오. 이 본문에서는 예수님을 따르는 것에 관한 어떤 표현들이 나타납니까?

이 구절들에서 마르다, 나사로, 마리아가 각각 예수님에 대한 자신의 헌신을 표현하는 방식을 살펴보십시오. 이 중에서 어떤 것이 당신의 표현 방법과 가장 비슷합니까? 어떤 점에서 그러합니까?

9. "교대가 필요한 마리아와 마르다"라는 소제목이 붙은 부분을 읽어 보십시오(pp. 170-172). 당신은 예수님의 제자로서 당신의 모습이 마르다와 마리아 중 누구와 더 비슷하다고 생각합니까? 왜 그런지 설명해 보십시오.

10. '우리 모두가…마르다와 마리아의 역할을 번갈아 맡아야 합니다.' 당신이 약한 부분에서 더 좋은 제자로 성장하기 위해 할 수 있는 일은 무엇입니까?

기도

1. 하나님을 섬기는 당신의 행동 유형에 드러나는 마르다와 마리아의 모습을 하나님께 고백하십시오. 주님이 당신의 마음을 살피셔서, 온전한 제자도를 따르기 위해 자신을 잘 점검할 수 있게 해 달라고 간구하십시오. 그리고 당신의 약점들을 주님께 맡기십시오. 그렇게 약한 부분에서 당신을 강하게 해 달라고 하나님께 기도하십시오. 그러고 나서 사역에 임하십시오.

2. 하나님 앞에서, 당신이 다른 사람을 섬기는 행동에서 구체적인 동기를 살펴보십시오. 정말로 당신은 인정받고 보상받기를 원하고 있습니까? 당신은 사람들이 당신의 노고를 알아주지 않을 때, 마르다처럼 좌절합니까? (아니면, 다른 사람들의 수고에 감사하지 못하고 있습니까?) 하나님이 당신의 동기들을 순수하게 만들어 주시기를 기도하십시오. 다른 사람들이 별다른 반응을 하지 않더라도, 주님이 당신을 보시며 관심을

갖고 계신다는 것을 인정하십시오.
3. 다른 사람들이 별로 인정할 것 같지 않은 특별한 임무에는 무엇이 있을지 생각해 보십시오. 마치 하나님을 섬기듯이, 그 일을 영적인 훈련으로 생각하고 최선을 다해서 실행해 보십시오.
4. 요한복음 11:25-27에 있는 그리스도의 선언과 마르다의 고백을 각각 묵상해 보십시오. 이 주제에 대해서 기도할 때 이 구절들을 사용해 보십시오.

기록과 적용

요한복음 11장은 인간의 죽음을 생생하게 묘사하고 있습니다. 죽음에 대한 당신의 생각을 적어 보십시오. 당신이 사랑하는 사람의 죽음을 자세히 말해 볼 수도 있습니다. 또는 언젠가는 다가올 죽음의 공포에 대해서 말해 보십시오. 이미 겪은 죽음의 사건과 앞으로 겪게 될 죽음의 사건에 대해 마음속에 느껴지는 것을 말로 표현해 보십시오. 슬픔과 두려움을 직면하고 정직해지십시오. 그뿐만 아니라, 그런 사건이 일어나는 동안 경험한 하나님의 임재와 위로에 대해 적어 보십시오.

일기 마지막 부분에 요한복음 11:25에 있는 예수님의 말씀을 옮겨 적으십시오. 그리고 나서 26절에 있는 그분의 질문에 대한 대답을 적어 보십시오.

6. 믿음이 흔들릴 때의 소망

도마
요한복음 20:19-31

도마는 "내가 그의 손의 못 자국을 보며 내 손가락을 그 못 자국에 넣으며 내 손을 그 옆구리에 넣어 보지 않고서는 믿지 아니하겠노라"(요 20:25)고 말하였습니다. 무엇을 못 믿겠다는 말입니까? (그는 원래의 열두 제자들 중 열 명에게 말하고 있습니다.) "자네들이 내게 말한 대로 주님을 보았다는 것을 믿으라고?" 도마가 믿기에는 너무나 터무니없는 방식이었습니다. 여러분은 그렇게 생각하지 않으십니까? 어떤 일들이 일어나고 있었습니까? 이제 자세히 살펴봅시다.

이때는 말 그대로 세상이 뒤집어진 그날 저녁이었습니다. 그날은 우리의 죄를 위해 희생 제물로 죽으셨던 예수님이 죽음에서 부활하셔서 다시 사신 몸을 보여 주시고, 상당 기간 다시 이 세상에 계시게 된 날이었습니다. 그날은 제자들에게 가장 중대한 저녁이었을 것입니다. 그들은 문을 닫고 모여 있었습니다. 문을 잠근 이유는 유대인들이 두려웠기 때문입니다. 유대인 지도자들은 얼마 전에 그들의 주님을 죽였고, 제자들은 바로 그 사람들이 이제는 자기들까지 쫓고 있을 거라 생각하고는 두려워서 문을 잠가 두고 있었습니다. 이 사실을 통해 그들이 얼마나 겁을 먹고 있는지 감지할 수 있으며, 그들은 고개를 푹 숙이고 남의 이목을 피하는 것 외에는 장래에 대해 아무 희망도 없는 사람들임을 알 수 있습니다. 그들은 예수님이 죽은 자 가운데서 부활하셨고, 그들을 새로운 삶으로 인도하셨다는 기쁜 소식을 알게 되리라고는 전혀 생각하지 못했습니다.

정말 그랬습니다! 무덤은 그날 이른 새벽에 빈 채로 발견되었고, 그것을 발견한 이들은 여자들이었습니다. 그 당시 1세기의 유대인 남자들은 대개 여자들이 말하는 것을 아주 진지하게 받아들이지 않았습니다. 그래서 베드로와 요한이 가서 정말로 무덤이 비었다는 사실을 확인했음에도 불구하고, 또 막달라 마리아가 그들에게 달려와서 "제가 주님을 보았습니다. 정말로 보았습니다. 동산지기라고 생각했지만, 그분이 제게 말씀하셨기 때문에 주님이신 줄 알았습니다"라고 보고했음에도 불구하고, 그들은 그 사실을 확신하지 못했습니다. 따라서 그들은 서로 위로하려고 애쓰면서 그 시간에 문을 닫고 모여 있었던 것입니다. 그들은 잔뜩 겁먹은 불쌍한 사람들이었습니다.

닫힌 문을 통해 들어온 기쁨

그 후, 닫힌 문을 통해서(그들은 어떻게 된 일인지 전혀 몰랐습니다) 다시 사신 예수님이 부활의 몸으로 들어오셨습니다. 부활하신 예수님은 나타나셨다 사라지시고 또 다른 장소에 나타나곤 하셨습니다. 많은 기사들이 부활하신 주님의 이 같은 행동을 증거하고 있습니다. 이 사건은 그중 하나입니다. 홀연히 예수님이 제자들 한가운데 서 계셨습니다.

그분은 "너희에게 평강이 있을지어다"라는 말로 말문을 여셨습니다. 이 인사는 우리가 길을 가다 만난 사람에게 손을 흔들며 "안녕!"이라고 말하는 것처럼, 당시에는 아주 흔한 인사말이었습니다. 하지만 "너희에게 평강이 있을지어다"라고 말씀하신 이 경우에, 예수님은 많은 의미를 담아 말씀하셨을 것입니다. 제 생각엔, 이 말씀을 천천히 하심으로써 제자들이 그 말의 의미에 대해 곰곰이 생각하게 하셨을 겁니다.

평화[히브리어로는 '샬롬'(*Shalom*), 헬라어로는 '에이레네'(*Eirene*)]는 신구약성경 모두에서 중요한 성경 단어들 중 하나입니다. 이 단어는 항상 총체적인 안녕과 행복을 함축하고 있는 데 비해, 영어의 **평화**(peace)라는 말은 그 의미를 온전히 다 표현해 주지는 못합니다. 우선, 평화는 하나님과의 평화를 의미합니다. 우리 죄는 사함받았고, 죄책은 사라졌으며, 우리 인격을 하나님이 받아들이셨다는 것을 말합니다. 그것은 또한 여러분 자신과의 평화를 의미합니다. 만약 하나님이 여러분이 저지른 섬뜩한 일들을 용서하셨다면, 여러분도 자신을 용서하기 시작하는 게 좋을 것입니다. 여러분은 하나님과 평화로운 관계에 있기 때문에, 이제는 여러분 자신과도 평화롭게 지내는 법을 반드시 배워야 합니다. 그것은 또한 여러분이 처한 상황과의 평화를 의미하기도 합니다. 만약 모든 상황을 다스리시는 주 하나님이 여러분과 평화를 누리고 계신다면, 로마서 8:28에서 하나님이 하시는 일을 분명하게 선언하는 것처럼, 지금부터 여러분은 그 하나님이 여러분의 유익을 위하여 상황을 규제하고 다스리신다는 것을 확신할 수 있습니다. 그래서 만사가 힘들다고 느껴질지라도, 모든 것이 여러분의 유익을 위해 존재한다는 것을 알고 있기 때문에, 여러분은 모든 일에 평화로울 수 있으며, 어떤 상황에서든지 평화를 누릴 수 있습니다.

예수님은 "너희에게 평강이 있을지어다"라고 말씀하셨습니다. 즉 "하나님과 화평하라. 너 자신과 화평하라. 네가 처한 상황에서 평화를 누리라. 내가 너희에게 평화를 주노라"고 말씀하신 것입니다. 그리고 우리가 알고 있듯이, 예수님은 이렇게 말씀하시면서 그분의 양손과 옆구리를 제자들에게 보여 주셨습니다. 자신이 누구인지 보여 주시기 위해서 그렇게 하신 것이 아닙니다. 제자들은 그분이 누구인지 이미 알고 있었습니다. 예수님은 이렇게 함으로써 제자들이 주님의 상처들과 양손의 못 자국과 창에 찔린 옆구리의 상처를 보게 하셨고, 예수님이 지금 그들에게 가져다준 바로 그 평화를 이루기 위해 십자가에서 어떻게 고난받으셨는지를 깨닫게 하셨습니다.

제자들은 그들 가운데 계신 주님을 보고는 기쁨에 넘쳤습니다. 그러나 예수님은 "너희에게 평강이 있을지어다"라는 인사만 되풀이하셨습니다. 예수님이 그 인사말을 반복하셨다는 사실은 그것이 단순한 인사말에 그치지 않았다는 것을 보여 줍니다. 일상생활에서와 마찬가지로, 성경에서의 반복 표현은 중요한 의미를 강조하고 역설할 때 사용됩니다. 예수님이 제자들에게 "너희에게 평강이 있을지어다"라고 말씀하셨을 때, 예수님의 가장 중요한 목적은 제자들이 그 말의 참뜻을 제대로 이해하는 것이었습니다.

새로운 일

그 후 예수님은 제자들에게 임무를 맡기셨습니다. 제자들은 그 순간부터 이 세상에서 그리스도의 대리자와 사자(使者)가 되었습니다. 그는 "아버지께서 나를 보내신 것같이 나도 너희를 보내노라"고 말씀하셨습니다(요 20:21). 이 말의 의미는 다음과 같습니다. "내 아버지가 하나님 나라를 소개하고 전하도록 나를 보내셨다. 나에 관한 복음의 핵심은 하나님 나라이며, 이것을 전하게 하려고 나도 너희를 보낸다. 나는 하나님 나라의 왕으로서 너희에게 사명을 부여한다. 나는 화평하게 하기 위해 죽었으며 평화를 가져오기 위해 부활했고, 지금 이 순간에 너희와 함께 있으며 너희 마음속에 평강을 준다. 내가 하나님 나라를 전파할 때에 아버지께서 나와 함께하셨던 것처럼, 너희들이 하나님 나라를 전파할 때에 나도 너희와 함께할 것이다. 그리고 나는 어디서든 내게 돌아오는 자들에게로 다가가서 그들과 항상 함께 있을 것이다. 하나님 나라에 대한 너희들의 메시지는 나에 대해 초점을 맞추어야 하며, 사람들을 내게로 인도하고, 그래서 그들의 인생을 변화시키는 메시지여야 한다."

그다음에 예수님은 기이한 행동을 하셨습니다. 그분은 제자들에게 숨을 내쉬셨습니다. 마치 여러분이 생일 케이크의 촛불을 끄듯이, 제자들에게 숨을 내쉬셨습니다. 그것은 무언가를 의미하는 몸짓이었습니다. 그것은 오순절에 일어날 일을 행동으로 보여 준 예언이었습니다. 그분은 "성령을 받으라"고 말씀하셨습니다. 이 말은 "너희는 곧 성령을 받게 될 것이다"라는 약속이었습니다.

그러고 나서 예수님은 다음과 같이 덧붙이십니다. "너희가 누구의 죄든지 사하면 사하여질 것이요, 누구의 죄든지 그대로 두면 그대로 있으리라"(요 20:23). 예수님이 이 말씀을 통해 의미하신 것은 자기 재량으로 죄를 용서할 수도 있고 그러지 않을 수도 있는 일종의 성직자적 특권 같은 것이 아닙니다. 그분이 말씀하시고자 한 것은 분별의 은사입니다. 그분은 말씀하시기를 "성령이 너희에게 오시면, 스스로 회개하고 죄에서 돌이켰다고 말하는 사람들 중 어떤 사람들이 진심이었는지 너희는 알게 될 것이다. 그리고 그때 너희들은, 십자가에서 내가 다 이루었기 때문에 그들이 정말로 죄 사함을 받았다는 것을 그들에게 확증할 자격을 갖게 될 것이다. 마찬가지로 자기들이 죄로부터 돌이켰다고 공언하며 그런 시늉을 하는 사람들이 충심이 아니라 단지 위선이라는 것도 너희들은 알게 될 것이다. 그리고 너희는 그들에게 충심으로 다음과 같이 말할 자격이 있게 될 것이다. '우리가 보니 당신들은 진심으로 회개하지 않았으며, 당신들의 죄는 아직 용서받지 못했습니다. 그 이유는 당신들이 아직도 진정한 신자가 아니기 때문입니다.'

이것이 의미하는 바는 차후 제자들의 실제 행동을 볼 때 분명해지는 것 같습니다. 우리는 그들이 오순절 직후부터 죄 사함을 선포하는 것을 보게 됩니다. 오순절에 베드로는 청중에게 반드시 죄를 회개하고 예수의 이름으로 세례를 받으라고, 즉 예수를 메시아로 인정하라고 말했습니다(일찍이 세례 요한의 세례에서도 그랬던 것처럼, 대중 앞에서 죄를 고백하고 회개를 선언해야 합니다). 세례는 부활하신 주님에 대한 그들의 개인적인 헌신을 선언하는 것입니다. 이렇게 할 때에, 베드로가 보장했듯이 죄를 용서받고 성령을 받게 됩니다(행 2:38). 후에 베드로는 마술사 시몬에게 다음과 같이 말합니다. (여기서는 KJV의 과장된 표현을 인용하겠습니다.) "내가 보니 너는 여전히 악독이 가득하며 불의에 속박되어 있도다." NIV에는 "내가 보니…불의에 매인 바 되었도다"라고 되어 있습니다(행 8:23). 이 구절에서 베드로가 말하고자 하는 것은 다음과 같습니다. "내가 말할 수 있는 것은, 네가 진정으로 죄를 회개하지 않았고, 진정으로 그리스도를 믿지 않으며, 진정으로 거듭나지 못했다는 것이다." 약속된 죄의 용서와 여전히 죄를 지니고 있는 것은 분별력을 가지고 선포해야 할 문제입니다.

도마가 놓친 것

이 모든 일은 도마가 없을 때 발생했습니다. 열 명의 제자들에게 그 사건은 일생에서 가장 중대한 일이라는 것을 알 수 있습니다.

그들은 깊은 절망과 두려움에 빠져 소망이 없었습니다. 예수님은 오셔서 그들의 어둠에 빛을 가져왔고, 다시 시작할 수 있도록 그들을 세워 주시고, 그들에게 사명을 위임하시며, 미래를 주시고, 임무를 주셨으며, 성령이라는 선물을 통해 그 임무를 가능하게 하실 것이라고 확실하게 약속하셨습니다. 아주 확실하게 말입니다. 그 후 도마가 나타났을 때, 제자들은 말할 것도 없이 떠들썩하며 흥분했을 것입니다. 도마가 오자 그들은 도마에게 사건의 전말을 말해 주었습니다. "우리가 주님을 만났다!"고 그들은 외쳤습니다(요 20:25). 그러나 도마는 팔짱을 낀 채 냉담하게 반응했습니다. 그는 그 말을 간단히 무시해 버리고 고개를 저으며 이렇게 말했습니다. "내가 그의 손의 못 자국을 보며, 내 손가락을 그 못 자국에 넣으며 내 손을 그 옆구리에 넣어 보지 않고는 믿지 아니하겠노라." 도마는 무슨 생각으로 이렇게 반응했을까요?

분명히 그의 불신앙은 자업자득으로 되돌아왔습니다. 동료 열 명은 예수님이 살아나셨다는 것을 알고 기뻐하는 반면에, 도마는 이런 불신의 입장을 취함으로써 또 한 주를 절망 속에 보내야 하는 벌을 스스로에게 내린 것입니다. 도마는 그것을 믿지 않기로 선택했습니다. 그래서 그는 절망과 침울함으로 가득 찬 한 주간을 보냈습니다. 만일 그가 태도를 달리했더라면 그렇지 않은 한 주를 보낼 수도 있었을 것입니다. 우리는 종종 그를 "의심하는 도마"라고 부르는데, 그것이 완전히 틀린 말은 아닙니다. 그렇지만 저는 오히려 그를 "회의론자 도마"라고 부르고 싶습니다. 회의론자들은 다른 사람들의 추론에 약점이 있다고 단정하고, 그들의 결론에 동의하기를 유보합니다. 이 사건에서 도마가 취한 행동도 바로 그것이었습니다.

회의주의의 위험

회의주의는 결코 바람직한 태도는 아닙니다. 회의주의는 늘 뭔가 고집스러운 면이 있습니다. 의심을 잘 하는 사람에는 두 종류가 있습니다. 그리스도인이 되고 싶어 하지만 헌신할 정도까지는 이르지 못하는 사람들이 있습니다. 그들은 자기들도 믿을 수 있었으면 좋겠다고 고백하는 애처로운 회의론자들입니다. 실제로 그렇게 느끼는 사람들을 위해서는 무언가를 해 볼 수 있다고 생각합니다. 그들은 자신들에게 문제가 있다고 말합니다. 이제, 그 문제가 무엇인지를 살펴봅시다. 그리스도인의 믿음을 성경적 표현에서 이해하는 사람들은, 믿음에는 어떤 내적인 모순도 없다는 사실과, 모든 건전한 이성과 모든 사실적인 지식과 증거는 믿음을 약화시키기보다는 오히려 믿음을 지지한다는 사실을 알고 있습니다. 만약 의심하는 사람들의 문제가 정직한 것이라면, 그것은 성실한 추론을 통해서 해결할 수 있습니다.

그러나 도마의 경우는 애처로운 회의론자가 아니라고 생각합니다. 제 생각엔, 도마는 고집스러운 회의론자 아니면 의도적인 회의론자입니다. 도마는 믿지 않기로 결심했습니다. 그의 의심은 인간적이고 충분히 이해할 수 있는 것이지만, 믿지 않기로 결심한 그의 이유들은 사실 존중할 만한 것들이 아닙니다. 왜냐하면 그 이유들이라는 것이 정말로 합리적이지는 않기 때문입니다. 이제 그의 내면에서 일어난 일을 살펴보고자 합니다.

우울질의 도마

이 장을 시작하면서 했던 질문을 다시 하고자 합니다. "도마는 무엇 때문에 그렇게 행동했습니까?" 여기에는 네 가지 요인이 작용하고 있다고 믿습니다. 첫째로는 정서적 기질이 관련되어 있는 것 같습니다. 도마는 우리가 (또는 우리의 할머니 할아버지들이) **우울질**(Melancholics)이라고 부르는 사람들 중 한 사람이 아닌가 생각됩니다. 오늘날에는 우울증 환자라고 불리는 사람들이지요. 여기서 제가 말하는 우울증 환자는, 병리적이고 임상적인 우울증에 걸려 약물 및 정신 치료가 필요한 사람들을 말하는 게 아니라, "곰돌이 푸"에 나오는 이요르나 "나니아 나라 이야기"에 등장하는 퍼들글럼처럼 정서적으로 우울한 기질을 가진 사람을 말하는 것입니다. 그들의 마음은 우울과 낙심에 단단히 매여 있습니다. 그들은 절망의 언저리에서 불안하게 살아가다가 때때로 절망 속에 빠져 버립니다. 이것은 그들에게 너무나 자연스럽게 일어나는 현상이라서, 자신들의 어두운 생각들이 현실적이고 올바른지에 의심을 품지도 못합니다. 그들은 자신들이야말로 인생이 무엇인지를 정말 잘 알고 있는 사람들이며 유일하게 분별력을 가진 사람들이라고 생각합니다. 무언가가 잘못되지 않는 것이 오히려 이상합니다. 좋은 소식들이란 너무 좋아서 믿을 수가 없습니다. 그들의 태도는 일면 우습기도 하지만, 그들 자신에겐 비극입니다. 그들의 자기 탐닉적인 태도(실제로 그것이 무엇이든지 간에) 때문에, 그들은 음울한 기질에 아주 빨리 굴복하고, 그러한 기질이 가져오는 부정적인 마음의 덫에 빠지고 맙니다. 우리의 기질이 우리 자신을 압박하고 지배하게 한다면, 그것은 실제로 일종의 자기 탐닉입니다. 반드시 부인하는 법을 배워야 하는 타락한 인간 본성 중 하나는 우리가 가진 기질에 매혹되는 것입니다.

이런 훈련은 비단 우울질의 사람들에게만 필요한 것은 아닙니다. 늘 낙천적이고 지나치게 낙관적인 다혈질의 사람들이 있습니다. 그런 사람들도 현실주의자가 되려면, 자신의 기질에 빠지지 않는 것을 배워야 합니다. 한편, 열광적이고 흥분해야 할 순간에,

항상 침착하고 초연하며 무심하기까지 한 점액질들이 있습니다. 그런 때에는 이들 역시 자기의 기질을 부인하고 열정적인 사람이 되어야 합니다. 그리고 항상 쉬지 못하고 변화를 추구하는 담즙질의 성격도 있는데, 이런 사람도 계속해서 자신의 기질을 부인하고 인내를 훈련해야만 합니다. 이런 유형들이 제가 말하고자 하는 것의 실례입니다. 우리의 기질은 우리 자신을 일탈시키고 이런저런 방법으로 희생시킬 수도 있습니다. 여러분과 제가 우리 자신의 기질에 길들여졌을 수도 있다는 사실에 대해 저는 조금도 이상하게 생각하지 않습니다.

저는 도마를 우울질이나 음울한 사람 중의 한 사람으로 규정합니다. 그렇게 분류하는 이유가 무엇입니까? 요한이 이미 우리에게 말해 준 사실이 있습니다. 예수님이 나사로가 죽었다는 소식을 제자들에게 알리시면서 "우리 친구 나사로가 잠들었도다. 그러나 내가 깨우러 가노라"고 말씀하시자, 도마가 "우리도 그와 함께 죽으러 가자"는 의견을 말했다는 점입니다. '그'가 나사로든지, 예수님이든지 간에(여러분은 어느 한쪽을 주장할 수 있습니다), 도마의 말투는 나사로가 죽었다는 것을 알게 됨으로 인해서 망연자실해진 그의 음울한 기질과, 이제는 모든 일이 계속해서 최악의 상황으로 빠져들 것이라는 느낌을 드러내는 것처럼 보입니다.

동료 제자들은 예수님이 부활하셔서 살아 계신 모습으로 그들에게 나타나셨다는 것과, 그래서 갈보리 언덕의 비극은 이제 부활의 승리 안에서 사라졌다는 사실을 부활 후 첫째 날 저녁에 도마에게 말해 주었습니다. 그때에도, 도마는 속으로 이렇게 말하고 있었을 것입니다. '오! 이런! 이들은 참으로 가련한 낙관주의자들이구나. 이들이 말하는 것은 도대체가 진지하게 받아들일 수 없는 것뿐이야.' 제가 앞에서 지적했듯이, 우울한 기질을 가진 사람들은 자기들처럼 우울해하거나 절망스러워하지 않는 사람들보다 자기들이 모든 일에 대해 훨씬 더 현실적이라고 믿습니다. 불길한 예감을 느끼는 이런 우울한 기질은 도마의 마음속에 작용해서 그를 비합리적인 회의론자로 만들고 있었습니다. 제 생각엔, 도마의 평생 습관은 대개 비약된 부정적인 결론에 합리적으로 도전하기보다는 자기 기질에 빠져드는 것이었고, 이 순간에도 그는 아주 직접적인 방식으로 우울증의 희생자가 되었습니다. 이런 관점에서 보면, 그의 거친 말들은 그가 느끼기로(그는 평생 그렇게 느껴 왔을 것입니다), 진정한 지혜는 항상 거짓말이라는 환멸과 우울과 염세주의에서 무심코 내뱉은 말들이었습니다.

정신적 압박감에 시달린 도마

그다음 둘째로, 저는 정신적인 압박감이 그의 태도에 작용했을 것이라고 생각합니다. 그는 다른 제자들과 마찬가지로 끔찍한 긴장 속에서 사흘을 보냈습니다. 그 상황을 생각해 봅시다. 그 전주에 예수님이 나귀 새끼를 타고 예루살렘에 승리의 입성을 하실 때에 도마는 그 일행 중 한 사람이었습니다. 그 입성은 이것이 예루살렘의 왕이 성에 들어오는 방법이라는 예언을 이루는 것이었습니다(슥 9:9을 보십시오). 군중은 기뻐 환호하고 소리쳐 외쳤습니다. "찬송하리로다, 주의 이름으로 오시는 이여! 호산나! 다윗의 자손이여!" 예수님이 나귀 새끼를 타고 들어오실 때에 그들은 종려나무 가지를 길에 던져서 환영의 융단길을 만들었습니다. 엄청난 승리의 순간이었습니다. 제자들은 이제 예수님이 어떤 방식으로든 친히 왕이심을 선포할 것이라고 확신했습니다. 그들은 메시아와 함께 예루살렘을 완전히 장악하러 왔다고 생각했기 때문에 마음이 들떠 있었습니다.

그러고 나서 성전에서 충돌이 있었습니다. 그것은 예수님이 서기관들, 바리새인과 사두개인들 그리고 종교 지도자들에게 다분히 의도적으로 도전하신 사건, 심지어 미끼로 유혹하듯 일으킨 사건이었습니다. 그다음에는 체포와 구경거리 같은 재판이 있었습니다. 관심 있는 사람들이라면 그것이 완전히 말도 안 되는 재판이었다는 사실을 잘 알고 있었습니다. 그 후, 제자들은 군중이 "예수를 십자가에 처형하라! 바라바를 방면하라!"고 외치는 소리를 들었습니다. 그리고 그들은 예수님이 해골의 언덕이라 불리는 갈보리로 끌려가서 십자가에 못 박혀 참혹하게 죽으시는 과정을 직접 보았습니다.

그와 같은 일들을 겪는 기분이 어떨지 상상할 수 있겠습니까? **참담하다**는 말도, 최상의 기쁨과 흥분 상태에서 철저한 비극과 재앙으로 떨어진 제자들의 몰락을 표현하기에는 턱없이 부족한 단어입니다. 십자가 처형을 지켜보는 것은 가장 냉혹한 사람마저도 눈물을 흘리게 만들었을 것입니다. 그것은 끔찍하게 참혹한 죽음입니다. 그리고 그들의 주님인 예수님이 그렇게 죽으셨습니다. 그들이 모두 거기에 있었다는 것은 확실합니다. 그들은 그분의 피가 점점 줄어들 때까지 그분의 고통을 지켜보았습니다. 그들은 그분이 십자가상에서 하신 말씀을 들었습니다. 그들이 그 말씀을 과거에 했던 위대한 사역과 증언과 승리의 말씀으로 이해했겠습니까? 저는 그렇지 않았을 것이라고 생각합니다. 십자가에서 시신을 거두었을 때, 제자들은 처절한 공포를 느꼈습니다. 그들은 철저히 무너져 내렸고, 완전히 넋을 잃었습니다. 도마는 처음부터 끝까지 그들과 함께 있었습니다. 그리고 도마는 그 상황을 다른 제자들보다도 훨씬 더 큰 난국으로 느꼈을 것입니다. (저는 그것이 그의 기질 때문이었다고 생각합니다.) 예수님이 오셨을 때에, 도마가 다른 열 명의 제자들과 함께 있지 않았던 이유는 아마도 그가 아무와도 함께 있고 싶지 않아 오랫동안 혼자만의 시간을 보냈기 때문일 것입니다.

그때 동료 제자들이 (아마도 그의 등을 두드리면서) 그에게 말해 준 것은 그에게 다음과 같은 의미로 다가왔을 것입니다. "도마야! 기뻐해라. 동산에서 일어난 일은 정말 굉장해! 주님이 부활하셨어. 우리가 주님을 만나 뵈었단 말이야. 우와!" 그러나 도마는 이미 정서적으로 탈진했기 때문에 '난 조금도 믿을 수 없어! 이들의 말이 맞든 아니든 간에, 이 일을 감당하기에는 너무 버거워'라고 생각했을 것입니다. 우리가 말한 것처럼, 그는 극도로 압박감을 느끼고 내면이 완전히 마비되었기 때문에, 그런 어리벙벙한 소식들을 일부러 듣지 않으려고 했다고 생각합니다. 그는 지고한 소망에서 가장 깊은 절망으로 떨어지는 경험을 했습니다. 이제 그들은 그에게 극심한 절망으로부터 지고한 소망으로 다시 돌아오라고 말하고 있습니다. 그러나 그는 그렇게 하는 것이 불가능하다고 생각했습니다. 이런 입장에서 보면, 도마의 거친 말들은 무시무시하고 불명예스러운 죽음으로 그의 마음을 낙심하게 한 예수님이 다시 살아났느냐 아니냐 하는 논쟁 자체에 말려들지 않으려는 마음에서 나온 것임을 알 수 있습니다.

저는 도마가 자기 태도를 정당화할 수 있었다고는 생각하지 않습니다만, 우리 모두 그것을 이해할 수는 있다고 봅니다. 확실히 우리 모두는 '나는 더 이상 아무것도 할 수 없어. 그냥 입 다물고 저리 가'라고 느낄 정도로 우리를 내몰아친 긴장과 격동의 시간을 보낸 적이 있습니다. 저는 이것이 바로 도마가 그의 동료들에게 말하는 대답의 일부라고 생각합니다. 때로 전쟁을 겪은 군인들은 기쁨과 소망과 감정적인 흥분에 대해서는 덤덤해지는 경우가 있습니다. 그들은 엘리엇(T. S. Eliot: 1948년 노벨 문학상을 받은 영국의 시인—옮긴이)이 말한 것처럼 "속 빈 사람"이 되어 버렸습니다. 어떤 일에 대한 긍정적인 사유 능력은 그들이 겪은 전쟁 상황의 긴장감과 압박감으로 인해서 사라져 버린 것 같습니다. 또 다른 엘리엇의 말에서 그들에 대한 적합한 표현을 찾아볼 수 있습니다. 그들은 "살아 있되, 일부만 살아 있는 사람"입니다. 그런 사람들은 많이 있습니다. 저는 도마를 통해서 그런 이들을 볼 수 있다고 생각합니다. 도마는 섬뜩한 압박감을 느끼며 일주일을 보냈습니다. 우리가 앞에서 살펴보았듯이 그의 기질은 자신에게 해롭게 작용했습니다. 그리고 일련의 상황에서 오는 정신적인 긴장감이 그를 좌우하고 있기에, 그 자신이 느끼고 있듯이, 도마는 어떤 소망의 말도 진지하게 받아들이지 못했으며 조금이라도 좋은 소식은 전혀 믿지 못했습니다. 앞에서 언급한 것처럼, 그는 내심 이렇게 말했을지도 모릅니다. '여기에 있는 사람들은 또 다른 충격을 주는구나. 미쳐 버릴 것만 같아. 이젠 더 이상 냉정을 유지하기 어려워. 그런 이야기는 더 이상 듣지 않을 테야. 제발 나를 혼자 있게 내버려둬.' 그것은 합리적인 태도는 아니지만 아주 인간적인 태도입니다. 우리는 그의 마음에 동감할 수 있고 또 동감해야만 한다고 생각합니다.

이 책을 읽는 당신의 기질이 도마와 약간 유사할 수도 있고, 당신은 내면을 마비시킬 정도의 참담한 괴로움을 경험했을 수도 있습니다. 당신은 그런 이유 때문에, 당신에게 평화를 가져다주기 위해서 구세주가 죽으셨고, 새로운 생명과 기쁨을 가져다주기 위해서 부활하셨다는 복음을 받아들일 수 없는 사람일지도 모릅니다. 그래서 당신은 이렇게 말할지도 모릅니다. '나는 어느 정도 종교적인 사람이야. 종교는 내 마음에 위로를 주지. 그러나 그리스도인들이 예수에 대해서 믿는 것처럼 소망이 넘치고 기적적인 어떤 것을 참으로 믿으라고 요구하지 마. 나는 믿을 수 없단 말이야.' 정신적 긴장감은 이런 종류의 반응을 가져옵니다. 저는 도마가 다른 제자들의 말에 묵묵부답하는 태도를 보인 데에는, 그런 정신적 긴장감이 큰 영향을 미쳤기 때문이라고 생각합니다.

교만한 도마

그다음에 세 번째 요인이 있습니다. 저는 교만이 도마를 회의주의에 빠뜨린 요인의 한 가지라고 생각합니다. 요한복음은 도마가 세상에서 가장 명석한 부류의 사람은 아니었다는 점을 암시하고 있습니다. 그는 이해가 느린 사람이었습니다. 그 자신도 그렇게 느꼈을 것이라고 생각합니다. 우리는 대개 '아! 내가 참 어리석었어!'라고 스스로에게 말할 수밖에 없는 순간들을 경험하곤 합니다. 제 생각엔 도마가 그런 감정에 아주 친숙했으리라 봅니다. 그는 쌍둥이였습니다. 그의 형제나 누이가 그보다 더 명석했다는 말은 없지만, 아마 그랬을 수도 있습니다. 쌍둥이는 종종 서로 무척 가깝습니다. 만약 그가 덜 명석한 쪽이었다면, 그는 항상 비교 의식을 가지고 있었을 것이고, 그것은 그에게 결국 부담이 되었을 것입니다. 말할 것도 없이, 열등감을 느낀다는 것은 언제나 마음 아픈 일입니다.

요한은 도마가 다소 멍청한 말을 불쑥 내뱉은 사건을 한 차례 이상 기록합니다. 예수님은 조금 전에 참으로 엄청난 위로와 기쁨을 주는 말씀을 하셨습니다. "너희는 마음에 근심하지 말라. 하나님을 믿으니 또 나를 믿으라. 내 아버지 집에 거할 곳이 많도다.…내가 너희를 위하여 거처를 예비하러 가노니, 가서 너희를 위하여 거처를 예비하면 내가 다시 와서 너희를 내게로 영접하여 나 있는 곳에 너희도 있게 하리라"(요 14:1-3). 여러분도 이것이 경이로운 약속이라는 데 동의할 것입니다. 그 말씀의 요지는 분명해 보입니다.

그리고 나서 예수님은 "내가 어디로 가는지 그 길을 너희가 아느니라"고 말씀하셨습니다. 그러자 도마가 갑자기 큰 소리로 "주여, 주께서 어디로 가시는지 우리가 알지 못하거늘 그 길을 어찌 알겠사옵나이까?"라고 말했습니다(요 14:4-5을 보십시오). 이 말은 도마가 이해가 느린 사람임을 단적으로 보여 준다고 생각합니다. 도마는 순진한 사람이어서, 예수님이 무엇에 대해 말씀하시는 건지 자기는 전혀 모르겠다는 것을 인정하고 있습니다.

요한이 복음서를 쓸 때에 이처럼 상세한 대화를 삽입한 이유는 무엇일까요? 실제로 머리가 둔한 사람이나, 자기가 둔하다고 느끼는 사람은 매우 영리하게 보이도록 행동함으로써 자신의 약점을 상쇄하려 하는 습성이 있습니다. 요한은 이런 방식으로 행동하는 도마를 독자들이 이야기의 뒷부분에서 알아차릴 수 있게끔 우리를 미리 준비시키는 거라고 생각합니다. 다른 사람과 비교해서 자신이 좀 우둔하고 미련하다고 느끼는 사람들이 어떻게 행동하는지를 우리는 잘 압니다. 만약 우리가 실제로 그런 사람이라면, 우리 자신이 어떻게 행동하는지 잘 알 겁니다. 우리는, 심리학자들이 보상(compensation)이라고 부르는 것을 시도합니다. 우리가 영리하지 않다는 것을 속으로는 알고 있다는 사실을 숨기기 위해서, 일부러 영리하게 행동하려고 노력합니다. 우리의 마음은 곤란한 상황을 벗어나기 위해서 그리고 자신이 여지없이 패배했으며 억눌리고 있다는 느낌을 떨쳐 버리기 위해서 반사적인 행동을 하게 됩니다. 여기에서 우리는 조금도 빈틈을 보이지 않고 아주 냉정하게 행동하려 하는 도마를 보게 됩니다. 도마는 동료들에게 사실상 이렇게 말하고 있는 셈입니다. "잠깐만 기다려 봐. 너희들이 예수님을 만나 뵈었다고 말하는데, 좋아, 그게 너희들이 말하려는 거지. 그런데 우리는 확고한 증거가 필요해. 최소한 나는 그래. 너희들은 예수님을 만져 보지 않았지? 그렇지? 너희들은 목격한 사람들의 말을 들어 보기라도 했니? 무덤에는 정말로 아무것도 없다고 했던가? 내가 너희들과 함께 있었다면, 그분을 만져 보자고 말했을 거야. 너희들이 보았다고 생각하는 것은 착각이야. 너희들이 사람을 실제로 만져 보았다면 그런 실수를 저지르지는 않을 텐데. 그런데 너희들은 그분을 만져 보지 않았지? 아예 그럴 생각도 못 했지? 너희들은 다 그만큼 똑똑하지 못한 거야." 이것은 바로 도마가 동료들에게 했음 직한 험한 말들입니다.

그러고 나서 도마는 이렇게 말합니다. "난 그분을 만져 볼 때까지 믿지 않을 거야. 충분한 증거를 얻기까지는 믿지 않을 거라고. 내겐 너희들이 필요로 했던 것보다 더 많은 증거가 필요해. 난 속지 않을 거야. 난 너희들이 속았다고 생각해." 참으로 애처로운 말입니다. 그러나 저는 이것이 도마가 한 말의 노골적인 의미라고 생각합니다. 도마가 이런 입장을 취한 것은 바로 자만심 즉 무수한 혹평으로 희생된 그의 멍든 자아가 상처받은 교만 때문이었습니다.

아마도 예수님의 부활에 대해서 고집스럽게 회의를 품은 사람이 이 책을 읽고 있을지도 모르겠습니다. 그런 사람은 부활에 대한 증거가 본질적으로 불충분하다고 생각하기 때문이 아니라(부활은 과거에 가장 잘 입증된 역사적 사실입니다), 자신이 그리스도인 친구들보다 좀 더 명석하다는 것을 증명해 보이고 싶은 욕구 때문에 그럴 것입니다. 그래서 당신은 그들이 증거가 불충분한데도 믿는다고 말하며, 그들이 제시할 수 있는 것보다 더 많은 증거를 요구할 것입니다. 그러나 실제로 당신은 위축된 자아에 진통제를 투입하려고 그렇게 하고 있을 뿐입니다. 당신은 자신이 그리 명석하지 않다는 느낌을 상쇄시키기 위해서 노력하고 있습니다. 그래서 가장 지적인 행동을 하려고 합니다. 당신이 가진 그런 태도의 이름은 바로 교만, 즉 마음과 지성의 교만입니다. 앞에서 말했듯이, 교만은 도마의 태도에도 어느 정도 작용한 것으로 보입니다. 그리고 저는 교만이 오늘날의 어리석은 회의론자들과도 관련이 있다고 생각합니다.

분노하는 도마

다음으로, 이야기의 일부인 넷째 요인이 있습니다. 분노는 도마에게 불신의 반응을 일으킨 요인이었을 것입니다. 도마는 예수님이 열 명에게만 찾아오시고, 자기한테는 오지 않았다는 사실에 분노했을 수 있습니다. 그는 자기가 받지 못한 복을 그들이 받았다는 전반적인 상황에 분노했습니다. 동료들이 말한 내용을 그가 거부한 것은 그런 분노를 표현하는 방식이었습니다. 오늘날에도 다른 사람들이 복 받는 것을 보고, 그들이 누리는 복에 분개하는 사람들이 있습니다. 그런 사람들은 "전 그리스도인이에요. 예수님 안에서 새 생명의 비밀을 발견했어요"라고 말하는 사람들의 미소를 보고 노여워합니다. 자기들은 그 비밀을 발견하지 못했는데, 다른 사람들이 그것을 발견했다는 사실에 분개하는 겁니다. 그들은 여전히 인생을 너무 심각하게 생각하는 올가미에 걸려 있습니다. 이 범주에 속하는 사람들 중에 어떤 이들은 "나에게는 평화가 있습니다. 기쁨이 있습니다. 난 예수님을 사랑합니다. 그것은 새로운 삶이지요. 모든 것이 아름답기만 합니다"라고 말합니다. 그러나 그들은 상처받은 속마음 때문에 분노를 터뜨립니다. 분노, 우울한 기질, 정서적 탈진, 영리한 척 행동하려는 열정은 도마의 부정적인 태도의 원인이 되었으며, 그가 거친 말을 내뱉도록 자극했습니다.

어떤 사람들은 도마를 영웅으로 만듭니다. 마치 그의 완고함과 회의주의가 감탄할 만한 것이라도 되는 양 말입니다. 하지만 제가 앞에서 강조한 것처럼, 그것은 결코 칭송할 만한 태도가 아닙니다. 그것은 지혜도 아니고, 미덕도 아니며, 합당한 행동도 아니었습니다. 제가 방금 말한 것처럼, 그것은 스스로는 길들일 수 없는 기질을 가지고 있고, 여전히 영혼에 남아 있는 절망적인 충격을 겪은 사람의 서글픈 사건입니다. 자기가 직접 경험하지 못한 방식으로 다른 이들이 복을 받을 수도 있다는 사실에 내내 불 일듯 분노하고, 그러면서도 똑똑하게 행동해서 일을 잘해 내야 한다고 생각하는 사람이 겪은 서글픈 사건이라는 것입니다. 앞에서 보았듯이, 도마는 자신의 회의주의로 인해 스스로 아주 음울한 한 주를 보내는 형벌을 선고한 것이나 마찬가지입니다. 제 생각엔, 그 한 주 동안 열 명의 제자들과 도마가 서로 많은 대화를 나누었을 가능성은 별로 없습니다.

도마와 예수님

그렇지만 이레가 지난 후 예수님은 또다시 나타나셔서 "너희에게 평강이 있을지어다"라는 영광스러운 인사말을 한 번 더 하셨습니다. 그리고 예수님은 도마에게 직접 말씀하셨습니다. 놀랍게도, 그분이 하신 말씀에는 도마의 회의주의나 불경스러움을 꾸짖는 말이 한마디도 없었습니다. "그 못 자국을 내 손가락으로 만지리라. 그의 옆구리를 뚫은 창 자국에 내 손을 넣어 보리라"는 도마의 고집은 정말로 소름 끼칠 뿐만 아니라 실제로 불경한 것이었습니다. 그러나 예수님은 도마가 한 말들을 속속들이 알고 계셨음에도 불구하고, 그것으로 그를 비판하거나 책망하지 않으셨습니다. 다만 이렇게 말씀하셨을 뿐입니다(요 20:27의 내용을 일부 각색하겠습니다). "도마야! 네 손가락을 내밀어라. 나를 만져 보렴. 나의 손을 보겠느냐? 이 상처들을 만져서 확인해 보고 싶니? 그래. 만져서 확인해 보아라. 네 손가락을 여기 넣어 보고, 못 자국에도 손을 대 보아라. 그리고 손을 내밀어서 내 옆구리 움푹 패인 상처에 넣어 보아라. 그리고 의심하는 자가 되지 말아라. 회의론자가 되지 말아라. 너의 동료 제자들처럼 너도 믿어라."

예수님은 도마를 너그럽게 대하셨습니다. 그에게 베푼 구세주의 인자하심은 놀랍다 못해 경이롭다고 생각합니다. 우리는 도마가 예수님이 선택하신 열두 제자 중 한 사람이었다는 점을 기억할 필요가 있습니다. 예수님은 그들의 강점과 약점, 재능과 한계를 완전히 아셨지만, 그분의 승천 이후 세계적으로 교회를 설립하는 임무를 위해서 제자들을 준비시키고 구비시키셨습니다. 예수님은 처음부터 도마를 사랑하시고, 그를 가치 있는 사람으로 평가하셨습니다. 그리고 이제는 특별한 사역을 위하여 훈련받는 사람으로 대우하셨습니다. 그렇지만 예수님은 자신의 부활의 몸이 실재한다는 사실을 도마가 확신하도록 도와주셨습니다. 구세주께서 도마를 도운 방법은, 오늘날에도 총체적인 영적 어두움에서 믿음으로 돌아오도록 많은 사람들의 인생에서 주님이 어떻게 역사하시는지를 보여 주는 모형입니다. 그리고 이런 관점에서 우리는 이 사건을 관찰하고 있습니다. 앞에서 강조한 것처럼, 도마에 대한 예수님의 사역에서 우리가 보는 것은 넘치는 자비입니다. 도마는 자신이 궁지에 몰렸다고 생각했지만, 예수님은 그를 말씀으로 이끄시고, 그가 있는 곳에서 만나 이렇게 말씀하심으로써 그를 인정하십니다. "네 손가락을 내 몸의 상처에 대 보는 게 네게 도움이 된다면, 만져 보아라. 도마야, 다만 불신자처럼 행동하지 말아라. 그리고 나의 부활의 실재를 인정하거라. 믿어라."

우리는 예수님이 도마에게 청하신 대로 도마가 정말로 그렇게 했는지에 대해서는 알 수 없습니다. 아마 그는 그냥 서 있었을 수도 있고, 엎드려 절했을 수도 있으며, 심지어 무릎을 꿇었을 수도 있습니다. 우리로서는 알 수 없습니다. 그렇지만 분명한 것은, 도마가 철저하게 무너졌다는 사실입니다. 그는 "나의 주님이시요 나의 하나님이시니이다"라고 고백했습니다. 그리고 그는 이렇게 말함으로써 완벽한 신앙 고백 즉 복음서 전체에서 가장 완전하고 분명한 신앙 고백을 했습니다. 그 말은 이런 말일 수도 있습니다. "주 예수님, 그렇습니다. 주님을 믿습니다. 주님이 죽음에서 다시 사셨다는 것을 믿습니다. 원래 한 주 전에 믿었어야 했습니다. 지금 이 순간 저는 당신의 영광스러운 부활과 저를 사랑하신 사역을 인하여 이제 당신을 높입니다. 지금 이 순간부터 당신은 하나님이시며, 저는 당신의 사람이고, 당신의 종이며, 당신을 경배하는 사람입니다. 당신의 섭리하에서 당신이 무엇을 하시든, 어떤 일을 명하시든 간에, 저는 그것들을 당신의 명령으로 받아들이겠습니다. 지금부터는 결코 주님의 눈에서 멀리 벗어나지 않고 언제나 주님과 교제하며 살겠습니다. 전에는 부활을 믿지 않았지만, 이젠 믿습니다."

도마의 신앙 고백은 실제로는 이렇게 말하는 것입니다. "예수님, 당신은 하나님이시며, 나의 주님이시며, 나의 하나님이십니다. 주님, 저의 회의주의와 불경함을 용서하옵소서! 이제 저는 당신이 나의 주님이며 하나님이시고, 나의 주인이시며 제 영혼의 구원자시라는 이 모든 사실을 새롭게 받아들입니다. 그리고 제가 당신을 나의 주님으로 받아들일 때에 당신도 저를 당신의 것으로 받으신다는 것을 압니다. 그렇게 해서 이 약속은 성립되고 확증됩니다. 결혼식에서처럼, 여기서도 서약은 영원한 헌신을 증명합니다. 지금 여기서 저는 당신의 것임을 서약합니다. 당신은 나의 주님이시며 나의 하나님이십니다."

예수님은 모든 행복 중에서도 가장 아름다운 것을 맨 마지막에 한 말씀으로 대답해 주셨습니다. 무엇이 그것을 최고의 행복으로 만듭니까? 그것은 우리를 생명, 그리고 여타의 지극한 행복들을 향유할 수 있도록 인도합니다. 도마와 같은 믿음이 없다면 우리가 결코 알지 못할 것들입니다. 예수님은 "도마야, 너는 나를 본 고로 믿느냐?"고 말씀하신 후, "보지 못하고 믿는 자들은 복되도다"라는 지극한 복을 선언하셨습니다.

증언을 믿는 것

이 말씀은 여러분과 저에게 더없는 복입니다. 하나님의 섭리로 우리는 주후 1세기에 살지 않아서 예수님을 육신의 눈으로 보지도 못했고 볼 수도 없습니다. 이렇게 말하는 사람들도 있습니다. "아! 만일 내가 팔레스타인에 있어서 예수님을 보았더라면, 만일 내가 무덤에 있다가 예수님이 부활하시는 모습을 볼 수 있었더라면, 틀림없이 그분을 믿을 텐데." 저는 그렇게 생각하지 않습니다. 만일 그것이 정말로 진실한 말이라고 해도, 이제 당신은 그리스도를 직접 보았고 그들이 본 그리스도를 전하는 증언들을 위해서 자신의 생명을 버린 사람들의 증언을 믿어야 합니다. 믿어야 할 이유는 얼마든지 있습니다. 최초의 제자들에게는 증거가 있었습니다. 그들은 복음을 전했고, 많은 민족들을 믿음으로 이끌었으며, 교회를 세웠습니다. 그리고 훨씬 후대에 사는 우리 모두를 그들과 같은 믿음으로 이끌기 위해 현재 사용되고 있는 문헌들(성경-옮긴이)을 기록했습니다. 그래서 우리는 사변적으로 회의하는 학자들과 예수님에 대한 신약성경의 증언을 의심하는 사람들이 뭐라고 말하든지 간에, 그들을 따를 이유가 전혀 없습니다. 무엇보다도 신약성경을 기록한 사람들은 그 증언을 위해서 자기 생명을 아낌없이 바쳤습니다. 사도들은 대부분 순교했습니다. 그들은 모두 그리스도를 위해 기꺼이 목숨을 버렸습니다. 만일 자기들이 전하는 그리스도가 과연 실재했는지 조금이라도 의심했다면, 또는 만일 그들이 처음 취했던 태도에 약간의 가식이라도 있었다면, 그들은 순교하지 않았을 것입니다. 그들은 알고 있었습니다. 그래서 그들은 자기들이 알고 있는 것을 부인하거나 뒤로 물러서지 않고 오히려 생명까지 내놓을 각오를 했던 것입니다. 그들의 증언이 오늘을 사는 우리에게까지 전해 내려왔습니다. 이것만으로도 충분하지 않습니까?

부활에 대한 한 가지 사실을 좀 더 생각해 봅시다. 만일 예수님이 죽음에서 부활하시지 않았다면, 기독교는 설명이 불가능합니다. 그러면 기독교는 어디에서 유래했습니까? 기독교는 어떻게 시작되었습니까? 처음부터 기독교의 핵심은 부활하신 예수님에 대한 믿음이었다는 사실을 우리는 어떻게 설명해야 합니까? 만일 예수님이 사망에서 부활하지 않으셨다면, 왜 유대인들은 예수님이 부활하지 않았다는 것과 부활 신앙에 관한 이 모든 이야기가 헛소리에 지나지 않는다는 것을 보여 주기 위해서, 그 즉시 무덤에서 예수님의 시신을 꺼내 오지 못했겠습니까? 대답은 간단합니다. 꺼내 올 시체가 없었기 때문에 유대인들은 예수님의 시신을 보여 주지 못했던 것입니다. 시신은 없었습니다. 무덤은 비어 있었습니다. 예수님이 부활하신 것입니다. 이 증언이 타당하지 않습니까? 이치에 맞지 않습니까? 잘 맞아떨어지지 않습니까? 믿을 만하지 않습니까?

저는 캐나다, 미국, 오스트레일리아, 뉴질랜드, 영국 등을 여행하면서, 제가 살고 있는 밴쿠버에 한 번도 와 본 적이 없는 사람들을 만납니다. 그러나 그들에게 밴쿠버는 존재하며 살기 좋은 곳이라고 말해 주면, 그들은 제 말을 믿습니다. 밴쿠버에 대한 저의 증언을 믿는 것입니다. 그들은 저를 도처에 다니면서 재미 삼아 사람들을 속이는 악한 사기꾼이라고는 추호도 생각하지 않습니다. 왜 우리는 신약성경에 나오는 전도자들과 저자들을 전문 사기꾼이라고 비난해야 합니까? 그런 비난이 합리적인 것입니까?

만일 사람들이 직접 밴쿠버를 본 적이 없다는 이유로 밴쿠버라는 지역이 있다는 저의 말을 믿지 않는다면, 그것은 타당하지 않습니다. 만일 여러분과 제가 하나님의 섭리하에서 1세기에 태어나지 않아서 육신을 입은 구세주를 보지 못했다는 이유로 예수님의 부활과 기독교의 진정성을 믿지 않는다면 그 역시 타당하지 않을 것입니다.

예수님께 손을 내밀라

예수님은 "보지 않고 믿는 자는 복되도다"라고 말씀하셨습니다. 간접적으로 복음을 전해 들은 우리 같은 신자들은, 직접 증거를 보고 세상 모든 사람이 알게 하려고 증인이 된 사람들의 증언이 얼마나 가치 있는지 잘 알고 있습니다. 그리고 그들의 증언을 토대로 믿음 없는 손을 예수님께 내밀며 도마의 신앙 고백을 따라 다음과 같이 말해 보십시오. "나의 주, 나의 하나님! 나는 주님이 거기 계신 것을 압니다. 주님이 실제로 존재한다는 것을 압니다. 당신에 대한 증언은 정직한 사람이라면 누구도 부인할 수 없는 증언입니다. 주 예수님 당신이 필요합니다. 나는 도마가 어둠 속에 있었듯이 무지한 상태에 있습니다. 우울의 흑암, 절망의 흑암, 가면으로 위장한 인생의 흑암 속에 살고 있습니다. 나 자신이 어리석다는 것을 알면서도 영리한 체하고, 나 자신이 비참하다는 것을 알면서도 행복한 척하며, 내가 낙오될까 두려워하는 표정을 감추고 살면서 항상 성공한 듯 살아가는 위장된 인생의 흑암 속에서 살아가고 있습니다. 주님, 그것이 마음 아픕니다. 내가 지금도 흑암 중에 있는 것은 너무도 오랫동안 이런 인생 게임을 하면서 살아왔기 때문입니다. 그러니 주여, 제게는 이제 복음이 약속하는 새 생명, 용서와 평화, 당신과 교제하는 삶, 그리고 이루 말할 수 없는 영광스러운 생명보다 더한 기쁨을 주는 것은 아무것도 없습니다. 나의 주님, 나의 하나님, 나의 예수님, 내 인생에 찾아오셔서 당신이 도마에게 주셨던 것을 내게도 주옵소서."

요한은 다음 말로 이 장을 끝맺습니다. "오직 이것을 기록함은 너희로 예수께서 하나님의 아들 그리스도이심을 믿게 하려 함이요 또 너희로 믿고 그 이름을 힘입어 생명을 얻게 하려 함이니라"(요 20:31). 아마도 요한은 제가 바로 이전 단락에서 말했던 것들을 인정할 것입니다.

저도 과거에 도마와 비슷하게 생각했던 순간들이 있었기에 도마와 같은 사람들이 어떻게 사유하는지를 잘 알고 있고, 그런 사람들을 이해하고 동감할 수 있는 사람이지만 그럼에도 여전히 도마와 같은 사람들이 보여 주는 불신앙을 정당화할 수는 없다는 점을 이 장의 서두에서 말한 바 있습니다. 이제 여러분은 그 이유를 알 겁니다. 만약 이 책을 읽는 독자들 중에 도마와 같은 사람이 있다면, 저는 당신의 불신앙을 어느 쪽에서도 정당화할 수 없다고 말할 것입니다. 불신앙은 의지적인 것입니다. 불신앙은 강요당한 것이 아니라 선택한 것입니다. 그리고 합리적이지 않습니다. 그것은 설득력 있는 증거를 부인하는 것입니다. 그런 부인은 무의미하지요.

그래서 하나님은 우리의 과격한 기질, 정신적인 압박을 받은 경험, 우리가 다른 사람들보다도 더 지혜롭다는 것을 과시하기 위해 드러내는 교만하고 어리석은 행동, 그리고 다른 사람들이 우리가 미처 발견하지 못한 축복을 찾은 것처럼 보일 때 느끼는 분노들을 다스릴 수 있도록 우리를 도와주십니다. 우리가 이러한 네 가지 현실을 파악하게 되면, 우리의 회의주의가 비합리적이며, 그것의 기초도 다름 아니라 바로 우리 자신에 대한 감정일 뿐임을 인정할 수 있을 것입니다. 그리고 도마가 "나의 주님이시요 나의 하나님이시니이다"라고 주께 고백하며 다짐한 헌신을 우리가 조금이라도 더 유보하는 것이 정당화될 수 없다는 것을 알게 될 것입니다. 그래서 하나님의 은혜에 힘입어 우리 모두는 믿음으로 도마의 뒤를 따른 복된 사람들이 될 것입니다.

은혜로우신 주 예수님! 지금까지 우리는 당신에 관해 읽고 생각해 보았습니다. 이 모든 과정에서 우리와 함께하시는 당신의 임재를 깨닫습니다. 우리 주 예수 그리스도시여! 꼭 들어야 할 것들을 각자에게 말씀하여 주옵소서! 우리가 겪는 고통과 우울한 탄식과 절망, 그리고 모든 일에서 가식과 분노를 드러내는 것에 대해서 우리 각자에게 말씀하여 주소서. 주께서 도마를 모든 고통과 슬픔에서 구원하신 것처럼, 우리 또한 구원해 주시기를 간구합니다. 도마가 당신께 "나의 주, 나의 하나님이여!"라고 고백하였을 때 그것이 그에게 새 생명의 출발이 되었듯이, 우리에게도 동일한 새 생명을 주시기를 갈망하나이다. 주 예수여, 우리에게 오셔서, 도마가 마지막에 고백했던 것과 동일한 어조와 언어로 당신께 우리의 신앙을 고백할 수 있게 하옵소서. 그래서 우리를 흑암에서 벗어나게 하여 당신의 영광스러운 빛 속으로 인도하옵소서. 흑암 중에 우리를 얽어매는 이 모든 것들로부터 우리를 자유하게 하시고, 우리의 심령을 흑암에서 벗어나게 하셔서 당신과 영원한 교제를 나누며 그 안에 있는 기쁨과 승리 안에 거하게 하옵소서. 주 예수여, 우리 기도를 들어주소서. 당신의 성령으로 우리에게 찾아오셔서 우리가 필요로 하는 부분에서 역사하소서. 이 모든 말씀을 당신의 거룩한 이름으로 기도합니다. 아멘.

연구를 위한 질문

1. 당신에게 도마와 비슷한 부분이 있다면 무엇입니까?

2. 요한복음 20:19-31을 읽으십시오. 예수님이 첫 번째로 나타나셨을 때 일어난 일들 중 제자들에게 중요한 것은 무엇이었습니까?(19-23절)

3. 제자들이 두 번째 모여 있을 때 당신이 도마의 입장에 있다고 상상해 보십시오.(24-29절). 그의 생각과 감정에 일어난 변화는 무엇입니까?

4. "나의 주님이시요 나의 하나님이시니이다"(28절)라는 도마의 신앙 고백에 함축된 내용은 무엇입니까?

5. 도마에게는 그의 믿음에 장애물이 될 수 있는 네 가지 요인(우울질이라는 기질, 정신적 압박감, 교만, 분노)이 있었습니다. 이 중에서 당신이 예수님을 믿기 어렵게 만든 것이 있습니까? 그것은 언제 그리고 어떻게 작용했습니까?

6. 기독교에 대해 의심하거나 회의하게 되었을 때, 당신의 마음에 떠오른 질문이나 문제는 무엇이었습니까?

7. 요한복음 20:30-31을 살펴보십시오. 이 본문에 따르면 우리의 믿음은 어떤 형태를 취해야 합니까?

8. "증언을 믿는 것"이라는 소제목이 붙은 부분을 다시 읽어

보십시오(pp. 222-225). 그리스도의 부활에 대한 증거 중에서 당신에게 가장 설득력 있게 다가오는 것은 무엇입니까?
9. "예수님께 손을 내밀라"라는 소제목이 붙은 부분을 다시 읽어 보십시오(pp. 225-227). 당신은 이 초대에 언제 그리고 어떻게 응답했습니까? 아직 당신의 삶에서 이 초대에 응하지 않았다면, 지금 믿음을 향해 어떤 행동을 하시겠습니까?
10. 도마는 예수님께 "나의 주님이시요 나의 하나님이시니이다"라고 말했습니다. 이처럼 당신의 믿음과 헌신을 하나님께 표현하는 기도를 드리십시오.

기도

6세기경 베네딕트 수도회의 그리스도인들은 "렉시오 디비나"(lectio divina)라는 묵상 기도법의 한 형식을 소개하였습니다. 그들은 몇 단계로 구성된 양식을 사용해서 특별한 본문에 집중하고, 다각도로 그 분문에 대해 생각하며, 기도하고, 하나님이 그 본문 말씀을 통해서 그들에게 주시는 계시를 깨달으려고 노력했습니다. 예수님이 도마에게 주신 중요한 가르침(요 14:1-7)을 우리 것으로 만들기 위해서 약간 수정된 형태의 "렉시오 디비나"를 사용해 보십시오.

(1) 침묵

침묵하는 시간을 가지십시오. 성경 본문을 통해서 하나님이 직접 당신에게 말씀하시는 것처럼, 하나님과의 대화를 준비하십시오. 침묵 시간을 조금 가진 뒤에, 당신이 묵상 기도를 시작할 때에 하나님의 도움을 간구하십시오.

(2) 성경 읽기

요한복음 14:1-7을 여러 번 소리 내어 천천히 읽어 보십시오. 그 말씀과 뜻이 당신의 영혼에 스며들도록 하십시오.

(3) 묵상

묵상은 되새김질과 유사합니다. 묵상은 천천히 그리고 철저하게 되새김질하는 것입니다. 이 본문에서 당신이 알게 된 것을 적어 보십시오. 다양한 부분들을 연결해 보십시오. 당신 자신에게 "하나님이 주신 이 말씀은 무엇을 말하고 있는가?", "이 말씀은 무슨 뜻인가?" 하고 물으십시오. 이 말씀에 비추어서 당신이 어떤 사람인지, 당신이 다음에 무엇을 할 것인지 생각해 보고, 하나님이 당신의 마음을 살피시기를 간구하십시오. 당신이 깨닫게 된 사실들을 계속해서 적으십시오.

(4) 기도

기도의 핵심으로 오늘의 본문을 사용해 기도해 보십시오. 한 구절씩 읽어 나가면서, 구절마다 하나님께 반응하십시오.

(5) 관상

좀 더 긴 침묵의 시간을 가지면서 기다리십시오. 본문 말씀에 계시된 하나님의 목적에 좀 더 가까워진 사람이 되기 위해서 당신의 삶에 변화가 필요한 부분이 무엇인지를 깨달을 수 있도록 하나님께 간구하십시오. 이 본문에 드러난 하나님의 사랑과 권능을 관상하십시오.

(6) 적용

이 본문을 묵상한 결과, 당신이 믿고, 생각하고, 행해야 하는 것은 정확하게 무엇입니까? 당신은 주께 받은 말씀들을 삶의 현장에서 어떻게 적용하기를 원하는지 적어 보십시오.

기록과 적용

예수님은 요한복음 14:6에서 "내가 곧 길이요, 진리요, 생명이니 나로 말미암지 않고는 아버지께로 올 자가 없느니라"고 말쏨하셨습니다. 당신이 다른 경로를 통해서 길과 진리와 생명을 찾고자 시도한 적이 있다면, 그것을 적어 보십시오. 그러고 나서, 예수님이 어떻게 당신에게 길과 진리와 생명이 되셨는지를 적어 보십시오.

7. 끔찍한 일을 저질렀을 때의 소망

시몬 베드로

요한복음 21장; 베드로전후서

"요한의 아들 시몬아, **네가 진실로 나를 사랑하느냐?**"(요 21:15-17을 보십시오, 저자 강조) 이 말은 시몬의 마음을 탐색하시는 예수님의 질문이었고, 그 질문은 여러분과 저에게도 동일하게 마음을 탐색하는 질문입니다. 예수님은 약간의 간격을 두고 세 번이나 시몬에게 물으셨습니다. 오늘날 그분의 제자라고 하는 우리는 이 물음이야말로 예수님이 우리 인생 여정의 모든 전환점에서 우리에게 하시는 질문으로 생각해야 합니다. 이제 우리는 주님이 요한의 아들 시몬을 반석 베드로(헬라어로는 *Petros*)로, 초대교회의 닻으로, 치명적인 결점이 있는 사람을 이런 주님의 질문에 "예"라고 대답할 수 있는 사람으로 만드신 방법을 탐구할 것입니다.

"암퇘지의 귀로 명주 지갑을 만들 수는 없다"라는 영국 속담이 있습니다. 다른 말로 하면, 당신이 가지고 있는 재료로 만들 수 있는 것에는 한계가 있다는 의미입니다. 그러나 저는 하나님이 암퇘지의 귀로 명주 지갑을 만드실 수 있다고 확신하면서 시몬 베드로에 대한 연구를 시작하고 싶습니다. 그리고 그분은 정말 그렇게 하십니다. 이것은 참으로 놀라운 진리입니다. 하나님은 결점 있는 인간을 재료로 사용하셔서 놀라운 일을 하십니다. 더욱 놀라운 것은 하나님이 이들에게 중요한 사역을 주셔서 그들이 이 사역을 감당하는 동안 그들을 사용하신다는 것입니다. 비록 그 변화가 아직 완전하지 않고, 하나님이 그들의 성품을 다시 형성하는 과정이 멀게만 느껴질지라도 말입니다. 이것은 우리의 영혼이 결점투성이라는 것을 알고 있는 여러분과 저에게는 복음입니다. 이 점에 관한 한, 하나님 앞에서 정직합시다. 우리는 누구도 완벽하지 않습니다. 우리 모두는 완벽과는 상당히 거리가 멉니다. 그럼에도 불구하고, 하나님은 구세주의 형상을 따라 우리를 재건하고 계시며, 그 일을 진행하는 과정에서 그분의 사역에 우리를 사용하시기를 기뻐하십니다. 시몬 베드로는 이 같은 이중적인 진리에 대한 아주 특별한 본보기입니다. 그의 이야기를 따라가면서 우리는 이 점을 알게 될 것입니다.

시몬과 구세주의 첫 만남, 곧 시몬의 형제 안드레가 시몬을 예수님께 데리고 온 바로 그 만남(요 1:35-42)에서 세 가지 사실을 살펴봄으로써 이야기를 시작하겠습니다.

타고난 지도자

첫 번째 사실은, 시몬이 타고난 지도자였다는 것입니다. 그는 물고기를 잡는 자기 사업을 운영하고 있었고, 모든 상황에서 짐짓 지휘관처럼 행동하며 다소 성급하고 확신에 찬, 그리고 마음이 따뜻하고 외향적인 사람이었습니다. 그래서 사람들은 그가 마땅히 앞서 지도하고 그렇게 행동해야 하는 사람이라고 생각했습니다. 복음서에서 시몬의 이야기를 읽노라면, 여러분은 그가 계속해서 그런 식으로 행동하는 것을 보게 됩니다. 예를 들어, 마태복음 16:13-19을 봅시다. 가이사랴 빌립보 지방에서 예수님은 "사람들이 인자를 누구라 하느냐?"고 물으셨습니다. 제자들이 사람마다 다르게 말한다고 대답하자, 예수님은 다시 그들에게 "**너희는** 나를 누구라 하느냐?"고 물으셨습니다(저자 강조). 예수님은 그들 모두에게 물으신 것이었지만, 큰 소리로 그들을 대표하여 대답한 사람은 바로 시몬이었습니다. 시몬은 어떤 중요한 내용을 말해야 할 때 자신이 그 모인 자들의 대변인이 되는 것을 당연하게 여겼습니다. 시몬은 "주는 그리스도시요 살아 계신 하나님의 아들이시니이다"라고 대답했습니다. 물론 그는 올바른 대답을 했고, 예수님은 그 즉시 "바요나 시몬아! 네가 복이 있도다. 이를 네게 알게 한 이는 혈육이 아니요, 하늘에 계신 내 아버지시니라"

고 선언하심으로써, 그의 말이 하나님이 정확하게 가르쳐 주신 것임을 확인시켜 주셨습니다. 우리가 주목해야 할 핵심은, 모든 제자를 대신하여 대답할 때 시몬이 지도자로서 행동하였다는 사실입니다.

요한복음 6장 후반부에 똑같은 내용의 또 다른 예가 등장합니다. 예수님은 자신이 생명의 떡이라는 다소 이해하기 어려운 가르침을 베푸셨고, 그분을 생명의 떡으로 받아들이고 먹는 것은 결국 그분의 살과 피를 먹고 마신다는 의미라고 설명하셨습니다. 청중은 그분이 말씀하시는 것을 전혀 이해하지 못했고, 그 말씀의 의미를 좋아하지도 않았습니다. 그래서 사람들은 그분을 떠났습니다. 예수님이 제자들에게 몸을 돌려 그들도 자기를 떠나고 싶은지를 큰 소리로 물으셨습니다. 그때 다시 한번 모든 제자를 대신해서 "우리가 누구에게로 가오리이까?"라고 거리낌 없이 대답한 사람은 바로 시몬이었습니다. 그가 예수님께 "주여! 영생의 말씀이 주께 있사오니"(요 6:67-68)라고 고백할 때도 그는 그들 모두를 대표해서 말한 것이었습니다. 다시 한번 그는 올바른 대답을 했고, 우리는 또다시 그가 선봉에 선 모습을 보게 됩니다.

이 두 가지 이야기는 시몬이 최초의 제자들의 지도자로 행동하고 있음을 보여 줄 뿐만 아니라, 우리 모두에게도 매우 귀중한 것을 보여 줍니다. 우리가 예수님이 가져다주신 생명에 참여하고

자 할 때 여러분과 제가 반드시 고백해야 할 것이 무엇인지를 시몬은 여기서 말하고 있습니다. 그렇습니다. 주는 그리스도시요 하나님이 기름부으신 구세주이십니다. 또한 그분은 영생의 말씀을 가지고 계십니다. 만약 여러분과 제가 생명에 참여하기를 원한다면, 시몬의 이 두 가지 확실한 고백을 우리의 것으로 만드는 법을 배워야만 합니다.

영적인 지도자

둘째로, 예수님이 시몬을 만난 순간부터, 그는 영적 지도자의 역할을 위해 어부의 일을 과감히 내던져 버렸다는 사실을 알 수 있습니다. 예수님은 그를 처음 보신 후, 그에게 "네가 요한의 아들 시몬이니 장차 게바라 하리라(게바는 번역하면 베드로라)"고 말씀하셨습니다(요 1:42). **베드로는** '바위'(반석)라는 의미입니다. 게바는 아람어이고, 베드로는 헬라어입니다. 두 단어 모두 바위를 의미합니다. 오늘날도 그렇지만 당시에 '바위'는 일종의 별명이었습니다. 오늘날에도 바위같이 단단한 사람을 영어로 '로키'(Rocky)라고 부르는 경우가 종종 있습니다. 예수님이 시몬을 '게바'라고 불렀을 때의 어감도 그와 비슷했습니다. 예수님은 이렇게 말씀하셨습니다. "바위는 내가 너에게 지어 주는 이름이다. 앞으로 너는 이 이름으로 불릴 것이다. 네가 그런 사람이 될 것이기 때문이다." 그 이름은 예언적인 단어입니다. 시몬은 "바위같이 견고한 사람"이 될 것입니다. 시몬에 대한 예수님의 계획은 이 타고난 지도자를 또한 영적인 지도자로 변화시키는 것임을 예수님은 보여 주셨습니다.

   예수님이 시몬에 대해 언급하신 다른 말씀들도 이와 동일한 목적을 지향했습니다. 예를 들어, 베드로가 처음으로 엄청나게 많은 고기를 잡은 사건을 생각해 봅시다(눅 5:1-11). 예수님은 사람들을 가르치시기 위해 고깃배를 빌리셨습니다. 시몬은 해변에서 조금 떨어진 곳에 배를 옮겨 놓았고, 예수님은 거기서 무리를 가르치셨습니다. 다 가르치신 후에, (제가 일부 부연하자면) 예수님은 "깊은 데로 가서 그물을 내려 고기를 잡아라"고 말씀하셨습니다. 시몬이 주께 대답하기를 "선생님, 당신이 오시기 전에 우리는 함께 밤이 맞도록 수고를 하였지만, 우리는 아무것도 잡을 수 없었습니다. 그러나 당신이 내게 말씀하시니 내가 그물을 내리겠습니다"라고 하였습니다. 그는 말씀대로 했고, 배에는 물고기 떼가 가득했을 것입니다. 베드로가 자기 위치를 알기도 전에 그물에는 고기가 가득했습니다. 이것은 예수님의 능력을 너무나도 놀랍게 보여 주는 사건이었습니다. 무심결에 불쑥 말하는 데는 선수였던 시몬은 그 순간에도 마음속에 떠오르는 것을 그대로 말했습니다. "주여! 당신이 이와 같은 일을 하실 수 있는 분이실진대, 제가 당신의 무리에 속하는 것이 마땅치 않습니다. 주여! 나를 떠나소서. 나는 죄인이로소이다." 그가 분명하게 표현한 것은, 예수님이 거룩하시고, 인간을 뛰어넘는 유일무이한 분이라는 것을 의식하고 있었다는 것, 달리 말하면 예수님의 면전에서 완전한 경외감을 느꼈다는 것입니다. 하지만 예수님은 "아니다. 그런 게 아니다. 무서워 말라"고 말씀하셨습니다(초자연적인 것에 대한 경외감은 흔히 어느 정도 두려움을 가져옵니다). "시몬아, 이제 후로는 네가 사람을 취하리라. 너는 사람을 낚는 어부가 될 것이다." 우리는 그것이 참으로 중대한 약속임을 알 수 있습니다. 이것은 시몬이 영적인 지도자, 이 경우에는 복음 전도의 선구자가 되기를 예수님이 원하신다는 또 다른 암시였습니다.

시몬이 가이사랴 빌립보에서 예수님을 그리스도와 하나님의 아들로 고백하고 난 후에, 예수님은 "너는 베드로라. 내가 이 반석 위에 교회를 세우리니"(마 16:18)라고 말씀하셨습니다. 여기서 '반석'은 *Petros*(남성 명사)가 아니라 *petra*(여성 명사)인데, 이런 단어의 변형은 예수님이 단지 "시몬아, 너라는 인물을 기초로 하여 내가 교회를 세우고자 한다"라고 말씀하시는 것이 아님을 나타냅니다. 만약 그런 의미였다면, 예수님은 "네 위에" 혹은 "이 반석(*Petros*) 위에"라고 말씀하셨을 것이고, 마태도 그렇게 기록했을 것입니다. 허나 그렇지가 않았습니다. 여기서 반석은 시몬이 표현한 믿음을 말하는 것이고, 바로 그 믿음이야말로 시몬의 장래의 모습을 빚어 나갈 수단이라는 의미입니다.

어느 경우든지, 예수님이 교회를 세우실 때는 단 한 사람의 우두머리만 있는 일종의 단체를 세우는 것은 아니었습니다. 그 일은, 우리 모두를 믿음으로 이끄는 복음의 말씀을 통해서 예수님을 믿도록 사람들을 인도하는 일이며, 성령에 의해서 그들을 예수님 자신과 연합하게 함으로써 초자연적인 공동체, 곧 예수님의 몸을 이루는 일입니다. 그것이 바로 예수님의 뜻에 따라 교회를 세우는 것입니다. 그래서 저는 그 말씀을 시몬 베드로와 그의 계승자들에 대한 개인적인 약속으로 간주하고, 그들의 제도적인 통솔권과 관련시켜 이해하는 로마 가톨릭의 태도는 자연스러운 것이 아니라고 생각합니다. 그렇다면 예수님이 베드로에게 "내가 천국의 열쇠를 네게 주리라"고 말씀하셨을 때 그 의미는 무엇이었습니까? 예수님이 말씀하신 것은 "내가 너 베드로를 복음 전도자로 만들 것이다. 너는 복음을 전파하게 될 것이다. 그 복음은 네 말을 듣는 자에게 천국 문이 열리게 할 것이다"라는 의미입니다. 이렇게 말씀하심으로써 예수님은 복음을 전하는 모든 이에게 적용되는 그 약속이 시몬에게 특별한 방식으로 성취될 것을 그에게 개인적으로 말씀하신 것입니다. 그리고 우리가 아는 바와 같이 정말로 그렇게 되었습니다.

　예수님은 다른 경우에서도 영적 지도자로서의 시몬 베드로의 운명을 알게 하셨습니다. 이번에는 수난 주간 바로 전날 예수님이 체포되신 날 저녁이었습니다. 제자들은 우리가 최후의 만찬이라 부르는 그 만찬에 주님과 함께 있었습니다. 예수님은 그분의 능력으로 하실 수 있었듯이 미래의 일을 내다보셨습니다. 그러고는 특별히 제자 시몬에게 "시몬아, 시몬아, 보라, 사탄이 너희를 밀 까부르듯 하려고 요구하였다"라고 말씀하셨습니다. 여기에서 **너희**는 복수형으로 모든 제자를 의미합니다. 예수님은 특별히 시몬에게 말씀하고 계시지만 사실 그들 모두에게 말씀하시는 것입니다. "밀을 까부르다"라는 표현은 고대 팔레스타인 지역에서 농부들이 곡물을 까불러 겨를 날리는 방식을 말하는 것입니다. 그들은 우선 타작마당에서 곡물을 두드려 밀과 껍질을 분리합니다. 그다음에 갈퀴나 큰 삽으로 그것들을 공중에 날리면, 겨는 바람에 날아가 버리고, 타작마당에는 밀만 남게 됩니다. 남는 것은 껍질이 없는 밀로서, 껍질은 걸러진 것입니다. 예수님은 시몬에게 "장차 제자들이 쓰라린 고난을 받게 될 것이다. 즉 그들이 어떤 사람들인지를 보기 위해서 험하고 고통스러운 방식으로 다루어지게 된다"는 사실을 말씀해 주신 것입니다. 하지만 그러고 나서 예수님은 계속해서 "시몬아! 내가 너(이때는 단수형으로 시몬

만을 가리킵니다)를 위하여 네 믿음이 떨어지지 않기를 기도하였노니, 너는 돌이킨 후에 네 형제를 굳게 하라"(눅 22:32)고 말씀하셨습니다. 예수님은 베드로가 힘든 시기를 겪고 난 후에, 이전에 어부였던 그가 돌이켜 동료 제자들을 지원하고 힘을 실어 주게 될 것을 알고 계셨습니다. 예수님이 시몬 베드로를 위해서 계획하셨던 리더십의 역할에 대해 암시하신 것입니다.

이런 사건들을 통해 우리는, 예수님이 처음부터 시몬이 영적 지도자가 되길 원하셨고, 그 역할을 감당할 수 있도록 그를 준비시키려 하셨다는 것을 알 수 있습니다. 이런 해석에는 이상할 것이 없습니다. 예수님은 영적 지도자로 예정된 사람들에게는 인생 여정의 초창기부터 시시때때로 손을 대십니다. 그런 일은 지금도 일어나고 있습니다. 소명을 이루는 것은 사명을 받은 이들이 자기들의 소명을 인식하는 것에서부터 시작합니다.

충성스러운 추종자

이제 시몬 베드로에 대한 세 번째 사실을 살펴봅시다. 이 또한 복음서에 분명히 제시되어 있습니다. 베드로는 게네사렛 호숫가에서 예수님을 처음 만난 순간부터 그분을 자신의 진정한 지도자로 여기고 충성을 다했습니다. 그가 처음부터 예수님을 따르는 것의 진정한 의미를 이해했는지는 확실히 알 수 없습니다. 하지만 시몬은 이분이야말로 자기의 운명을 맡길 수 있는 분이고, 자기가 순종하고 따라가야 할 분임을 알았습니다. 이야기의 순간순간마다 그는 이러한 헌신에 기초해서 살아가는 모습을 보여 줍니다. 그는 최후의 만찬 직후, 주님께 특별한 개인적 충성을 고백했습니다. 예수님이 제자들에게 "오늘 밤에 너희가 다 나를 버리리라. 기록된바 내가 목자를 치리니 양의 떼가 흩어지리라"고 말씀하셨을 때에, 베드로는 즉시 대답했습니다. "모두 주를 버릴지라도 나는 결코 버리지 않겠나이다. 예수께서 이르시되 내가 진실로 네게 이르노니 오늘 밤 닭 울기 전에 네가 세 번 나를 부인하리라." 그러나 베드로는 이렇게 선언했습니다. "내가 주와 함께 죽을지언정 주를 부인하지 않겠나이다"(마 26:31-35). 그리고 그는 자기가 한 말을 정말로 믿었습니다.

시몬 베드로가 스스로 자기의 지도자인 예수님께 완전히 헌신했다고 생각했음을 알 수 있습니다. 다른 제자들처럼 그도 십자가 사건 이전에는 신자였습니다. 그는 예수님 앞에 놓인 모든 계획과, 예수님이 말씀하신 모든 것을 이해하지는 못했습니다. 그는 초신자에 지나지 않았다고 말할 수도 있습니다. 그렇지만 생사를 걸고 절대적으로 예수님을 따른 사람이었다는 점에서 보면 그의 헌신은 사실이었습니다. 시몬은 자기가 아는 한 가장 정직한 헌신의 서약을 했고, 그 서약에 충실할 마음이었습니다.

이야기의 진행을 따라가 보면, 우리는 시몬에게 상당한 교만과 자기 확신이 있으며, 그 교만과 자기 확신 이면에는 자기에 대한 무지와 실질적인 약점이 상당 부분 숨어 있다는 것을 알게 됩니다. 그렇지만 그렇다고 해서 요한의 아들 시몬이 예수님께 완전히 헌신했다는 사실이 변하는 건 아닙니다. 그러므로 이것들이 우리가 시몬 이야기에서 명심해야 할 세 가지 기본적인 사실입니다. 시몬 베드로는 타고난 지도자였고, 예수님은 그를 영적인 지도자로 부르셨으며, 그는 자기의 주님께 헌신했습니다.

연약함을 지닌 충성

십자가 사건 이전의 시몬 베드로에 대한 이야기는 어리석음 그리고 결국에는 실패라는 이야기로 전개됩니다. 그는 제자도의 요구 수준에 부응하지 못했는데, 그의 이야기는 이 점을 분명하게 보여 줍니다. 예수님은 그를 오래 참으셨고, 다른 제자들을 사용하셨듯이 실제로 그를 전도 사역에도 사용하셨습니다. 언젠가 예수님은 자신이 왔음을 사람들에게 알리기 위해 제자들을 전도 선발대로 보내신 적이 있습니다. 성경은 그들이 하나님 나라를 전파하고 병도 고쳤다고 전하고 있습니다. 예수님은 이런 미숙하고 완성되지 않은 제자들에게 하나님 나라를 전하는 역할을 맡기셨습니다. 정말로 그렇게 하셨습니다. 그러나 아무리 그래도 3년 동안이나 제자 교육을 받은 시몬이 여전히 항상 생각 없이 어리석은 말을 하고, 또 그렇게 생각 없고 어리석게 행동하는 시몬이었다는 사실은 변할 수 없습니다. 우리는 시몬을 실언 때문에 애먹은 사람으로 말하게 되는데, 왜냐하면 그는 입을 열 때마다 계속 실수를 했기 때문입니다. 그는 하지 않았으면 더 좋았을 일을 저질렀던 것과 마찬가지로, 하지 않았으면 더 좋았을 말들을 해 버리곤 했습니다.

예를 들면, 시몬은 제자들과 같이 배를 타고 나갔다가 풍랑을 만났습니다. 그들이 호수 반대쪽에 다다를 수 있을 것인지 걱정하며 열심히 노를 젓고 있는데, 예수님이 물 위로 걸어오셨습니다. 예수님은 "안심하라. 내니 두려워하지 말라"고 하셨습니다. 그러자 베드로는 이렇게 대답했습니다(왜 그랬을까를 자문해 보십시오). "주여! 만일 주님이시거든 나를 명하사 물 위로 오라 하소서." 왜 그는 물 위로 걷기를 원했을까요? 그의 머릿속에는 무슨 생각이 들어 있었을까요? 허장성세라고밖에는 달리 추측할 수가 없습니다. 그러나 어느 경우든, 돌이켜 보면 그가 (열두 제자 중에서) 어리숙하게 말하는 사람으로 제일 먼저 인정받았을 사람이었으리라 생각합니다. 어쨌든 예수님은 그의 말을 들어주셔서 "네가 원한다면 와 보라"고 말씀하셨습니다. 그래서 그는 물에 발을 내디뎠고, 예수님처럼 처음 얼마 동안에는 수면 위를 걸었으며 가라앉지 않았습니다. 그러나 그러고 나서는 주위를 둘러보고, 거센 파도를 보았으며, 강한 바람을 느꼈고, 폭풍에 대해서 생각하다가 결국은 물에 빠져 버렸습니다. 그러자 예수님은 그를 배로 끌어 올려 주시고 나서, "믿음이 작은 자여! 왜 의심하였느냐?"라고 책망하셨습니다(마 14:22-31을 보십시오). 시몬이 믿음을 그런 식으로 시험해 보지 않았더라면 더 좋았을지도 모릅니다. 하지만 시몬은 그런 사람이었습니다.

그런 후에 우리는 요한과 야고보와 함께 변화산에 오른 시몬 베드로가 하나님의 시현(Shekinah) 곧 하나님의 영광이 예수님 안에 나타나 예수님이 흰빛을 발하시는 모습에 넋을 잃는 사건을 보게 됩니다. 시몬은 무슨 말을 해야 할지 몰랐지만, 그는 바로 시몬이었기에, 무슨 말이든 꼭 해야만 했습니다. 그는 예수님이 변화산에 나타난 모세와 엘리야와 함께 이야기하시는 것을 보았습니다. (어찌 된 일인지 제자들은 이 방문자들이 누구인지를 알고 있습니다.) 그래서 베드로는 예수님께 "주여! 우리가 여기 있는 것이 좋사오니 만일 주께서 원하시면 내가 여기서 초막 셋을 짓되 하나는 주님을 위하여, 하나는 모세를 위하여, 하나는 엘리야를 위하여 하리이다"라고 여쭙니다. 여러분은 다시 한번 뒤로 물러나 머리를 긁적이면서, 도대체 왜 그가 그런 말을 했는지 의아해할 것입니다. 그 말의 의미는 무엇입니까? 왜 초막이 하나가 아니라 셋입니까? 왜 굳이 초막이 필요한 것입니까? 햇빛을 차단하기 위해서? 아니면 왜? 시몬은 필요하다면 바로 자기가 직접 공사에 착수할 수 있다는 사실을 예수님, 모세 그리고 엘리야에게 환기시켜 주고 싶었을까요? 만약 그렇다면, 왜 그랬겠습니까? 이 질문들에 대한 대답은 찾아볼 수 없습니다. 시몬은 그런 말을 하는 것이 이치에 맞는지 어떤지는 생각해 보지도 않고 말한 것입니다. 그것이 시몬이었습니다(마 17:1-8을 보십시오).

그리고 여러분은 십자가 사건 이전에 시몬의 제자도가 실제로 어떻게 끝났는지를 알고 있습니다. 그것은 시몬의 부인, 즉 영적 재난으로 끝나게 됩니다. 그는 자기가 예수를 알고 있다는 것, 전에 예수와 함께 어떤 일을 했었다는 것, 자기가 예수의 제자였다는 것을 부인함으로써 예수님을 세 번씩이나 부인합니다. 처음 두 번은 "너도 예수와 함께 있었다"라고 말했던 두 여종의 말에 대한 대답이었습니다. 시몬은 두 번이나 거듭해서 "난 아니다"라고 부인했습니다. 그런 다음 대제사장의 여종이 "우리가 예수를 체포할 때 그 동산에서 네가 예수를 따르는 것을 내가 보았다"라고 말하자, 시몬은 이제 저주하고 맹세까지 하면서, 상상해 보건대 얼굴을 붉히고 팔을 휘휘 저으며 "내가 그를 알지 못하노라"고 주장했습니다. 그 후 시몬은 자신이 어떤 행동을 했는지 깨닫고 비탄에 빠졌습니다. 우리가 알고 있듯이, 그는 밖으로 나가 심하게 통곡했습니다. 그는 "모두 주를 버릴지라도 나는 결코 버리지 않겠나이다"라고 말했었습니다. 누가 그 말을 의심했겠습니까? 그러나 지금 베드로는 닭이 우는 소리를 들었습니다. 그는 자기가 한 일이 정확히 예수님을 버린 행동임을 깨닫고는 낙심에 빠졌습니다.

말하자면 시몬의 제자도 이야기 3막 중 제1막은 이렇게 끝이 납니다. 여러분이 보시는 것처럼, 시몬은 매우 낙심해 있습니다. 그의 자부심은 끝장났으며, 자기 확신은 온데간데없이 사라지고, 그는 실패자가 되었습니다. 여러분은 그의 자부심이 끝장나고 자기 확신이 사라진 것이 그에게 이롭다는 것을, 비록 사실이긴 하지만 그 순간에 그에게 말할 수는 없을 것입니다. 그렇지만 그는 마침내 그것이 득이 된다는 사실을 깨닫게 되었습니다.

여러분도 경험을 통해 이런 교훈을 배운 적이 있는지 모르겠습니다. 주님이 여러분의 자기 확신을 꺾으시기 전에는 여러분과 함께 많은 일을 하실 수가 없습니다. 때때로 우리도 시몬 베드로처럼 실수를 저지를 수밖에 없고, 천성적인 자기 확신이 꺾이기 전에는 진정한 그리스도인으로 살지 못하고 실패하게 될 것입니다. 하나님은 자비로우셔서, 우리 마음으로부터 자기 확신을 꺼

내 부수어 버리기 위해 실패를 허용하십니다. 그렇게 하신 후에 우리에게 새로운 시야, 즉 우리 자신을 신뢰하기보다는 하나님을 신뢰하는 새로운 인생관이 생겼을 때 우리를 들어서 사용하십니다. 이것은 영혼에 매우 유익합니다. 사실상 예수님이 시몬을 이끄신 방식도 바로 이런 방식이었습니다.

그렇지만 시몬 베드로 이야기의 제1막은 그가 비탄에 빠져서 상심한 채 울부짖는 모습으로 끝이 납니다(막 14:66-72; 눅 22:54-62; 요 18:15-27을 보십시오). 그는 주님을 실망시켰습니다. 실패는 잊을 수 없는 큰 충격이었습니다. 그는 겁에 질려서, 자기 목숨을 구하기 위해 주님에 대한 충성의 서약을 깨 버렸습니다. 그가 자기 소행이 정말 끔찍하다고 느끼는 것도 당연합니다. 진실로 예수님을 사랑했고 충성을 다할 것이라고 다짐하던 시몬은, 자기 자신을 어떻게 추슬러야 할지, 무엇을 해야 할지 몰랐습니다. 저는 그의 마음을 이해할 수 있습니다. 여러분도 이해할 수 있기를 바랍니다.

정직한 충성

우리는 제2막에서 예수님이 부활하셔서 승천하기 직전에, 시몬이 예수님을 극적으로 만나면서 그의 인생이 변하는 것을 보게 됩니다. 여기에서 시몬은 예수님을 부인함으로써 영원히 상실했다고 생각했던 지도자의 역할을 다시 부여받게 됩니다. 그것은 구세주가 베푸시는 그야말로 경이로운 자비를 분명히 보여 주는 일입니다. 요한복음 21장에서 그 이야기를 볼 수 있습니다.

이야기는 다음과 같이 시작됩니다. 시몬은 자기 친구들 즉 동료 제자들에게 "나는 물고기나 잡으러 가겠다"고 말합니다. 이 말은 우리가 사용하는 것처럼 "나는 낚시하러 가겠다"는 의미가 아닙니다. 시몬은 다음과 같이 말하고 있는 셈입니다. "사역에 관한 한, 난 완전히 망쳐 버렸어. 인정하려니 마음이 찢어질 것 같지만, 난 더 이상 예수님을 섬길 수 없어. 사람들 앞에서 예수님을 부인했으니 완전히 자격 상실이야. 그러니 이젠 옛날에 하던 일이나 해야겠어. 다시 어부가 될까 해. 나랑 같이 안 갈래? 오늘 밤엔 고기를 잡자. 상당히 많이 잡을 수 있을 거야. 그런 다음 내일 장이 열리는 대로 잡은 것들을 팔자고."

베드로가 이렇게 말하는 것은 자신의 상처받은 영혼을 조금이나마 위로하기 위해서였다고 생각합니다. 그는 자기가 예수님을 부인한 것은 용서받았음을 알고 있습니다. 그는 예수님에게 세상에 나가서 그리스도를 전하라는 사명을 받은 사람들 중의 한 사람이었지만(요 20:21-23), 자신에 대해 신중하게 반성해 볼 때에 스스로가 실패자라고 느꼈고, 그래서 소명으로 여긴 그 일을 전적으로 파기해야만 한다고 생각한 듯합니다. 그의 천성적인 도취와 열정은 더 이상 존재하지 않았고, 그의 신용도 무너져 버렸습니다(그는 그렇게 느꼈습니다). 그의 행동은 그가 스스로에게 이렇게 말하고 있음을 나타냅니다. '나는 제자로서는 실패했지만, 어부로서는 성공할 수 있어. 적어도 고기를 잡는 데는 전문가니까.' 자만심, 자기 확신, 자존심이 무너진 그는, 스스로 생각하기에 가장 잘할 수 있는 일에 몰두할 계획을 세웠습니다. 정신과 의사들은 이것을 '보상 전략'이라고 부릅니다.

그의 동료들이 베드로의 계획을 어떻게 생각했는지 우리는 모르지만, 그들이 기꺼이 그를 도와주고자 했다는 것을 알 수 있습니다. 그들은 나가서 밤이 새도록 그물을 던졌으나, 한 마리도 잡지 못했습니다. 이른 아침 예수님이 해변에 나타나셔서, 이전에도 한 번 시몬과 동료들에게 말씀하셨던 것처럼, "그물을 배의 반대편에 던지라"고 말씀하셨습니다. 그들이 예수님이 말한 대로 그물을 내렸을 때, 다시 한번 엄청나게 많은 물고기가 잡혀 그물을 가득 채웠습니다. 그래서 그들은 해변으로 나가 부활하신 주님의 권능에 대한 경외감에 또다시 압도되었고, 주님이 무리 중에 함께 계심을 기뻐했습니다.

배의 선장 격인 시몬은 벌써 배에서 내렸습니다. 그는 과연 시몬답게 행동했습니다. 그가 해변에서 그리스도를 첫 번째로 맞이

하기를 원했다는 사실 이외에 어떤 동기로 그렇게 행동했는지는 명확하지 않습니다. 그는 밤에 고기를 잡기 위해 벗어 놓았던 겉옷을 집어 들었습니다. (그들은 열심히 일하느라 웃통을 벗고 있었던 것 같습니다. 그렇게 벗은 상태로 주님 앞에 서는 것은 공손한 행동이 아닐 것입니다.) 그래서 시몬은 겉옷을 입었습니다. 그런 다음 해변에 제일 먼저 도착하기 위해 물에 뛰어들었습니다. 그가 예수님께 당도했을 때에는, 말 그대로 흠뻑 젖어 있었습니다. 다행히도 예수님은 시몬이 불 옆에 앉아서 옷을 말릴 수 있도록 숯불을 피워 놓으셨습니다.

이야기는 다음과 같이 계속됩니다. 예수님은 그들을 위해 숯불에 생선과 떡을 구워 아침 식사를 준비하셨습니다. (구세주가 우리 인간의 기본 욕구를 생각해 주신다는 것은 참으로 놀라울 만큼 감격스러운 일이 아닙니까?) 아침 식사가 끝나자 예수님은 시몬을 데리고 해변을 거니셨습니다. 제자들의 소리가 들리지 않는 곳에 이르자, 예수님은 "요한의 아들 시몬아! 네가 이 사람들보다 나를 더 사랑하느냐?"고 물으셨습니다. "이 사람들보다 더"라는 예수님의 말씀은, 시몬이 "모두 주를 버릴지라도 나는 결코 버리지 않겠나이다"라고 고백하던 순간을 그의 기억 속에 떠올리게 했을 것이라고 생각합니다. 물론 그때 시몬의 고백과 지금 예수님의 말씀이 있기까지 베드로의 세 번의 부인이 있었기에, 예수님이 "요한의 아들 시몬아! 네가 나를 진실로 사랑하느냐? 이 사람들이 나를 사랑하는 것보다 더 많이 진실로 네가 나를 사랑한다고 생각하느냐?"라고 말씀하실 때의 그 질문 속에는 가시 같은 것이 있었습니다. 시몬은 말을 할 수가 없었습니다. 예수님을 부인했던 비참한 기억에 짓눌린 채, 그저 "주여! 내가 주를 사랑하는 줄 주께서 아시나이다. 저 자신이 지독하게 철저히 무너져 내렸다는 것을 저도 잘 알고 있습니다. 예수님! 제가 정말로 주님을 배반한 사람이라는 것을 알고 있습니다. 그 기억이 너무 끔찍하기만 합니다. 그렇지만 주님, 제가 주를 사랑하는 줄 주께서 아시나이다"라고 고백했을 뿐입니다. 시몬에게는 간사함이 없습니다. 그는 정직하고 진실한 사람입니다. 예수님은 그 질문을 두 번 세 번 반복하셨고, 시몬은 매번 똑같이 대답했습니다.

때로 세 번째 질문은 앞의 두 질문과 완전히 똑같은 질문은 아니라고 생각하는 사람들도 있습니다. 왜냐하면 요한이 그 질문을 기록할 때에, '사랑'이라는 부분에서 다른 헬라어 동사를 사용했기 때문입니다. 아주 최근의 어떤 성경 번역본에서는 세 번째 질문을 번역할 때에 "네가 나의 친구냐?"라고 표기함으로써 변화를 주고 있습니다. 그러나 그것은 잘못된 해석입니다. 복음서의 다른 부분에서 요한은 두 동사를 동의어로 사용하고 있습니다. 그런 동사의 변형은 단지 문체상의 차이일 뿐입니다. (어떤 경우였든 예수님과 시몬은 분명히 아람어로 대화를 나누었을 것이며, 동사의 변화가 가져오는 어감상의 차이는 이런 방법으로는 표현할 수 없습니다).

예수님이 세 번째로 그 질문을 하셨을 때, 시몬은 마음이 아팠습니다. 왜냐하면 예수님이 자기의 말을 믿지 않으시는 것처럼 느껴졌기 때문입니다. 그는 주님이 무얼 하시는 건지 알 수 없었습니다. 분명한 것은 예수님이 자신을 세 번 부인했던 베드로의 쓰라린 기억을 씻어 주기 위해서 예수님께 사랑 고백을 세 번 할 수 있게 하셨다는 사실입니다. 그래서 시몬이 "내가 주를 사랑하는 줄 주께서 아시나이다"라고 말할 때마다 예수님은 즉시 그에게 해야 할 일을 주셨습니다. "내 어린 양을 먹이라. 내 양을 치라. 내 양을 먹이라." 예수님은 그 말씀을 통해서 자신의 제자에게 염두에 두고 있었던 일 즉 전도 사역의 지도자 역할에 시몬을 복귀시키고 계십니다. 우리가 알다시피 시몬은 전날 밤에 고기를 잡으러 나갔습니다. 자신의 공적인 제자 직분과 공식적인 사역은 모두 끝장났다는 것을 확신했기 때문이었습니다. 그는 스스로 주 예수님을 위해서 사용될 자격을 영원히 박탈했습니다. 그는 자격이 없다고 생각했습니다. 그렇지만 예수님은 여기에서 시몬에게 다시 지도자 역할을 맡기시며, 특별히 그에게 전도 사역을 감당하도록 다시 명령하십니다. 예수님이 그에게 하시는 질문과 그를 재임명하는 것의 상관관계는 바로 "내가 주를 사랑하는 줄 주께서 아시나이다"라는 베드로의 고백 속에 있습니다. 예수님은 그에게 이렇게 말씀하시는 것입니다. "시몬아, 네가 나를 정말로 사랑한다면(나는 너의 정직함을 의심하지 않는다. 네가 있는 그대로를 말하고 있다고 믿는다. 나는 네 마음을 안다), 정말로 나를 사랑하는 사람답게 그 사랑을 보여 주어야만 한다. 사랑은 단지 말로 할 문제가 아니다. 사랑은 너의 행동을 통해 네가 나를 사랑한다는 것을 입증해야 하는 문제란다."

이것은 전적으로 사실입니다. 그렇지 않습니까? 부모들은 그들이 자녀를 사랑하는 것을, 배우자들은 서로 사랑하는 것을, 친구들은 자기 친구들을 사랑한다는 것을 각기 행동으로 보여 줍니다. 성경에 나타나는 사랑은 말로만 끝나는 것이 아닙니다. 사랑은 본질적으로, 끌리는 감정이 아닙니다. 사랑은 도움과 유익을 가져다주는 섬김을 목적으로 합니다. 그래서 어떤 사람은 자기가 좋아하지 않는 사람을 사랑할 수도 있으며, 때로는 우리 모두가 그래야 합니다. 여기에서 예수님이 시몬에게 말씀하시는 내용은 실제로는 이런 말씀입니다. "이제 너는 네가 기억하고 있는 비참한 행동과는 전혀 다른 행동으로 나를 사랑한다는 것을 보여 주어야 한다. 이때의 행동은 네가 나가서 다른 사람들, 특별히 다른 성도들을 나를 위해 사랑하고 섬기고 돌보며 사역하는 것이어야 한다. 만약 네가 나를 사랑한다면, 내 양을 먹여라. 내 어린 양을 먹여라. 양 떼를 돌봐라. 나의 대리인이며 대행자로서 다른 사람들을 보살펴야 한다." 예수님은 시몬의 정직함을 인정하셔서 그를 전도 사역에 다시 복귀시키셨습니다. 이것은 예수님이 시몬의 사랑 고백을 받아들이고 인정하신 것이며, 그의 진실함을 입증할 방법을 그에게 알려 주신 것입니다. "시몬아, 나는 너를 나의 사역에 다시 복귀시키기를 원한다. 너는 내 양들의 목자가 되도록 계획하였다고 말해 주고 싶구나. 시몬아, 너를 향한 나의 애초의 목적은 여전하다는 것을 분명히 이해하기를 바란다."

그 말씀을 하신 직후에, 예수님은 미래를 가리고 있던 커튼을 잠시 옆으로 젖히셨습니다. 그분은 제자 시몬이 하나님의 영광을 위해 순교함으로써 사역을 마치게 될 것을 말씀하셨습니다. 예수님이 그렇게 하신 이유는, 시몬 베드로가 공포에 휩싸여 일신을 구하려고 예수님을 부인했던 태도를 명확한 방식으로 없앨 수 있는 기회를 주기 위해서였다고 생각합니다. 그래서 예수님은 그에게 다소 무뚝뚝하게 말씀하셨습니다. "시몬아, 만약 네가 내가 다시 주는 사명을 받아들인다면, 너는 너의 목숨을 구할 수 없게 된단다. 네가 그 사실을 알았으면 한다. 마지막에 너는 권력층의 손에 순교자로 죽음으로써 나를 영화롭게 할 것이다. 그들은 나에게 했던 것처럼, 너를 위험인물로 지목해 사형에 처할 것이다. 이제 시몬아, 그런 정황에도 불구하고 내가 네게 말하노니

'나를 따라오너라.'"

　이것은 예수님이 처음에 시몬을 제자로 부르셨을 때 그에게 하신 말씀입니다(마 4:19과 요 1:43을 비교해서 읽어 보십시오). 그때는 시몬이, 갈릴리와 유대 여기저기를 순회하는 전도자 예수님이 이끄시는 순회 전도단의 동역자가 되어야 한다는 뜻이었습니다. 이제 예수님은 그 말씀을 다시 하십니다. 그렇다면 예수님이 이 세상을 떠나 아버지의 영광으로 돌아갈 때에 "나를 따르라"고 말씀하신 것은 무슨 의미일까요? 예수님이 의미하신 것은 분명 다음과 같습니다. "나의 명령을 받아들이고, 너를 향한 나의 계획에 순종하며, 내가 너의 인생을 인도하게 하라. 나에 대한 충성이 네게 가져다줄 법정 소환, 도전들, 힘든 사역과 고난을 회피하지 말아라. 언제나 나의 인도와 내가 보여 준 본을 따라라. 시몬아! 이제 그것이 어떤 일인지 네가 알게 되었는데도, 이 사명에 헌신하겠느냐?" 여기서 시몬이 예라고 답한다면, 예수님을 부인한 끔찍한 기억들은 정말로 다 씻겨질 것입니다. 시몬은 이렇게 말했을 것입니다. "주님, 저는 목숨을 부지하는 것에는 더 이상 관심이 없습니다. 예, 주님을 따르겠습니다." 시몬은 이 점을 이해하긴 했지만, 아직도 완전히 회복된 것은 아니었습니다.

　저는 시몬이 예수님께 대답하기 전에, 잠깐 비켜서서 혹은 한 발 물러서서 곰곰이 생각할 시간을 가졌다고 생각합니다. 그는 이 대답이 상당히 중대한 것이라는 것을 깨달았습니다. 그때 요한이 뒤쪽에서 해변을 따라 걸어오고 있는 것이 보였습니다. 그래서 예수님께 "주님, 저 사람은 어떻게 되겠습니까? 요한은 어떻게 되나요?"라고 물었습니다. 그는 화제를 돌려 잠시나마 그 질문에 대한 답변을 피하려고 했습니다. 그러나 자비로운 예수님은 그가 답변을 회피하도록 내버려두지 않으셨습니다. 예수님은 시몬에게 "그것은 너와 아무런 관계가 없다. 내가 요한을 위해 준비한 것은 상관할 바가 아니다. 내가 돌아올 때까지 그를 살게 할지라도 그것은 네가 상관할 일이 아니다. 시몬아! 지금 네게 말하노니, 너는 나를 따라야만 한다(헬라어 성경에는 '너'라는 말이 매우 강조되어 있습니다)." 시몬은 그 의미를 알아챘습니다. 그리고 신약성경의 나머지 부분에서 만나게 되는 시몬은, 어린 양이신 예수님이 이끄는 곳이라면 어디든지 그 어린 양을 따라가는 철저하게 헌신적인(그의 일신을 구할 수 없을지라도) 시몬입니다. 따라서 제2막은 시몬 베드로가 영적으로 그리고 소명에서 완전히 회복되었음을 보여 줍니다.

견고한 충성

이야기는 제3막으로 이어집니다. 여기서는 시몬 베드로가 참으로 온전히 반석 즉 초대교회의 닻이 됩니다. 오순절 성령 강림으로 시작되는 이 부분의 이야기는 신실함과 열매 맺음을 보여 주고 있습니다. 사도행전의 첫 부분에서 12장까지의 이야기를 보십시오. 거의 모든 장에서 시몬은 하나님의 개척자이자 목자 그리고 중심인물로 등장하는 것을 보게 됩니다. 그는 주님에 대한 견고한 헌신과 섬김으로써 예수님께 충성과 사랑을 보여 줍니다. 이렇게 시몬은 주님의 예언을 성취해 가고 있습니다.

시몬 베드로는 자기 인생의 마지막 때에 교회들에게 두 편의 편지를 씁니다. 확고함과 견실함이 두 서신서에서 눈에 띄게 강조되는 이상적 성품이라는 것이 상당히 인상적입니다. 그의 삶의 이력을 돌이켜 봅시다. 그가 예수님을 부인했던 일과 그의 어리석음과 실패를 다시 생각해 볼 때 시몬이 이제 성도들을 세워 주고 온갖 여건 속에서도 사도로서의 사역을 진실하게 수행해 나가는 지도자요 교사요 사도로서 견고함에 관심을 기울이는 것은 전혀 놀라운 일이 아닙니다.

여기에 그가 쓴 서신의 일부 내용이 있습니다. 베드로전서는 주후 60년대 초에 교회들에 보낸 편지입니다. 그리스도인들은 핍박에 직면했고 날마다 죽음의 위협 속에서 살아야만 했습니다. 베드로가 그들에게 한 말은 다음과 같이 부연해서 이야기할 수 있습니다. "근신하고 깨어라! 너희 대적 마귀가 우는 사자같이 두루 다니며 삼킬 자를 찾느니라. 그들이 예수님을 체포할 때 나에게도 그랬던 것처럼 말이다. 사탄이 밀 까부르듯 나를 요구했다는 예수님의 경고는 끔찍하게도 내가 주님을 부인함으로 성취되었다. 너희 대적 마귀는 너희를 찾고 있다." 시몬 베드로는 계속해서 말합니다. "너희는 믿음을 굳건하게 하여 그를 대적하라. 이는 세상에 있는 너희 형제들도 동일한 고난을 당하는 줄을 앎이라. 모든 은혜의 하나님 곧 그리스도 안에서 너희를 부르사 자기의 영원한 영광에 들어가게 하신 이가, 잠깐 고난을 받은 너희를 친히 온전하게 하시며 굳건하게 하시며 강하게 하시며 터를 견고하게 하시리라. 너희의 현재 고난은 끝나게 될 것이다. 그러나 너희의 신실한 믿음을 공략하는 사탄의 공격은 너희들이 살아가는 동안 계속될 것이다. 대적들과 싸울 준비를 하거라." 시몬 베드로가 베드로전서에서 요청하는 것은 바로 확고한 믿음입니다(벧전 5:8-11을 보십시오).

이제 베드로후서의 마지막 부분에서 다시 그의 이야기를 들어 봅시다. 그는 바울이 쓴 서신들에 대해 이야기하고 있습니다. 베드로가 말하고자 하는 것은 바울의 모든 편지에도 이러한 일에 관하여 기록되었으되, 그중에 알기 어려운 것이 더러 있으니 무식한 자들과 굳세지 못한 자들이 다른 성경과 같이 그것도 억지로 풀다가 스스로 멸망에 이르게 된다는 것입니다. 그는 "굳세지 못한 자가 되지 말라"고 당부합니다. 그는 계속해서 이렇게 말합니다. "그러므로 사랑하는 자들아, 너희가 이것을 미리 알았은즉 무법한 자들의 미혹에 이끌려 너희가 굳센 데서 떨어질까 삼가라. 오직 우리 주 곧 구주 예수 그리스도의 은혜와 그를 아는 지식에서 자라 가라. 영광이 이제와 영원한 날까지 그에게 있을지어다"(벧후 3:15-18을 보십시오). 목회자 시몬 베드로는 사탄이 굳세지 못한 자들을 영적인 재난과 개인적인 참담함으로 몰아넣는 것을 이미 경험해 보았기에, 그가 그 누구도 그런 식으로 무너지거나 퇴보하지 못하게 하려고 애를 쓰는 것은 충분히 이해할 만합니다. 신약성경에서 시몬 베드로에 대한 이야기의 제3막은 이렇게 끝을 맺습니다.

우리 안에 있는 시몬 베드로의 모습

타 문화권에서 오래 사역한 한 선교사는 "모든 사람이 베드로를 좋아한다"고 말했습니다. 그 의미는, 모든 사람이 시몬 베드로의 기질과 자기들의 기질에서 상당한 공통점을 발견한다는 것입니다. 가령 베드로의 열정으로 인한 경솔함, 지독할 정도로 순진한 자신감, 따뜻하고도 풍성한 형제애, 잘 모를 때는 언제든지 질문하는 자세, 때로 불쑥 내뱉어 버리는 바보 같은 언행 등에서 자신의 모습을 발견하는 것입니다. 사람들은 그가 주님을 부인했을 때 겪은 깊은 몰락을 공감하고, 예수님이 호숫가에서 그에게 자비롭게 말씀하시고 오순절에 성령이 그에게 강력하게 임했을 때에 회복된 큰 기쁨도 함께 체감합니다. 사람들은 하나님이 바울과 베드로 같은 사람을 변화시키셔서 그렇게 많은 일들을 하셨다면, 자신들에게도 지금 깨닫는 것보다 훨씬 더 많은 소망이 있다는 것을 느낍니다.

그렇지만 하나님이 시몬을 변화시키신 것처럼, 우리를 변화시키기 원하시는 하나님의 소망이 이루어지려면, 우리는 하나님과 우리 자신에게 솔직해질 필요가 있습니다. 시몬 베드로가 "내가 당신을 사랑하는 줄 주님께서 아시나이다"라고 고백한 것처럼 우리도 예수님께 고백할 수 있을까요? 틀림없이 우리도 그처럼 말하게 될 것입니다. "주여, 제가 당신을 실망시켰다는 것을 압니다. 제가 저지른 일은 끔찍하고 그 일에 대한 기억은 두렵기만 합니다. 그러나 제 마음속으로는 주님을 정말 사랑합니다. 제가 무엇보다도 가장 원하는 것은 당신을 더욱더 사랑하는 것입니다." 우리는 우리의 죄와 실패에 대해서 예수님이 용서와 평안을 말씀하시는 음성을 들은 적이 있습니까? 그리고 모든 것에도 불구하고 주님이 여전히 우리가 할 일을 마련해 놓고 계시다는 것을 확신시켜 주는 음성을 들어 본 적이 있습니까? 우리가 어느 누군가에게, 우리의 주님께, 다른 그리스도인에게 그리고 우리와 가장 가깝고 가장 사랑하는 사람에게 사랑을 보여 주는 방법은, 그들에게 말로 하는 것보다도 그들을 위해 하는 행동이라고, 주님이 우리에게 말씀하시는 것을 들어 본 적이 있습니까? 지금까지 살펴본 것처럼, 하나님의 아들에게 이렇게 정직하고, 현실적으로 반응하는 태도야말로 바로 시몬이 보여 준 진보의 길이었습니다. 그것은 베드로가 어떻게 하나님 아버지를 알아 갔는지를 보여 주는 길이었습니다. 시몬이 이 길을 따라갈 때, 하나님은 확고하지 못한 시몬을 반석 같은 베드로로 변화시키셨습니다. 이 길을 따라간다는 것은 매우 기초적인 의미에서 진정한 사도적 계승입니다. 이 길은 예수님의 진정한 제자들을 위한 진리의 여정입니다. 이 길은 여러분과 제가 반드시 가야 할 길이기도 합니다. 주님, 우리를 이 길로 인도해 주옵소서. 우리가 그 길을 끝까지 걸을 수 있도록 기도합시다.

∧∧∧

자비로우신 주 예수님! 주께서 시몬 베드로에게 인내와 자비와 놀라운 회복의 은혜를 베푸셨음을 우리는 알게 되었습니다. 주님은 오래전, 많은 결점을 가진 종 베드로를 연약한 사람에서 강한 사람으로, 불안정한 사람에서 확고한 믿음의 사람으로, 변덕쟁이에서 반석 같은 인물로 변화시키셨습니다. 주 예수님, 우리는 당신이 베드로에게 베푸신 은총을 필요로 하는 인간들입니다. 그래서 우리도 당신 앞에 겸손히 엎드려 간구합니다. 주 예수님, 우리에게 가까이 오셔서, 우리가 마음으로부터 당신께 "우리가 당신을 사랑하나이다"라고 고백하게 하옵소서. 그리고 당신이 시몬 베드로의 인생에 역사하신 것처럼, 다른 사람들의 복을 위하여 그리고 주의 이름의 영광을 위하여 우리의 인생에도 역사하여 주옵소서. 주 예수님! 바로 이것을 위해서 우리가 기도합니다. 간구하오니, 그것을 우리에게 허락하옵소서. 그래서 우리가 인생을 살아가는 동안, 주님의 은총과 아버지의 사랑과 성령이 주시는 능력과 교제와 성령의 열매 맺음을 허락하여 주시옵소서. 그리하여 아버지와 아들과 성령의 복이 우리에게 영원히 있게 하옵소서. 주여! 진실로 그렇게 되기를 원하나이다. 주 예수의 이름으로 기도합니다. 아멘.

연구를 위한 질문

1. 당신에게 시몬 베드로와 비슷한 부분이 있다면 무엇입니까?
2. 요한복음 21장을 읽으십시오. 이 이야기를 읽을 때 마음에

어떤 이미지가 떠오릅니까?

3. 이 본문에서 그리스도의 인자하심을 보여 주는 사례는 무엇입니까?

4. 예수님을 향한 시몬 베드로의 충성을 보여 주는 증거들은 무엇입니까?

5. 당신이 시몬 베드로였다면, 예수님과 이 대화를 나눌 때 어떤 부분에서 어려움을 느꼈겠습니까?

6. 하나님이 당신을 회복시키시는 순간을 경험한 적이 있습니까? 이 회복은 당신의 삶에 어떤 지속적인 영향을 주고 있습니까?

7. 베드로전서 5:8-11을 읽으십시오. 이 본문은 베드로의 성품에 일어난 어떤 변화들을 보여 줍니까?

8. 베드로전서의 마지막 부분에 나오는 말을 통해 개인적으로 얻은 격려가 있다면 무엇입니까?

9. 당신의 인생에서 그리스도가 함께하셨던 순간을 돌아보십시오. 주님은 당신의 성품을 어떻게 변화시키셨습니까?

10. 예수님은 시몬 베드로를 회복시키시기 위해 세 번이나 "네가 나를 사랑하느냐?"고 물으셨습니다. 당신은 이 질문에 어떻게 대답하겠습니까? 그 대답을 토대로 당신이 취할 구체적인 행동은 무엇입니까?

기도

1. 다른 사람들이 예수님의 정체성에 대해서 다양한 의견들을 말할 때에, 시몬 베드로는 "주는 그리스도시요, 살아 계신 하나님의 아들이시니이다"(마 16:16)라고 고백했습니다. 만약 당신이 정말로 그렇게 고백할 수 있다면, 베드로와 동일한 믿음으로 당신의 헌신을 다짐하며 기도하십시오.

2. 사람들이 예수님을 떠나가는 그 순간은 시몬 베드로가 예수님을 따르는 것을 포기할 수 있는 좋은 구실이 될 수도 있었습니다. 그때에 베드로는 "주여! 영생의 말씀이 주께 있사오니, 우리가 누구에게로 가오리이까?"(요 6:68)라고 고백했습니다. 당신이 받고 있는 유혹으로부터 벗어나기 위해서 베드로의 말을 묵상해 보십시오. 당신을 믿음에서 일탈시키려는 유혹을 하나님께 아뢰고, 하나님께 대한 당신의 헌신을 다짐하는 기도를 드리십시오.

3. 시몬 베드로는 예수님이 영적인 지도자로 훈련시키신 타고난 지도자였습니다. 그뿐만 아니라 그는 예수님을 따르는 충성심이 강한 제자가 되었습니다. 당신이 지도자와 제자가 될 수 있도록 하나님이 주신 타고난 능력들을 숙고해 보십시오. 주께서 하나님의 나라를 위해 당신을 능력 있는 종으로 만

드시기 위해서 이러한 능력들을 어떻게 정교하게 다듬고 계신지를 묵상하며 기도하십시오.
4. 그리스도에 대한 당신의 사랑을 표현할 수 있는 찬송과 찬양을 찾으십시오. 그리고 기도할 때에 그 찬양을 부르거나, 그 가사를 기도하는 것처럼 읽어 보십시오.

기록과 적용

예수님이 시몬 베드로에게 세 번이나 "네가 날 사랑하느냐?"고 물으셨을 때에, 그의 제자 베드로는 "주님! 모든 것을 아시오매, 내가 주님을 사랑하는 줄을 주님께서 아시나이다"(요 21:17)라고 대답했습니다. 하나님은 이미 주님에 대한 당신의 사랑이 어느 정도인지를 알고 계시다는 위로를 기억하며(하나님은 당신이 아는 것보다 더 잘 알고 계십니다) 주님을 향한 당신의 사랑을 되새겨 보십시오. 주님에 대한 사랑과 헌신 그리고 사랑의 강도를 약화시키는 것들을 적어 보십시오. 그리고 당신이 예수님과 그 백성들을 향해 어떤 방식의 사역으로 사랑을 보여 주기 원하는지에 대해서도 적어 보십시오.

8. 모든 수고가 허사가 되었을 때의 소망

느헤미야

느헤미야기

느헤미야는 정치인이었습니다. 그는 페르시아 왕의 공식 대리인으로 오랫동안 예루살렘에서 수고한 지방 총독이었습니다. 그는 본래 예루살렘에 사는 유대인들을 하나님의 거룩한 백성으로 만들려고 했던 하나님의 종이기도 합니다. 저는 이미 그가 정치인이었다고 말했습니다. 또한 그는 목회자였다고 말하는 것도 좋을 것 같습니다. 느헤미야 13장을 연구해 보면, 우리는 이 두 가지 특징을 모두 볼 수 있습니다. 13장은 느헤미야의 개인적인 회고의 마감이기도 합니다. 우리는 13장에서 느헤미야가 첫 임기를 마친 지 몇 해 후에, 다시 예루살렘에 돌아와서 목격하게 된 상황과 그가 그것에 대해 어떤 조치를 취했는지를 알 수 있습니다.

느헤미야는 총독의 첫 임기 동안에 하나님의 은총으로 세웠던 질서가 실패로 끝났으며, 다시 과거의 모습으로 상당 부분 되돌아간 것을 보았습니다. 이것은 그에게 엄청나게 큰 실망감을 가져다주었습니다. 그가 워낙 감정 표현을 자제하고 있기 때문에, 상황이 크게 잘못되어 버린 것을 목도하고 그가 얼마나 비통해하는지를 깊게 생각하지 않으면 놓치기 쉽습니다. 그렇지만 그가 원상 복귀를 위한 강력한 조처를 취하는 것에 그의 감정에 대한 암시가 나타나 있습니다. 느헤미야는 여기에서 그가 마땅하다고 생각한 대로 재건하기 위해서 어떤 일들을 했는지 기술하고 있습니다. 느헤미야 13:15-22에 보면, 그가 안식일의 거룩함을 회복시키는 것을 알 수 있습니다. 17절에서 그는 유다의 귀인들을 책망하며, "너희가 어찌 이 악을 행하여 안식일을 범하느냐?"고 말합니다. 20절과 21절에서는 장사할 목적으로 매주 안식일에 몰래 들어오려고 안식일 동안 예루살렘 성 밖에서 밤을 보낸 장사꾼들에게도 경고를 합니다. 느헤미야는 "내가 경계하여 이르기를 너희가 어찌하여 성 밑에서 자느냐? 다시 이같이 하면, 내가 잡으리라"고 말했습니다. 참으로 강력한 조처입니다.

이것만이 아닙니다. 다음 단락(13:23-28)을 보면, 그가 어떤 조치를 취했는지를 말해 줍니다. 사실 그는 이전에도 조치를 취했었지만, 이번에도 예루살렘의 가정생활을 정결하게 하기 위해서 다시 정책을 수립해야만 했습니다(느 10:30; 스 10장을 보십시오). 문제는 유대인들이 비유대인들과 결혼을 해서 자녀들이 이제는 히브리어는 모르고 이방 언어만 알고 있다는 점이었습니다. 따라서 그들이 이스라엘의 하나님의 율법을 접해도 그 가르침을 이해할 수도 없고 읽을 수도 없게 되었습니다. 느헤미야는 다시 한번 강력한 지시를 내립니다. 그는 13:25에서 말합니다. "내가 그들을 책망하고 저주하며 그들 중 몇 사람을 때리고 그들의 머리털을 뽑고[역시 강력한 행동입니다!], 이르되 너희는 너희 딸들을 그들의 아들들에게 주지 말고, 너희 아들들이나 너희를 위하여 그들의 딸을 데려오지 않겠다고 하나님을 가리켜 맹세하라."

느헤미야서를 좀 더 읽어 보면, 예루살렘에서 하나님을 찬양하기 위해 그가 준비한 일들이 무엇인지를 알 수 있습니다. 성전 봉사가 홀대받고 있었습니다. 13:4-7을 보면, 과거에 느헤미야의 끈질긴 반대파 중 도비야라는 사람이 있었는데(느 2:10, 19; 4:1-7; 6:1-19을 보십시오), 그가 하나님의 전 뜰에 있는 개인 방 하나(성전 창고들 중 하나)를 상으로 받았다는 사실을 알 수 있습니다. 그것은 수치스러운 일이었습니다. 이런 일이 발생하게 된 이유는 성전 봉사자들인 레위인들을 지원하기 위한 십일조가 잘 걷히지 않았고, 그래서 레위인들은 부득이 성전 봉사를 수행하지 못한 채, 대신 지방으로 돌아가 그들의 땅에서 일한 데서 비롯되었습니다. 그래서 성전의 창고들이 사용되지 않았던 것입니다.

느헤미야는 그가 어떤 강경 조치를 취했는지를 말해 줍니다. 13:8을 보면, 느헤미야는 "내가 심히 근심하여 도비야의 세간을 그 방 밖으로 다 내어던지고"라고 말합니다. 그는 그 방을 정결하게 할 것을 명령하고, 그 후부터는 하나님의 율법에 따라서 십일조와 소제물을 가져와야 한다고 강조했습니다. 그는 11절에서 "내가 모든 민장들을 꾸짖어 이르기를 하나님의 전이 어찌하여 버린 바 되었느냐?"고 말하고, 계속해서 30절에서 "내가 이와 같이 그들에게 이방 사람을 떠나게 하여 그들을 깨끗하게 하고 또 제사장과 레위 사람의 반열을 세워 각각 자기의 일을 맡게 하였다"고 했습니다. 간단히 요약하면, 그는 하나님께 드리는 찬양과 예배를 위한 규정을 다시 만들었습니다. 간단히 요약하면, 느헤미야는 성전 안에 있어야만 하는 것 즉 하나님에 대한 찬양과 예배를 위한 규정을 다시 한번 만들었습니다. 그것은 그가 첫 임기 동안 대략 확정한 예배 규칙이었습니다(느 10장을 보십시오).

우리는 또한 13장에서 기도가 강조되고 있음을 주목해야 합니다. 느헤미야는 회고를 마치면서 당시 자기가 했던 기도를 삽입합니다(느 13:14, 22, 29, 30을 보십시오). 앞 장들에서도 때때로 그렇게 했습니다(4:4-5; 5:19; 6:14을 보십시오). 그는 13:22에서 "내 하나님이여, 나를 위하여 이 일도 기억하시옵고, 주의 크신 은혜대로 나를 아끼시옵소서"라고 기도합니다. 그리고 13장의 마지막은 "내 하나님이여, 나를 기억하사 복을 주옵소서"라는 기도로 끝납니다.

이제 여러분은 이 사람 느헤미야를 어떻게 생각하십니까? 그가 회고록의 마지막 장에서 우리에게 들려주는 이야기를 볼 때,

여러분은 그에게서 어떤 점을 볼 수 있습니까? 여러분은 그와 함께 저녁 시간을 보낼 수 있겠습니까? 그와 교제를 나누고 싶은 마음이 드십니까? 그는 하나님의 종입니다. 그건 분명합니다. 그것도 헌신적인 종이지요. 그는 자신의 직무를 일편단심으로 열심히 수행합니다. 그는 될 대로 되라고 일을 내버려두는 그런 사람이 아닙니다. 그의 마음은 아주 집중되어 있습니다. 그는 자기가 추구해야 할 목표가 무엇인지 알고 있고, 그것을 수행합니다. 그는 성전 예배를 정립하고, 가정의 참모습을 회복하기 위해서 그리고 예루살렘에서 안식일을 경건하게 지키게 하기 위해서라면 어떤 일이든지 할 준비가 되어 있었습니다. 그는 자기가 가야 할 길을 알고 있었기에, 그 목적을 이루는 데 필요한 모든 조치를 취했습니다.

솔직하게 말한다면, 느헤미야의 사역은 분노의 폭발이라고 특징지을 수 있습니다. 그는 결코 '사람 좋은' 사람이 아닙니다. 그는 도비야에 대해 격노하고, 이 암몬 사람이 제공받은 성전 뜰의 방 밖으로 그의 가구와 개인 집기들을 다 던져 버렸습니다. 도비야가 느헤미야 곁에서 더듬거리며 뭔가를 말하려고 하는데, 느헤미야가 경호원 두세 명의 호위를 받아 방의 세간들을 함부로 다루고 있는 모습을 상상해 보십시오. 또는 도비야가 옆에 서 있는데도, 고의적으로 그를 무시하면서, 병사들에게 그를 강제로 끌어내도록 명령하는 모습을 상상해 보십시오. 또한 느헤미야는, 이방 여인과 결혼해서 자녀들이 히브리어를 말하지 못하는 유대인들 중의 몇 사람은 머리털을 뽑아 버렸습니다. 아주 강경한 조치였지요. 그래서 여러분은 적어도 그를 말만 앞서는 사람이 아니라 행동하는 사람으로 평가할 것입니다. 그는 자기가 개선하고자 하는 악습에 대해 매우 흥분했고, 단호하다 못해 극단적인 변화를 일으켰던 사람입니다.

우리가 솔직한 사람이라면 다음과 같이 말하는 게 아주 당연할 겁니다. "글쎄요. 그런 사람은 제가 볼 때 성격이 너무 강하군요. 저는 그런 종류의 헌신이나 그런 식으로 하나님을 섬기는 것에 대해서는 좋게 평가할 수가 없습니다. 하나님도 그것을 좋게 여기실지 의문이고요. 어쨌든, 전 온화한 사람입니다. 그리고 온화한 사람이 되려고 노력하고 있습니다. 저는 느헤미야 같은 과격한 사람과는 사귀고 싶지 않습니다."

범상치 않은 자질

느헤미야가 하나님의 성전에서 분노를 터뜨린 행동은 도덕적으로 결함이 있는 것입니까? 이 점에 대해서 생각해 봅시다. 예수님이 성전을 정결하게 하실 때 터뜨리신 분노는 도덕적으로 결함 있는 행동이었습니까? 정치적인 개혁을 하는 시기에는 비관용적인 사람에게 관용을 베푸는 것이 때로는 최고의 덕목으로 여겨지기도 하는 것 같습니다마는, 다시 한번 생각해 봅시다. 13장에 나오는 일은 현대에는 찾아보기 힘든 것이어서, 그런 상황을 무어라 규정하기도 힘듭니다. 그것을 지칭하는 일반적인 성경 용어가 있기는 하지만, 우리는 그 의미를 잘 알지 못합니다. 그 단어는 바로 **열심**(zeal)입니다. 우리는 하나님의 종이 수치스러울 정도로 불경한 사태와 맞서는 열심 있는 행동을 목격하고 있습니다. 이 사실을 깨달으면 여러분은 의아한 생각이 들 것입니다. 느헤미야가 좀 더 온화하게 대응하는 것이 적절하지 않았을까요? 느헤미야는 자신이 발견한 상황을 좀 무시하는 게 옳지 않았을까요?

'열심'은 우리가 성경에서 주님과 그분의 종들에 대해 읽을 때에 자주 접하게 되는 자질입니다. 우리는 주 예수님이 여러 겹의 노끈으로 채찍을 만들어 성전에서 장사하는 이들을 쫓아내신 이야기를 읽을 때에도 이 말을 대하게 됩니다. 그때 제자들은 두려움 가운데 그 모습을 바라보면서 "주의 전을 사모하는 열심이 나를 삼키리라"(요 2:14-17을 보십시오.)는 성경에 기록된 말씀이 예수님 안에서 이루어지고 있는 것을 자신들이 목격하고 있음을 깨달았습니다. 그런 분이 바로 주 예수님이시며, 하나님을 섬기는 일에 우리의 모범이요 표준이 되십니다. 그리고 여기에서 느헤미야는 예수님의 태도에 비견할 만한 방식으로 열심을 보여 주고 있습니다.

열심이 무엇인지를 배우기 위해서 진정한 권위자인 라일(J. C. Ryle) 주교에게서 그 정의를 살펴봅시다. 라일 주교는 19세기 말 잉글랜드 성공회의 위대한 인물 중의 한 사람으로 잉글랜드 중서부 지역의 항구 도시인 리버풀 최초의 주교였습니다. 그가 이 주제에 대해 쓴 장에서 열심에 대해 어떻게 설명하는지 경청해 봅시다(여기서 그는 포괄적인 의미로 남성 명사를 사용하고 있는데, 이 점에 관해 여성 독자들의 양해를 구하는 바입니다. 라일은 빅토리아 왕조 시대의 사람이었으니까요).

종교에서의 '열심'이란, 가능한 모든 방식으로 이 세상에서 하나님을 기쁘시게 하고, 그분의 뜻을 행하려 하며, 그분의 영광을 높이려 하는 강렬한 열망입니다. 그것은 어떤 사람도 천성적으로는 느끼지 못하는 열망입니다. 왜냐하면 그것은 모든 성도가 회심할 때 그 마음속에 성령이 주시는 열망이기 때문입니다. 어떤 성도들은 다른 사람들보다도 훨씬 더 강렬하게 느끼기 때문에, 자기들만이 '열심 있는' 사람이라 불릴 자격이 있다고 생각합니다. 종교에서 열심 있는 사람은 한 가지 일에만 현저하게 집중하는 사람입니다. 그렇다고 이런 사람을 진지하고, 원기 왕성하며, 비타협적이고, 철저하며, 전심을 다하고, 열렬한 정신의 소유자라고 말하는 것으로는 충분하지 않습니다. 그는 단지 한 가지 일만 바라보고, 한 가지 일에만 관심을 가지며, 한 가지 일을 위해서 살고, 한 가지 일에 전념하는 사람입니다. 그 한 가지 일이란 하나님을 기쁘시게 하는 것입니다. 살든지 죽든지, 건강하든지 병약하든지, 부유하든지 가난하든지, 다른 사람을 기쁘게 하든지 화나게 하든지, 사람들에게 욕을 먹든지 칭찬을 받든지, 지혜로운 사람이든지 어리석은 사람이든지, 영예를 얻든지 수치를 당하든지, 모든 열심 있는 사람은 다른 것에는 전혀 관심이 없습니다. 오직 한 가지 일에만 열중합니다. 그 한 가지 일은 하나님을 기쁘시게 하고, 하나님의 영광을 높이는 것입니다. 그렇게 열중하는 일에 자신이 소모될지라도, 그것에 개의치 않고 오히려 만족합니다. 그는 마치 등불처럼 자신은 불태워지기 위해 만들어졌다고 생각합니다. 설령 그렇게 소모된다고 할지라도, 그는 하나님이 자기에게 명하신 그 일을 반드시 완수합니다. 그런 사람은 늘 자기의 열심을 다할 영역을 찾을 것입니다. 만약 그가 설교를 할 수 없고, 일할 수도 없으며, 많은 돈을 낼 수도 없다면, 그는 울부짖고 탄식하며 기도할 것입니다.…
만약 그가 여호수아와 함께 계곡에서 전투에 참여할 수 없다면, 그는 산꼭대기에서 모세와 아론과 훌이 했던 일이라도 하려고 할 것입니다(출 17:9-13, 중보 기도 사역을 보여 주는 본문입니다). 만약 그가 할 일이 없다면, 그는 다른 방면에서 필요한 도움을 만들어 내고 그것을 완수할 때까지 잠시도 하나님을 쉬지 못하게 할 것입니다. 이것이 바로 종교에서의 '열심'을 말할 때에 내가 의미하는 바입니다. [『믿음으로 살라』(*Practical Religion*, 복있는사람), pp. 130-131]

한 세기 전에 살았던 라일만이 열심이 무엇인지를 알고 있었던 사람은 아니라는 사실이 반갑습니다. 더글러스 럼퍼드(Douglas Rumford)는 영성 생활에 대한 훌륭한 책인 『영혼 만들기』(*Soul-shaping*)를 저술했습니다. 럼퍼드는 이 책의 마지막 부분에서 열심에 대해 쓰면서, 열심을 건강한 영혼의 중요한 특징으로 아주 자세히 설명합니다. 그는 다음과 같이 말합니다.

우리는 열심을 감정의 표출, 외향성, 또 심지어 열광적인 활동과 혼동해서는 안 됩니다. 그것은 동요하지 않는 확신으로서, 그 결과 인생에서 하나님의 진리를 끊임없이 적용하는 것으로 보는 것이 더 좋습니다. 열심 있는 사람은 빈번히 회복을 위하여 뒤로 물러섰다가 다시 조용한 담대함을 가지고 앞으로 나아오곤 합니다. 믿음을 나누기 위해, 타협의 유혹에 확고하게 맞서기 위해 그리고 그 가는 길이 가시나무와 잡목으로 뒤얽혀 있을 때 좀 더 먼 길로 돌아가기 위해서.…힘은 그 일을 할 때 생기게 마련입니다. 여러분이 아령을 들어 올리는 운동을 한다고 생각해 봅시다. 몸에서 피를 더 많이 필요로 하는 부분은 더 많은 피를 요구하고, 그 과정에서 피가 도는 새로운 순환로가 생겨 피를 더 공급하게 됩니다. 이것은 바로 그 부분에 더 많은 힘이 생겼음을 의미합니다. 그러나 수요가 없다면, 힘의 공급도 없습니다! 만약 여러분이 영적인 생명력을 경험하기 원한다면, 여러분을 필요로 하는 장소로 가십시오. 예를 들면, 여러분의 대화에 예수 그리스도를 초대하십시오. 또 이제 금방 예수님과 동행하기 시작한 영적 어린아이를 멘토링하겠다고 결심하십시오. 궁핍한 이웃에게 다가가십시오. 병 낫기를 원하는 사람을 위해 기도하십시오. 여러분이 믿음의 발걸음을 크게 떼지 않는 한, 여러분의 믿음은 자라지 않을 것입니다. 여러분이 한 발짝 내디딜 때 여러분은 하나님의 임재하심에 놀랄 것입니다. 그것은 극적인 방식으로 오지 않을 수도 있습니다. 사실 대개의 경우 극적인 방식으로는 오지 않습니다. 그러나 여러분이 옳은 일을 하고 나면, 하나님이 기뻐하시는 굳건한 평화와 확신을 경험하게 됩니다.

이것은 지혜와 진리의 말씀입니다. 열심의 길은 느헤미야, 예수님 그리고 사도 바울이 걸어갔던 길입니다. 이 점에서 저는, 그들이 모든 성도가 지향해야 하는 척도와 표준을 설정했다고 생각합니다. 우리는 자신이 열심 있는 사람이 아니라는 것을 정당화할 수 없습니다. 우리 하나님을 위하여, 하나님께 우리의 사랑을 표현하는 방법으로, 우리는 열심 있는 사람이 되라는 부르심을 받았습니다. 그리고 우리가 이렇게 하나님을 위하여 열심 있는 사람이 되지 않는 한, 우리는 하나님을 기쁘시게 하지 못합니다.

신약성경에 나오는 열심

앞에서 단언하였듯이, 우리는 이러한 열심을 주 예수님에게서 찾아볼 수 있습니다. "예수께서 이르시되 나의 양식은 나를 보내신 이의 뜻을 행하며 그의 일을 온전히 이루는 이것이니라"(요 4:34). 우리는 그것을 바울에게서 볼 수 있습니다. 바울이 말한 모든 것에는 열심이 나타나 있습니다. 여기에서는 그중 두 가지만을 언급하려고 합니다. 두 가지 모두 고린도 교인들에게 보낸 두 번째 편지에 있습니다. 바울도 깨달았다시피, 고린도 교인들은 목회하기에 너무나 어려운 집단이었습니다. 그들은 그리스도를 위한 바울의 열정이 일종의 정신병과 같다는 어리석은 생각을 했습니다. 바울은 그 생각을 정정하면서 이렇게 말합니다. "그리스도의 사랑이 우리를 강권하시는도다. 우리가 생각하건대 한 사람이 모든 사람을 대신하여 죽었은즉 모든 사람이 죽은 것이라. 그가 모든 사람을 대신하여 죽으심은 살아 있는 자들로 하여금 다시는 그들 자신을 위하여 살지 않고 오직 그들을 대신하여 죽었다가 다시 살아나신 이를 위하여 살게 하려 함이라"(고후 5:14-15). 우리는 고린도후서 12:15에서 바울이 자신의 열정을 다시 표현하는 것을 볼 수 있습니다. "내가 너희 영혼을 위하여 크게 기뻐함으로 재물을 사용하고 또 내 자신까지도 내어 주리니." 그것은 광기가 아니라 열렬한 사랑이요, 불타는 듯한 열심입니다. 우리는 사도 바울과 예수님을 통해, 하나님의 영광을 위한 열심과 하나님의 백성들을 위한 사랑 사이에는 아무 모순이 없다는 것을 배우게 됩니다. 그들의 마음속에는 이 두 가지가 결합되어 있었고, 이것은 느헤미야의 마음속에서도 마찬가지입니다.

우리 중 어떤 이들은 이것을 이해하기 어렵다고 생각할 수도 있습니다. 느헤미야의 열심은 아주 광포한 행동으로 나타나기 때문에, 우리는 이렇게 생각할 수도 있습니다. '확실히 이 사람은 미쳤어. 그는 백성들을 상관하지 않아.' 예! 그렇습니다. 예수님과 사도 바울이 그랬던 것처럼, 느헤미야도 그렇습니다. 그러나 그는 사랑 안에서 백성들의 유익을 추구했습니다. 그리고 여러분도 다른 사람들을 유익하게 하고자 한다면 때로는 그들에게 엄격해야만 합니다. 그러므로 저는 여러분에게 이 열심이라는 기독교적 미덕을 추구하고 실천하라고 권고하는 바입니다.

느헤미야의 열심

열심 있는 신자들의 한 가지 특징은, 자신의 이중 목표—하나님의 영광과 자기 영혼의 유익—를 추구하는 데 명석하고 활동적이라는 것입니다. 느헤미야의 회고 전반부인 12장까지에 나와 있는 그의 이야기를 다시 한번 대강 훑어보면, 여기에서도 그의 열심을 찾아볼 수 있습니다. 예루살렘 성벽을 재건하고 도시의 경건성을 회복하는 과정에서, 느헤미야의 첫 번째 관심사는 시종일관 하나님의 영광이었습니다. 1장에는 다시 한번 예루살렘을 방어 능력을 갖춘 성읍으로 만들기 위해 성벽을 세우려던 노력이 실패로 끝났다는 비보가 나옵니다. 성벽은 무너지고, 사기는 땅에 떨어졌으며, 하나님의 이름을 품고 있는 그 도시에서 하나님은 높임을 받지 못하고 있었습니다. 이런 소식은 느헤미야에게 큰 슬픔을 가져다주었습니다. 그와 그의 친구들은 불가능한 것을 위해서 기도했습니다. 느헤미야로 하여금 그가 섬기고 있는 왕에게서 은혜를 입게 해 달라는 기도였습니다. 즉 페르시아의 왕이 페르시아 제국의 일부인 예루살렘에 그를 왕실 대리인인 총독으로 보내어, 그가 일들을 잘 처리할 수 있게 되기를 기도한 것입니다.

유대인 느헤미야는 왕궁에서 높은 지위를 지닌 노예에 불과했습니다. 당시는 노예 노조도 없었고, 그가 술 관원으로 왕을 위해서 하고 있는 직무는 실제로 매우 위험한 일이었습니다. 술 관원이란 왕이 마실 술을 먼저 맛보는 사람으로서, 이 중요한 분이 저녁 식사 때 마실 포도주에 독이 들어 있는지를 살피기 위해 몇 시간 전에 미리 그 술을 마시게 하려고 고용한 관리입니다. 술 관원의 입장에서 보면 그 일은 위험성이 높았지만, 왕의 입장에서는 꼭 필요하며 자신을 지키기 위한 관직이었습니다. 느헤미야는 이곳에서 1년 365일 내내 술을 시음하는 유대인 노예였습니다. 그의 친구들이 이 문제를 다룰 적임자가 그라고 말했을 때, 느헤미야는 예루살렘 재건 사업을 위해 자신이 자리를 비울 수 있을 거라고 생각할 수 있었겠습니까? 그런 일이 일어날 가능성은 전혀 없었습니다. 하지만 느헤미야는 친구들이 말한 것을 믿고 기도하였고, 그들도 느헤미야와 함께 기도했습니다. "이 사람들 앞에서 은혜를 입게 하옵소서"라고 말입니다.

행동으로 나타내는 열심

우리가 알고 있듯이, 느헤미야는 참으로 놀라운 하나님의 섭리에 따라서 예루살렘에 총독으로 부임—실제로는 임명—하게 되었습니다. 공사를 시작한 날부터 마치는 날까지 총 52일 동안, 그는 총 길이 약 3킬로미터에 걸쳐서 높이 약 3미터, 너비 약 3미터의 성벽을 재건하기 위해서 예루살렘과 인근 지역에 사는 주민들을 동원했습니다. 모든 사람이 단결하여 노력한 지 52일 만에 성벽은 세워졌습니다. 이러한 엄청난 업적에는 대중 조직 능력이 요구되었습니다. 그가 쓴 책 느헤미야기에는 그러한 조직 관리가 상세하게 기록되어 있습니다. 그것은 정말 뛰어난 능력이었습니다. 그러나 느헤미야는 성공 요인을 결코 자기의 조직 관리 기술에 돌리지 않았습니다. 그는 그 역사가 다 끝난 후에, "우리 하나님께서 이루셨다"고 기록하고 있습니다(느 6:16).

일은 거기서 끝나지 않았습니다. 예루살렘 성벽이 빨리 완공되고 치안이 확립되자, 느헤미야는 모든 사람을 관례에 따른 집회날에 모이도록 했습니다(느헤미야는 아마도 나팔절, 속죄일, 초막절 등 7월의 종교 행사를 위해서 이스라엘 백성을 모두 모이게 했을 것입니다―옮긴이). 그날, 에스라와 에스라가 훈련시킨 선생들은 모든 백성에게 율법을 가르쳤습니다. 그들은 율법을 세대를 계승해서 계속 가르치지 않았던 것입니다. 그들은 어떻게 하나님을 섬겨야 하는지 알지 못했습니다. 그러나 하나님은 그분의 영을 부어 주셨고, 일종의 신앙 부흥 운동이 일어났습니다. 이스라엘 백성을 예루살렘으로 다시 돌아오게 하신 그들의 하나님이 자신을 계시하셨을 때, 자신은 규약과 도덕법, 행동 기준들과 변치 않는 요구

사항을 가진 하나님인 것을 계시하셨을 때, 그 파급 효과가 어찌나 컸던지 그들은 모두 무너졌습니다. 그들은 울었고, 그래서 가르침이 잠시 중단되기도 했습니다.

그날 진행을 맡았던 느헤미야는 그들에게 이렇게 말했습니다. "좋습니다. 우리가 오늘 할 수 있는 건 다했습니다. 가서 맛있게 드십시오. 가서 즐기십시오. 여호와를 기뻐하는 것이 여러분의 힘입니다"(느 8:9-12을 보십시오). 그것은 느헤미야 자신이 성벽을 건설하는 과정에서 증명해 보인 비결이었습니다. 느헤미야의 업적은 정말 대단한 것이었습니다. 모세가 하나님의 섭리하에서 이스라엘을 세운 최초의 건국자라면, 느헤미야는 두 번째 건국자입니다.

이것은 행동으로 보여 주는 열심 그 자체입니다. 이것은 하나님께 마땅히 드려야 할 적극적인 섬김이었습니다. 만약 우리가 "왜 우리가 하나님을 섬길 때 느헤미야와 같은 식으로 열정을 가진 사람이 되어야 합니까?" 하고 묻는다면, 사도 바울은 고린도후서 5:14을 인용해서 우리에게 답변할 것입니다. "그리스도의 사랑이 우리를 강권하시는도다."

기도로 나타나는 열심

이제 느헤미야기 전체에 걸쳐서 그의 기도들이 어떻게 이루어져 가는지를 주목해 봅시다. 느헤미야 13장에 들어 있는 기도들을 통해서 우리는 그가 기도의 사람임을 알 수 있습니다. 처음부터 그는 일이 진행되어 가는 전환점마다 기도에 매진하였고, 다른 사람들도 기도하도록 했습니다. 4:8-9에 보면, 그는 그가 쌓아 올리려 하는 성벽을 무너뜨리려는 음모가 꾸며졌다는 것을 알게 되었다고 말합니다. 동맹을 맺은 적들(도비야도 포함해서)이 함께 모여 예루살렘과 싸우기로 음모를 꾸몄지만, 느헤미야는 말하기를 "우리는 하나님께 기도하였다"라고 합니다. 그것이 첫 번째 반응이었습니다. 그다음에 그는 "파수꾼을 두어 주야로 방비하도록" 하였습니다.

먼저 기도하고 문제의 원인을 하나님께 맡기십시오. 먼저 기도한 후에, 적절한 조처를 취하십시오. 먼저 기도하고 그 위기 속에서 하나님의 인도를 받으십시오. 느헤미야는 이 원칙을 이해하고 그 원칙대로 실천했습니다. 비열한 적들의 패거리는 그를 두려움에 빠뜨려서, 이스라엘 백성의 손이 약해져서 성벽을 재건하는 역사를 이루지 못하게 하려고 했습니다. 그때 느헤미야는 "그들이 다 우리를 두렵게 하고자 하지만, 나는 '이제 내 손을 힘 있게 하옵소서'라고 기도하였다"고 말합니다(느 6:9). 그리고 하나님은 그렇게 하셨습니다. 13장에 나오는 기도는 이 하나님의 종이 기록한 일련의 기도 중에서는 마지막 기도입니다. 느헤미야는 자기를 신뢰하지 않고, 하나님을 신뢰했습니다. 그는 하나님의 성실하심을 기뻐했고, 하나님을 신뢰했으며, 하나님께 기도했습니다. 하나님을 기뻐하는 것과 기도의 내적인 결실, 이것이 바로 그의 힘이었습니다.

선교로 나타나는 열심

이미 작고했지만 중국, 인도, 아프리카 3개국에서 선구적인 선교사로 활동했던 위대한 스터드(C. S. Studd)는 이렇게 말한 적이 있습니다. "만약 예수 그리스도가 하나님이시며, 나를 위해 죽으셨다면, 내가 그분께 드린 것들을 희생이라고 말할 수는 없습니다." 주님을 섬기는 열심은 우리를 구속하신 주님의 지극한 사랑에 부합합니다. 명백하지 않습니까? 많이 사랑받은 사람은 그 보답으로 많이 사랑하고 열심으로 섬겨야 합니다. 우리는 "오 놀라운 사랑, 오 거룩한 사랑, 내 영혼과 생명, 나의 모든 것을 바칩니다"라고 찬양합니다. 맞습니다.

스터드는 **희생**이라는 단어를 사용했습니다. 그의 요지는, 만약 당신이 하나님이 당신에게 주신 소명을 받아들이려고 한다면, 그 뒤에는 항상 뭔가를 남겨야만 한다는 것입니다. 이 점을 다소 엄숙하긴 하지만 매우 뜻깊게 표현하는 방식이 있습니다. 신약성경에 의하면, 그리스도인의 삶은 세례받는 양식처럼 살아가게 되어 있습니다. 즉 죽기(혹은 죽은 것처럼 느끼기)까지 포기하는 것이 항상 우리를 다시 풍요롭게 하는 부활의 경험보다 선행한다는 것입니다. 하지만 부활은 죽기 전에는 오지 않습니다. 이것은 우리 각자에게 동일한 유형으로 되풀이됩니다. 즉 죽음과 부활은 계속 반복되는 일련의 과정이라는 것입니다. 이것은 교회와 세상 속에서 활동하시는 주님의 사역 유형의 일부분이며, 우리 개인의 삶에서도 주님이 행하시는 훈련의 일부입니다. 스터드 같은 사람들은 이 점을 잘 이해했습니다.

사도 바울도 이 점을 잘 이해했습니다. 바울이 빌립보서 2:6-11에서 인용하는 찬송은 이렇게 말합니다. 예수 그리스도는 하나님과 동등됨을 취할 것으로 여기지 않으시고, 오히려 자기를 비우고 포기했으며, 인간의 형체를 지니고 이 세상에 사람으로, 가난한 사람으로, 실제로는 노예로 오셨다는 것입니다. 그리고 그분은 우리를 구속하시기 위해 십자가에 달리사 고통 가운데 돌아가셨습니다. 그리스도의 사랑은 이처럼 대단한 것입니다. 만약 마음속에 그 사랑을 분명히 깨닫는다면, 우리는 스터드의 논법이 지닌 힘을 알게 될 것입니다. "만약 예수 그리스도가 하나님이시며 나를 위해 죽으셨다면, 내가 그분께 드린 것들을 희생이라고 말할 수는 없을 겁니다." 이것은 반박할 수 없는 말입니다.

제 생각에, 느헤미야가 이 자리에 있어서 우리에게 증언하고 싶어 할 것이 있다면(그리고 사도 바울도, 저 역시 제가 알고 있는 한도 내에서), 우리가 열정을 가지고 일편단심으로 하나님을 섬길 때 그것은 희생처럼 느껴지지 않는다는 사실입니다. 희생은 오히려 적극적인 감사, 적극적인 성실함으로 자기표현을 하려는 것과 같습니다. 실제로 여러분은 여러분이 마땅히 살아야 할 인생 즉 주님이 여러분을 속량하셔서 얻은 인생을 사는 것이라고 느낄 것입니다. 그러나 우리는 정말 그렇게 알고 있는 것일까요? 우리는 주님과 함께하는 삶을 살기 위해 열심의 은혜를 구하기 시작했습니까?

저는 열심에 관한 한 본보기가 될 만한 두 사람을 제시하려고 합니다. 18세기의 복음 전도자였던 조지 휫필드(George Whitefield)는 느헤미야 같은 선구자였습니다. 대개 존 웨슬리와 연관되는 영국의 복음주의 부흥 운동에서, 휫필드는 모든 일을 진행했습니다. 저는 조지 휫필드라는 사람에게 특별한 관심을 가지고 있습니다. 한번은 영국의 글로스터(Gloucester)에 있는, 과거에 그가 다녔던 학교를 방문할 특별한 기회가 있었습니다. 제 인생에 역할 모델이 된 사람이 있다면, 바로 휫필드였습니다. 그의 친구인 헨리 벤(Henry Venn)이 깜짝 놀랄 만큼, 휫필드는 주당 80시간을 일했고, 최고 25시간 동안 전도했으며, 1-2시간을 설교했고, 수많은 가정에서 성경 강해와 기도와 찬송을 했습니다. 그는 결코 싫증 내지 않았습니다. 그는 기쁘게 그 일들을 했습니다. 그는 자기가 예수님께 지극히 큰 사랑을 받았다는 것을 알았기에, 기쁘게 구주를 섬기고 감사의 마음을 표현했습니다.

주님은 조지 휫필드가 50대 중반에 고향으로 돌아와서 말년을 보내기 전까지, 그가 사역한 35년 동안 믿을 수 없을 정도의 힘과 믿을 수 없을 정도의 활력을 주셨습니다. 그는 무디어져서 못 쓰게 되기보다는 심신을 완전히 소모하고 싶다고 말한 적이 있는데, 정말로 그렇게 했습니다. 그것이 바로 '열심'입니다. 그것은 주님이 열심을 가진 사람들을 어떻게 사용하시는지를 보여 줍니다. 휫필드는 거의 완전히 한 세대 동안, 대서양 양쪽에서 일어난 부흥 운동의 피뢰침이었습니다. 그는 제가 느헤미야만큼이나 아주 많이 존경하고 생각해 보는 사람입니다.

저는 이제 혈통으로는 영국인이었지만 선택에 의해서 캐나다인이 된 한 사람으로서, 한 캐나다인에 대해서 말하고자 합니다. 여러분은 19세기 말 중국에서 선구적인 선교사로 활동했으며, 여러 방면에서 중국 교회의 부흥 운동을 일으켜 하나님의 도구로 사용된 조너선 고포스(Jonathan Goforth)에 대해서 들어 본 적이 있습니까? 조너선 고포스는 한 영국인 숙녀에게 청혼을 하면서 (그녀는 후에 그의 자서전을 썼습니다), 이렇게 말했습니다. "내가 나의 주님과 그분의 사역을 첫째로 삼으며, 심지어 당신보다 우선으로 삼아도 괜찮다고 약속해 줄 수 있겠습니까?" 그녀는 47년 후에 남편의 자서전을 쓰면서, 그 당시에는 대답을 하기 전에 주저했노라고 솔직하게 인정했습니다. 그렇지만 그녀는 그의 인생의 반려자가 되어 한 세대 이상을 중국에서 복음 전도와 목회 사역을 하며, 그때 '네'라고 대답했던 것을 아주 기쁘게 생각했노라고 고백한 적이 있습니다.

이런 것들은 몇몇 실례에 불과합니다. 더 많은 실례들을 열거할 수도 있지만, 이 정도로도 요점은 충분히 말했다고 생각합니다. 그리스도를 기억하십시오. 느헤미야를 기억하십시오. 바울을 기억하십시오. 조지 휫필드를 기억하십시오. 조너선 고포스를 기억하십시오. 스터드를 기억하십시오. 그리하여 절대로 열심이 부족한 사람이 되지 마십시오. 만약 여러분이 주님을 섬기는 일에 열심 있고 신실한 사람이 되기를 원한다면, 여러분은 언제나 그저 '좋은 사람'으로만 있을 수는 없을 겁니다. 하지만 여러분과 저에게 어떤 대가가 따르든지, 그리고 어떤 공격이 닥치든지, 우리는 그런 섬김에 열심 있고 신실해야 합니다. 이것이야말로 올바르고, 적절하며, 마땅히 요구되는 것입니다.

우리 안에 있는 열심

지금까지 저는 열심을 그리스도인의 미덕으로 격찬하고 찬양해 왔으며, 매일의 삶 가운데 열심을 추구해야 한다고 강조했습니다. 그렇지만 여기서 열심으로 인한 위험—선의에서 나온 난폭함과 외고집—에 대해 말할 필요가 있습니다. 하나님을 위한 열심은 가장 고귀한 형태의 열정적인 삶입니다. 그러나 열정적으로 살아간다는 것은 쉽게 균형을 잃고, 열광적이고 강박적이 되며, 시야가 좁아지고, 해서는 안 될 온갖 어리석은 행동들을 하기 쉽다는 특징이 있습니다. 이런 것들은 그 반대라 할 수 있는 냉담하고, 초연하며, 판에 박힌 태도를 지닌 사람들이 기피하는 것입니다. 오늘날과 같이 경박한 사회는 이 점을 잘 알고 있습니다. 이 사회는 뭔가에 열정적이고 진지하게 반응하는 것을 그저 재미있어하거나 의심합니다.

열정적인 지도자요 동기 부여자요 경영자였던 느헤미야는, 폭넓은 비전과 관리 경영 능력 양면에서 어느 단계에서든 실패하지 않았던 것으로 보입니다. 그러나 우리는 느헤미야가 도비야를 성전 구역 밖으로 쫓아내거나, 안식일의 장사꾼들을 폭력으로 위협하거나, 이방인 집안과 결혼한 유대인 남자들을 때리고 저주하며 머리털을 뽑아 버리는 식으로까지 분노할 필요가 있었을까 생각하게 됩니다. 그가 자신의 이야기를 말해 주는 방식을 보건대, 느헤미야는 분명히 자기가 그런 방식으로 화를 낼 필요가 있다고 생각했고, 흉하게 변질된 공동체를 다시 회복하기 위해서라면 그렇게 했을 것입니다. 물론 우리가 그때 그 자리에 없었기 때문에, 우리 중 어느 누구도 확실히 알 수는 없습니다.

그럼에도 불구하고, 앞에서 말한 것처럼, 여전히 의아한 생각이 듭니다. 확실하게 말할 수 있는 것은, 열심을 갈망하는 우리가 지혜의 길에서 일탈하지 않으려면 무엇을 해야 할지에 관해서, 항상 사려 깊은 친구들에게 조언을 구해야 한다는 것입니다. 또한 우리는 사역에서 폭력은 최소화되어야 한다는 것을 분명히 할 필요가 있습니다. 감정적이든 언어적인 것이든 혹은 신체적인 것이든, 폭력은 우리의 불완전하게 성화된 마음속에 있는 '열심'에 의해, 때로는 목적을 위한 수단으로 꼭 필요하다는 생각에 의해서 쉽게 촉발되기는 하더라도 말입니다. 쓸데없이 무례하고 거친 열심은 그만큼 영적이지 못합니다. 그 열심이 아무리 확고하고 강력하다 하더라도, 우리는 동료들을 대할 때에는 가능한 한 온화하고 자제해야 합니다. 그리하여 그 열심은 하나님과 이웃에 대한 사랑의 표현으로 드러나게 됩니다. 그것이 진정한 열심입니다. 우리는 이런 열심을 추구해야 합니다.

더 나아가서 느헤미야 13장의 이야기에 비추어 볼 때 구체적으로 말해야 할 것이 있습니다. 실망 때문에 하나님의 영광과 사역을 위한 우리의 열심이 어떤 식으로든 감소되어서는 안 된다는 것입니다. 어떤 일이 있어도 우리는 우선순위를 적절하게 유지하고 한결같이 하나님을 바라보아야 합니다. 그럴 때에만, 우리가 중요한 일에 임할 때 힘이 일시적으로는 약해지더라도 영구적으로 감소되지는 않는다는 것을 보장받을 수 있습니다. 이것은 정말 중요합니다. 왜냐하면 우리는 모두 때때로 실망하기 때문입니다(우리가 투자한 자본과 노동이 허비되거나, 의기소침해지거나, 기만당하거나, 정의가 부정되거나, 신체적 불구가 되거나, 형벌을 받거나, 무척 귀중하게 여기는 사람이나 물건을 상실하거나, 여타의 이유들로 인해 소망이 꺾일 때). 느헤미야는 첫 임기 동안에 성벽 재건과 신앙 부흥 운동을 통해 이루어진 수많은 선하고 경건한 질서들이 중도에서 완전히 무너진 것을 보고는, 엄청난 실망감을 느꼈을 것이 분명합니다(느 9-10장). 그럼에도 불구하고 그는 소망이 없다고 생각하지 않았으며, 두 번째 임기 동안에 예루살렘에서 하나님을 높이는 삶을 재건하는 일에 열정적으로 자신을 바쳤습니다.

전도서는 구절구절마다 인생은 "해 아래" 아무 의미 없는 실망과 좌절스러운 상황과 허비와 비극으로 가득 차 있다고 지적하고 있습니다. 그럼에도 불구하고 전도서는 매우 긍정적인 소망, 심지어 아직 확실치도 않은 소망을 힘주어 강조하는 것으로 끝을 맺습니다. 인생의 본분은 하나님을 경외하고 그의 계명을 지키는 것이라고 말하면서, 저자는 "하나님은 모든 행위와 모든 은밀한 일을 선악 간에 심판하시리라"(전 12:14)고 선언합니다. 우리가 반드시 기억해야 할 사실은, 심판이 악행에 대한 보응이기도 하지만, 한편으로는 승인과 보상이기도 하다는 것입니다. 이처럼 전도서가 상당히 절제된 방식으로 표현한 것을, 사도 바울은 열정적으로 고린도 교인들에게 분명하게 권면합니다. "그러므로 내 사랑하는 형제들아, 견실하며 흔들리지 말고 항상 주의 일에 더욱 힘쓰는 자들이 되라. 이는 너희 수고가 주 안에서 헛되지 않은 줄 앎이라"(고전 15:58). 하나님의 사람들은 결코 소망 없이 내버린 바 되지 않습니다. 심지어 주변의 모든 상황이 잘못되어 간다 할지라도 말입니다. 하나님이 보실 때, 모든 성실한 노력은 영원한 가치가 있습니다. 인간적인 견지에서 볼 때에는 아무런 결실을 맺지 못할지라도 말입니다. 따라서 우리가 섬기고 사랑하는 주님을 위하여 사는 삶에서, 우리는 열심 없는 사람이 되어서는 안 됩니다.

그러므로 여러분과 저는 우리의 공적인 이미지와 자아상을 조금이나마 재정비할 필요가 있습니다. 그리하여 남들에게 항상

'좋은 사람'으로만 비치는 것과는 다른 목표를 가지고 있어야 합니다. 중요한 것은 우리가 반드시 유순하고 관용적이며 명랑한 사람으로 보이는 것이 아니라, 믿음직하고 열심 있는 사람으로 보여야 한다는 것입니다. 때로 우리는 아주 강력한 말과 강경한 행동을 요구하는 사태에 직면하게 될 것입니다. 그리고 우리가 그렇게 말하고 행동할 때 사람들은 우리를 좋아하지 않을 것입니다. 마치 예수님이 성전을 정결하게 하신 것으로 잠깐이나마 사람들의 사랑을 받지 못했던 것처럼 말입니다. 그러나 그분의 아버지께 충실하기 위해서는 어쩔 수 없었습니다. 그리고 우리도 하늘에 계신 아버지께 충실하다 보면 때로는 마음속으로 이렇게 말할 수밖에 없을 것입니다. '사람들이 어떻게 생각하는지는 신경 쓰지 말자. 내가 마땅히 해야 할 말이야. 또 내가 마땅히 해야 할 일이기도 하고. 난 그렇게 해야만 한다는 걸 알고 있어. 주님, 도와주세요. 제가 그렇게 하겠습니다.'

저는 이런 태도가 그리스도인의 삶의 영웅적인 측면이라고 말하지 않겠습니다. **영웅주의**라는 말은 정말 좋지 않은 말입니다. 왜냐하면 영웅주의는 자기가 가진 자원을 이용해서 자기가 하고 싶은 일을 한다는 의미이기 때문입니다. 주 예수님에 대한 섬김은 결코 그런 것이어서는 안 됩니다. 느헤미야는 왕이 그에게 어떤 근심이 있는지를 물었을 때에도, 말하기 전에 먼저 기도했습니다(느 2:4-5). 화살 기도(arrow prayers: 화살을 쏘듯이 짧고 강한 기도를 반복해서 드리는 것—옮긴이)는 그 이름처럼 단지 짧은 시간 동안 기도하는 것이지만, 장차 일어날 일에 대해 엄청난 차이를 가져옵니다. 말하기 어려운 일, 행동하기 어려운 일, 또는 잠시 동안이나마 우리를 힘들게 할 일들이지만, 어쨌든 말을 해야 하고 행동을 해야 할 때, 우리도 화살 같은 기도를 하나님께 드리는 습관을 들여야 합니다. 우리가 느헤미야에게서 볼 수 있는 유형이 바로 이것입니다. 그리고 우리가 걸어가야 할 길이기도 합니다.

하나님, 우리에게 열심을 주옵소서. 하나님, 우리의 마음을 감동하사 열심을 구하게 하옵소서. 하나님, 느헤미야와 바울과 예수님을, 열심 있는 사람의 역할 모델로 삼아 배우게 하옵소서. 하나님, 사도 바울이 로마서 12:11에서 "열심을 내어서 부지런히 일하라"(새번역)고 한 말을 우리 마음에 새기게 하옵소서. 이것은 명령이라고 생각될 만큼 명백하고 강력한 표현입니다. 설령 우리의 열심이 축 처지더라도, 하나님이여, 우리가 십자가를 바라보고, 하나님의 위대한 사랑, 하나님의 지극한 성실하심 그리고 그리스도가 우리를 구원하고 우리를 새롭게 하며, 이 세상에서 우리에게 새 생명과 장차 영광의 소망을 주기 위해서, 우리 죄를 위해 죽으셨다는 압도적인 진실을 잠시 곰곰이 생각할 수 있게 하옵소서. 그러면 우리의 열심이 우리에게 되돌아올 것이라고 믿습니다. 주님을 위해 한 번 더 열심 있는 사람이 되기 위해서, 우리는 주님이 주시는 힘 안에서 기뻐하며 우리의 길을 갈 것입니다.

〰〰〰

하늘에 계신 자비로우신 아버지여! 우리 마음에 열심이 없다는 주의 말씀대로, 우리가 정말 열심 없는 사람들임을 깨닫고, 당신의 보좌 앞에 엎드립니다. 열정 없는 간악한 죄인인 우리가 우리의 마음을 당신께 진실로 올려드리는 방법은 이것뿐이기 때문입니다. 우리는 겸손할 수밖에 없으며, 우리 마음에 열심이 없다는 것을 인정할 수밖에 없습니다. 주여, 우리를 용서하시고, 당신께 열정을 품은 사람이 될 수 있도록 은혜를 베풀어 주옵소서. 그리고 아버지여, 간구하오니, 우리로 다시는 당신의 이름을 더럽히지 않게 하시고, 우리의 경솔함으로 당신을 가벼이 여기지 않게 하시며, 마음 깊은 곳에서 냉담하여 초점을 잃게 마시고, 우리의 삶과 사역에서 예수님을 찬미하는 일에 무관심하지 않게 하소서. 그토록 놀랍고 거룩한 사랑, 그 사랑은 우리 생명과 영혼과 모든 것을 요구합니다. 당신께 간구하오니, 우리를 구속하신 당신의 놀라운 사랑으로 인하여 우리 생명과 우리 영혼과 우리가 가진 모든 것을 당신께 드리게 하옵소서. 그리고 우리는 당신의 은총으로 열심으로 행동하고, 열심을 나타내 보이며, 언제 어디서나 열심을 다하여 섬기게 하옵소서. 주여, 우리가 온 힘을 다하여 당신과 다른 사람들을 사랑할 수 있게 하옵소서. 주님, 간구합니다. 우리 주 예수님의 이름으로 기도드립니다. 아멘.

연구를 위한 질문

1. 느헤미야 13장을 읽으십시오. 느헤미야는 어떤 방식으로 자신이 열심 있는 사람임을 드러냈습니까?
2. 그 당시 느헤미야의 지도 아래 살아가는 삶은 무엇이 어려웠을까요? 좋은 점이 있다면 무엇일까요?
3. "범상치 않은 자질"이라는 소제목 앞의 세 문단을 다시 읽어 보십시오(pp. 277-283). 진정으로 열심 있는 사람과 같이 있을 때 당신이 느끼는 편안함의 정도를 설명해 보십시오.
4. 당신이 느헤미야를 더 닮고 싶은 부분이 있다면 어떤 면입니까?
5. 느헤미야 13장에서 느헤미야는 네 번이나 이야기를 중단하고 기도합니다(14, 22, 29, 30절을 보십시오). 이 기도들은 그의 성품에 대해 무엇을 알려 줍니까?
6. 이런 기도에 어떤 의미가 있다고 생각합니까?
7. 조지 휫필드는 '아주 멀리 있지만 따라야 할' 사람입니다. 당

신은 어떤 열심 있는 그리스도인의 것과 비슷한 고백을 하고 싶습니까? 그 이유는 무엇입니까?

8. "우리가 열정을 가지고 일편단심으로 하나님을 섬길 때 그것은 희생처럼 느껴지지 않는다는 사실입니다. 희생은 오히려 적극적인 감사[와]…같습니다"(p. 292). 이러한 것을 어느 정도 보거나 경험해 본 적이 있습니까? 이 문장은 당신에게 어떤 도전이 됩니까?

9. 어떻게 하면 하나님에 대한 열심을 개발하고 당신의 것으로 만들 수 있습니까?

10. 당신에게 그러한 열심을 표현할 수 있는 자연스럽고 적절한 방식은 무엇입니까?

기도

1. 느헤미야는 13:22에서 "내 하나님이여! 나를 위하여 이 일도 기억하옵시고, 주의 크신 은혜대로 나를 아끼시옵소서"라고 기도했습니다. 기도하면서 하나님이 당신에 대해서 무엇을 기억하시면 좋을지 생각해 보십시오. "…하던 때를 기억하옵소서"라고 기도를 시작해도 좋습니다. 그다음에, 좋은 기억과 나쁜 기억들에 대해서 하나님께 말씀드리십시오. 허풍

을 떨 필요도, 자기를 비하할 필요도 없습니다. 적절하다면, 모든 것을 멈추고 하나님이 자비 가운데 당신을 기억하시기를 간구하십시오.

2. 느헤미야 8:10에 보면, 이스라엘 백성들이 자신들의 죄로 인해 무너졌을 때에, 느헤미야는 "근심하지 말라. 여호와로 인하여 기뻐하는 것이 너희의 힘이니라"고 가르치고 있습니다. 당신을 근심하게 만드는 일들에 대해서 기도하십시오. 그렇지만 기도할 때에는 당신이 하나님의 강한 힘 안에서 기뻐할 수 있도록 하십시오.

3. "설령 우리의 열심이 사라져 가는 것을 알게 될지라도, 하나님은 우리가 십자가를 바라보고, 하나님의 위대한 사랑, 하나님의 지극한 성실하심 그리고 그리스도가 우리 죄를 위해서 죽으셨다는 압도적인 진실을 잠시 곰곰이 생각할 수 있도록 우리에게 은혜를 주십니다." 십자가에서 주신 그리스도의 선물과 주님을 향한 당신의 열심에 대해서 묵상하고 기도하기 위해서, 유명한 찬송가 "주 달려 죽은 십자가"(새찬송가 149장)의 가사를 사용해 보십시오.

주 달려 죽은 십자가 우리가 생각할 때에
세상에 속한 욕심을 헛된 줄 알고 버리네.

죽으신 구주밖에는 자랑을 말게 하소서.
보혈의 공로 힘입어 교만한 맘을 버리네.

못 박힌 손발 보오니 큰 자비 나타내셨네.
가시로 만든 면류관 우리를 위해 쓰셨네.

온 세상 만물 가져도 주 은혜 못다 갚겠네.
놀라운 사랑 받은 나 몸으로 제물 삼겠네.

—아이작 와츠(Isaac Watts)

기록과 적용

주님을 향한 당신의 열심에 대해 기록하며 숙고해 보십시오. 잘못된 동기나 잘못된 요인이었을지라도 지나치게 열심을 냈던 경험이 있습니까? 당신의 열심이 잠재적인 해를 가져온 때는 언제입니까? 또한 당신의 열심이 식은 때는 언제인지 적어 보십시오. 거룩한 열심을 가지고 주님을 어떻게 섬길 것인지 생각하고 기록해 보십시오.

옮긴이 후기

이 책의 주제는 "하나님은 불완전한 사람을 고치시고 사용하신다"는 것입니다. 그리고 그 방법으로 '소망'을 제시합니다. 소망에 관한 격언 중에 "소망을 가진 자라야 살아갈 수 있다"는 말이 있습니다.

저는 이 말을 온몸으로 깨닫게 된 사건을 최근 경험했습니다. 이 책을 번역하는 도중에 신장암 진단을 받았고, 번역 원고를 편집부에 넘기기 전에 하나님의 은혜로 나음을 경험한 것입니다. 투병 기간은 그리 길지 않았지만, 이 사건을 통해서 암 환자들의 마음을 충분히 헤아리게 되었습니다.

대체로 병원에서 암 진단을 받은 사람들은 그 순간부터 얼굴이 흙빛으로 바뀝니다. 그리고 암세포가 전이될 가능성 때문에 공포에 빠지게 됩니다. 다시 말하면, 암은 치료될 수 없다는 고정

관념 때문에 살 수 있다는 소망을 스스로 버리는 것입니다. 그렇지만 신앙을 가진 사람은 평안을 누립니다. 하나님을 향한 소망을 가지고 있기 때문입니다. 그리스도 안에서 소망을 가진 사람은 "내 생명의 연한을 결정하는 것은 암세포가 아니라 하나님입니다"라고 고백합니다.

이러한 소망은 암과의 싸움에서 승패를 결정하는 요인입니다. 현대 의학의 수술과 면역 능력 증강 요법의 성패가 바로 환자의 소망에 달려 있다는 것은 아무도 부인하지 못합니다. 이 책의 저자인 패커 교수의 말을 적용해 보면, 소망을 가진 사람은 암도 이겨 낼 수 있습니다. 제가 암 진단을 받고 완치되기까지 마음에 큰 평화를 누릴 수 있었던 것은 하나님을 향한 소망 때문이었습니다. 지금까지는 하나님을 기쁘게 해 드리는 삶을 살지 못했지만, 앞으로 남은 생은 하나님께 기쁨을 드리는 사람이 되기 위해서 암을 치유해 달라고 기도했습니다. 그리고 인간적으로는, 태어난 지 한 달 된 둘째 지희, 첫째인 네 살배기 아들 민재, 산후 조리 중인 아내와 연로하신 부모님을 생각하면서 암을 이겨야만 한다고 생각했습니다. 하나님은 제 소망을 들어주셨습니다. 저는 이 사건을 통해서 "소망을 가진 자라야 살 수 있다"는 말이 무슨 의미인지를 체감할 수 있었습니다.

이 책의 메시지는 하나님은 불완전한 사람을 통해서 역사하신다는 것입니다. 좌절하고 실패한 사람들을 고치시는 방법은 바로 소망입니다. 하나님의 선물인 소망을 가진 사람들은 현실의 난관이나 역경, 자신의 결함 등에 무너지지 않고 하나씩 극복해 나갈 수 있습니다. 이런 점에서 "소망을 가진 사람이라야 살아갈 수 있다"는 저자의 말에 저는 강력하게 동의합니다. 이 책에서 제시하는 절망의 이유는 몇 가지가 있습니다. 자신의 강함에서 파생되는 약점을 다스리지 못했을 때, 역기능 가정에서 양육되었을 때, 다른 사람들이 나를 알아주지 않을 때, 잘못된 우선순위를 가지고 살 때, 자신을 용서하기 힘든 끔찍한 일을 저질렀을 때, 수고한 모든 일이 허사가 되었을 때 등입니다. 하나님이 주신 소망을 살아 움직이게 하기 위해서는 이러한 부정적인 요인들을 극복해야 합니다.

  이러한 절망의 원인 중에서 제게 와닿은 것은 자신을 용서하지 못하는 '도덕적 완전주의'였습니다. 도덕적 완전주의는 끔찍한 과오를 저지른 자신을 용서하지 않는 것입니다. 그런 점에서 저는 도덕적 완전주의자였습니다. 흔히 도덕적 완전주의는 '양심'이란 말로 포장됩니다. "양심상 나는 너무 추하기 때문에 하나님의 도구가 될 수 없다." "양심상 난 거룩한 부르심에 응답할 수 없다." 저 역시 도덕적이고 인격적인 면에서 하나님께 사용되기에는 너무 흠이 많다는 생각에서 벗어난 적이 별로 없습니다. 물론

이 책의 교훈들 중 하나가 도덕적 완전주의에서 벗어나라는 것이지만, 그렇다고 해서 그리스도인들이 양심 없는 철면피가 되어야 한다는 말은 아닙니다. 하나님이 사용하신 사람들은 도덕적인 면이나 인격적인 면에서 흠 없는 사람은 아니었습니다. 그들은 우리와 똑같이 흠 많고 죄 많은 사람들이지만, 하나님을 향한 강한 소망을 가지고 있었습니다. 책을 번역하면서 이런 사실을 수긍하면서도, 제 마음은 여전히 자유롭지 못했습니다.

제가 도덕적 완전주의를 버리게 된 것은 앞에서 말한 암 때문이었습니다. 암이라는 사실을 아는 순간, 지나온 날보다는 남은 날이 훨씬 적다고 생각했습니다. 짧으면 수개월에서 수년, 더구나 평균 수명을 누리는 것은 불가능하다고 생각했습니다. 만일 몇 년도 채 남지 않았다면, 어떻게 살아야 하는 것인지 많은 생각을 했습니다. 당연히 후회 없는 것을 위해서, 영원한 것을 위해서, 하나님을 위해서 살아야겠다는 생각을 했습니다. 그때 깨달은 것이 있습니다. 도덕적 완전주의는 과거 지향적입니다. 그러나 소망은 미래 지향적입니다. 도덕적 완전주의는 나를 보지만, 소망은 하나님을 봅니다. 도덕적 완전주의는 양심으로 위장된 교만에 불과합니다. 인생의 남은 날이 얼마 되지 않는 것을 알았을 때에, 도덕적 완전주의를 깨끗이 버렸습니다. 과거에 얽매이기보다는 이제 남은 날을 주님을 위해서 멋지게 살아야 하기 때문입니다.

이 책을 접하는 순간, 하나님은 여러분에게 강력한 메시지를 전하고 계십니다. 즉 하나님은 불완전한 사람들을 고치셔서 사용하신다는 것입니다. 책을 읽으면서, 복음주의 지성인 패커 교수의 감동적인 설교를 듣는 것처럼 읽으십시오. 이 책에서 하나님의 소망을 발견하실 수 있을 것입니다. 실패를 경험하지 않은 사람은 단 한 명도 없습니다. 역사는 시련 후에 기회를 준다는 말이 있습니다. 성경적으로 말하면, 하나님은 좌절과 실패를 통해서 연단된 사람을 사용하여 그분의 계획을 이루도록 역사하십니다. 그래서 실패를 통해 소망을 잃지 않고, 오히려 소망으로 실패를 극복하는 것이 중요합니다. 이 책을 읽는 모든 분에게 "하나님은 불완전한 사람을 고치셔서 사용하신다"는 메시지가 전달되기를 진심으로 바랍니다.

번역을 할 때마다 좀 더 좋은 표현에 대한 아쉬움이 늘 남습니다. 그러나 기계적인 번역이 되기보다는 청중을 향해 안타까움과 간절함으로 외치는 설교자의 심정으로 이 책을 번역했습니다. 번역을 마치니 감사드려야 할 분들이 많습니다. 미국 땅에서 경제적인 여건으로 공부를 시작하지도 못하고 있을 때, 제게 공부를 통한 소망을 갖게 해 주신 미주 두레 본부와 장학 후원자님들께 진심으로 감사드립니다. 두레교회의 김진홍 목사님, 미주 두레운동 본부의 구용욱 본부장님과 김호열 국제본부장님, 모든 장학 후원자님들께 진심으로 감사드립니다. 미주 두레의 장학 후원을 통해서 저는 소망을 가꿀 수 있었습니다. 그 외에도 여러 교회와 성도님들의 후원이 있었습니다. 그들 모두에게 다시 한번 감사드립니다. 그리고 한국 IVP 편집진에게 감사드립니다.

암을 통해서 저는 말 그대로 죽었다가 살아난 기분입니다. 새로 살게 된 인생을 특별히 기독교 세계관과 가치관의 확립과 연구 프로그램에 기여함으로써 하나님께 영광을 돌리고, 제가 공부할 수 있도록 후원해 준 모든 분에게 보답하고자 합니다.

끝으로, 이 시대를 살며 실패와 좌절을 겪은 모든 이에게 이 책을 통해 하나님의 소망이 전해지기를 간절히 기도드립니다.

김기호

옮긴이 김기호는 서울신학대학교에서 신학(B.A.), 연세대학교에서 철학(B.A.), 연세대학교 대학원에서 서양철학(M.A.), 동 대학원에서 정치학(M.A.)을 공부했다. 미국 바이올라 대학교 대학원에서 기독교변증학(M.A.)을, 프린스턴 신학대학원에서 신학(M.Div. 과정)을 수학했고, 베일러 대학교에서 철학박사(Ph.D.) 학위를 받았다. 현재 한동대학교 교수이며 기독교 변증가로 활동하고 있다. 옮긴 책으로는 『리더십의 그림자』(두란노), 『만민법』 『죄와 믿음의 의미에 대한 짧은 탐구』(이상 동명사) 등이 있다.

아직, 소망이 있다

초판 발행_ 2003년 5월 19일
개정판 발행_ 2024년 8월 23일

지은이_ 제임스 패커·캐롤린 나이스트롬
옮긴이_ 김기호
펴낸이_ 정모세

펴낸곳_ 한국기독학생회출판부
등록번호_ 제2001-000198호(1978.6.1)
주소_ 04031 서울시 마포구 동교로 156-10
대표 전화_ (02)337-2257 팩스_ (02)337-2258
영업 전화_ (02)338-2282 팩스_ 080-915-1515
홈페이지_ http://www.ivp.co.kr 이메일_ ivp@ivp.co.kr
ISBN 978-89-328-2278-5

ⓒ 한국기독학생회출판부 2003, 2024

책값은 뒤표지에 있습니다.
무단 전재와 복제를 금합니다.